论技术增强的关联学习

段金菊 著

科学出版社

北京

内 容 简 介

　　本书针对以 cMOOCs 为典型代表的关联学习所存在的问题，基于技术增强视角探索关联学习的新规律，把握技术对社会知识建构和联通交互的干预作用，提升关联学习相关问题解决的适用性；通过建立技术增强关联学习的模型，克服了以往研究中基于证据研究相对不足的问题，该成果的扩展可为 cMOOCs 学习设计及技术增强的关联学习提供参考；针对技术增强关联学习的联通交互与知识创造特性，发展对技术增强环境下网络联通交互和知识建构的新认识，剖析群体社会性建构和共享知识库的关联学习本质，为共享智慧和共享学习提供参考，将适用于更多大规模在线开放教育的学习场景。

　　本书适合于大规模在线开放教育的课程设计者、教学设计师以及学习环境的设计人员阅读，也适合在高校从事在线研究的教师、研究人员、研究生和大中专院校对在线学习感兴趣的学生群体阅读。

图书在版编目（CIP）数据

论技术增强的关联学习 / 段金菊著. — 北京：科学出版社，2020.6
ISBN 978-7-03-065307-9

Ⅰ. ①论… Ⅱ. ①段… Ⅲ. ①网络教育-研究 Ⅳ. ①G434

中国版本图书馆 CIP 数据核字（2018）第 092519 号

责任编辑：闫　悦 / 责任校对：王萌萌
责任印制：吴兆东 / 封面设计：迷底书装

科 学 出 版 社 出版
北京东黄城根北街 16 号
邮政编码：100717
http://www.sciencep.com

北京九州迅驰传媒文化有限公司 印刷
科学出版社发行　各地新华书店经销

*

2020 年 6 月第 一 版　开本：720×1 000　B5
2020 年 6 月第一次印刷　印张：13 3/4
字数：262 000

定价：119.00 元
（如有印装质量问题，我社负责调换）

前　　言

2008 年，加拿大学者 George Siemens 和 Stephen Downes 开设了第一门大规模在线开放课程(massive online open course，MOOC)：Connectivism and Connective Knowledge Online Courses，即 cMOOCs。cMOOCs 将分布于世界各地的授课者和学习者通过某一个共同的话题或主题联系起来，学习者通过交流、协作，构建学习网络，建构知识。cMOOCs 学习具备社交网络的特征与潜质，强调大范围协作和群体性创作、分布式的内容共享与创生等，cMOOCs 将分散在世界各地而具有共同兴趣的学习者形成稳定的社会网络关系，这些学习者按照自己的方式、喜好和无数定制服务创建了一种新的学习范式，即"联通交互"(关联主义)学习范式(段金菊等，2016a)。

这种以社会联通和复杂联通为核心(王志军等，2014)，以社会知识建构为主旨的关联学习，打破了传统课程与教学的"内容"与"过程"和"目标"与"手段"二元对立式关系而走向课程与教学有机连续的融合过程(黄小强等，2014)，对于促进高阶思维，提升学习绩效具有非常重要的意义，因此以 cMOOCs 为典型实践形态的 MOOC 得到了迅速发展，正在对教育领域产生巨大的影响。

然而相关研究显示，虽然学生在大规模在线开放课程中的学习和传统高等教育课程中的学习看起来非常不同，但却和其他网络媒体的互动方式非常相似，如视频或社交网络。很多注册者只是简要浏览一门在线课程，而只有一小部分坚持学下去，交互程度低，知识建构层次较浅，cMOOCs 也不例外。

反思当前的教育难题，人们发现造成这一现象的原因多样，如目前国内研究者并没有充分认识到关联学习对知识时代知识分享与创新的重要价值(黄小强等，2014)以及学习者的学习动机和课程内容本身的因素等，但更为重要的原因是关联学习发生在复杂的信息环境中，与此相对应的交互类型与方式也比任何一种传统学习都复杂(王志军等，2015a)，如以 cMOOCs 为典型实践形态的关联学习，对技术条件及人际互联的依赖较高，那么技术增强的关联学习环境创设非常重要，且对其现象和规律的认识是解决上述问题的着眼点。

从关联学习的本源来看，知识的社会性和人的社会性同样重要，因此关联学习不仅是学习者和学习内容的联通交互，更是基于共同话题和人际网络的社会联通，即强调人际互联(即社会联通)的重要性(刘菊，2014)；同时，在具体的关联学习过程中，如何寻找管道、如何联通以及如何保持联通成为关联学习的难点，即对分布于网络中的知识保持现时性，实时互动，知晓知识的最新状态，这就需要提供学习者进行联通和交互的知识节点、社会节点以及各个节点的实时更新状态，为学习者建构知识网络(knowledge networks，KNs)和社会网络(social networks, SNs)，构建自己的概念网络提供基础，而技术的发展以及技术增强学习环境的创设为这一问题提供了新的可能，有望指导学习者以自身的知识储备为起点，应用各种网络技术工具进行分析、判断，利用各种知识渠道，将触角延伸至所需要知识的各个网络节点，突破学科和行业壁垒，识别并联结不同知识节点，实施基于多元交互和社会联通的关联学习。

从技术增强的关联学习环境看，目前研究主要集中在：基于 KNs 视角的相关研究(如知识论坛等)，即将人作为学习内容的来源；基于 SNs 视角的相关研究(如社交网站等)，即将人作为学习的内容，学习者通过拓展社会关系而获得知识；而将 KNs(内容)和 SNs(人)两者进行整合，即基于社会知识网络(social knowledge networks，SKNs)的研究将成为技术增强语境下关联学习的新趋势。

KNs 与 SNs 整合而形成的 SKNs 是一种生成性的社会知识建构和联通交互学习环境，其核心是通过联结"学习者"以及与此内容相关的"知识"而进行学习，连接和创造是其关键词(段金菊等，2016b)，这与以 cMOOCs 为代表的社会联通以及复杂交互主旨不谋而合。它联结了学习网络中的用户节点和知识节点，是一个促进知识贡献和创造以塑造新的网络节点的生态环境。整合研究视角的 SKNs 是以知识的深度建构为核心进行网络的社会化聚合和拓展，体现了联通交互的深度和广度，在具体的联通交互过程中，具有个体表达和群体协同、关系聚合以及话题聚合的特点，承载了知识的分布式存储理念，为知识的社会性建构和智慧联通与学习带来了新的可能。

和传统的关联学习环境相比，在 SKNs 中，信息以分布式知识表征形式存在于各节点中，学习者通过提炼、重构、解释和创造新知识等过程逐步联通节点，构建动态发展的学习网络，形成人与内容共通的技术增强型关联学习空间。SKNs 融合了知识之间，知识与人之间以及人与人之间的三种连接关系，形成了 KNs 与 SNs 融合的智慧学习空间(段金菊等，2016b)，为分析学习者和学习者之间、学习者和学习内容之间的联通程度，探索社会知识的扩散路径和建构程度，分析其学习深度和广度奠定了基础；此外，SKNs 采用语义图示的方法动态构建技术环境，语义图示工具以提供社会性认知支持的方式不仅可以帮助学习者将头脑中被隐藏的思维过程表达出来，还可以基于此与外界的学习内容、同伴和学习环境进行社会互动与知识建构，引发后续的认知活动(蔡慧英等，2018)，因此 SKNs 提供了一种更为扩展的方法来研究技术增强语境下的关联学习，减少了寻径交互的时间，增加了复杂交互和社会交互发生的可能性，将为解决当前以 cMOOCs 为代表的联通交互程度低以及知识建构层次较浅等问题提供新的可能。

因此，本书以关联主义学习理论、社会建构主义学习理论、知识生态理论、认知共同体理论等为指导，结合网络学习范式以及学习隐喻的发展变迁，将开放性、大规模、自组织、实时性、动态生成、创造性和社会性等作为关联学习的主要推动力量，将人作为社会知识建构和智慧联通的重要媒介，将如何寻找管道、如何联通及持续联通作为研究的出发点，通过技术增强学习环境这一视角研究关联学习的现象和规律，将 SKNs 作为知识建构的技术架构和认知路径，依赖于其所提供的认知和社会双联通管道以及在汇聚、混合、转用、分享和知识创造等方面的特点，将 SKNs 环境与关联学习进行整合，据此探索新的历史时期技术增强语境中关联学习的本质和规律。

作　者

2019 年 10 月

目　　录

第 1 章 绪　　论

2004 年，加拿大学者乔治·西蒙斯(George Siemens)提出了"关联主义"(connectivism)概念。他认为在信息量庞大的社会，行为主义、认知主义和建构主义已经不能完全解释网络时代的学习，由此他提出了一种新的学习理论——关联主义学习理论。关联主义认为学习不仅仅是个体的内部活动，更是联通网络、创造知识的过程。在这个数字化时代，我们甚至没有必要亲历所有的事情、学习所有的知识，关联学习就是一个连接专门节点或信息源的过程，我们可以通过关联主义网络来聚集群体和知识，成为知识的代理人。

1.1 研 究 背 景

1.1.1 在线学习的发展及问题

随着"开放教育资源(open educational resource，OER)"运动在世界各国的兴起，脱胎于 OER 的 MOOC 便逐步盛行，并得到了越来越多在线学习者的关注。2011年秋斯坦福大学开设的一门免费网上课程，世界各地已有超过 10 万人注册学习。同年 12 月，MIT 启动了免费授课项目 MITx[①]。2012 年 1 月，斯坦福大学教授创立 Udacity 公司，提供免费计算机课程[②]，3 月斯坦福大学教授创立 Coursera，提供著名高校免费课程[③]，5 月哈佛大学与 MIT 一道启动 edX[④]。

2013 年，日本本土化的 MOOC 组织——日本开放教育推进协议会(Japan Massive Open Online Courses，JMOOC)正式成立(吴罗娟等，2017)，参与单位不仅包括 40多所大学和数家科研院所，还包括各类企业、协会等机构，已成为当前日本规模最大的 MOOC 组织；美国政府分别在 2000 年、2004 年、2010 年和 2016 年发布新的国家教育技术规划(梁林梅等，2017)，进一步推进信息技术(包括在线教育)在 K-12教育教学中的深度应用；2015 年，我国教育部发布《关于"十三五"期间全面深入推进教育信息化工作的指导意见》，鼓励广大师生在日常教学与学习过程中根据需要使用新技术和新产品(任晓然，2016)；韩国宣布将在 2015 年废除纸质教材；日本

---

① MITx. MIT's new online learning initiative.http: //mitx.mit.edu[2019-01-02].

② Uadcity. Learn think do higher education for free.http: //www.udacity.com[2015-03-08].

③ Coursera.Take the world's best course,online for free.http: //www.coursera.org[2018-03-09].

④ edX.The future of online education for anyone,anywhere,anytime.https: //www.edx.org[2019-10-1].

要求大学本科生可以在必修的 124 个学分中通过"远程教育"获得 60 个学分；美国前任总统奥巴马表示希望有 99%的学生可以通过互联网教育完成学习（蒋大成等，2015）等。

与此同时，一大批名校如普林斯顿大学、密西根大学等美国老牌大学纷纷加入大规模在线开放教育的实践中，通过专业团队开发开放了相关的 MOOC，推动在线教育走上了一个新的台阶。在不到一年的时间内，这种大规模在线的高等教育形式改变了人们对传统高等教育的看法，一改往日低迷的盈利状态，成为高等教育的新宠（Carey，2012）。和传统的高等教育课程形式相比，MOOC 具备传统课程的一切特点，又有传统课程无法比拟的优势，如 MOOC 不仅提供课程的全部视频和讲课课件，同时通过相关的课程平台提供教学活动，促进师生互动，还能进行作业测验等，基于此，注册者人数成千上万，MOOC 呈现出蓬勃发展之势。除了名校的网络课程外，各大网络平台以及网站也开始创建各种丰富多样的网络课程，如在当今中国较为流行的网易公开课以及中国大学的 MOOC 等。

可以说，MOOC 以其面向世界、免费开放的特点促进了大规模在线学习的快速发展，吸引着数以千计的来自世界各地的学习者，它打破了传统的教学模式，以微课的形式让学习者可以利用碎片化的时间进行学习，打开了在线学习的新局面，大规模在线开放课程促进了在线学习的进一步发展，名校的公开课程变得越来越受欢迎。

然而，据相关研究显示，MOOC 自大规模应用以来，以平均 5 位数的注册量使得在个位数徘徊的通过率显得更加明显（Kizilcec et al.，2013）。有数据表明，Coursera 总体上的课程完成率只有 7%～9%[①]；Jordan（2013）对目前部分高校主流 MOOCs 平台的数据统计显示，虽然有 MOOC 的课程完成率达到 40%的情况，但大部分 MOOC 的课程完成率不到 10%。这一现象也在麻省理工学院和哈佛大学联合发布的关于 MOOC 的三大发现中得到验证[②]，该学院对 17 门 edX 平台上的在线课程进行分析，涉及 2012 年和 2013 年不同主题及不同学科的课程，结果发现：虽然学生在 MOOC 中的学习方式和传统高等教育课程中的学习模式看起来非常不同，但却和其他网络媒体的互动方式非常相似，如视频或社交网络。很多注册者只是简要浏览一门在线课程，而只有一小部分坚持学下去（乔恩·巴格利，2017）。

可以说，这是目前在线学习的普遍问题：网络学习的参与率较低，学习层次较浅，关联度不足，反馈机制不太完善。

造成这一现象的原因多样，如学习者的学习动机以及信息技术水平的影响，课程内容本身的影响等。但最为重要的原因之一是忽略了人在网络学习中的重要作用，个体学习居多，而群体学习较少，对在线学习的连接交互（关联学习）重视不足（李随

① 维基百科（Wikipedia）.MOOCs 词条. http://en.wikipedia.org/wiki/MOOCs[2013-08-03].
② 麻省和哈佛联合发布关于 MOOC 的三大发现. http://learning.sohu.com/20140127/n394254823.shtml[2014-01-27].

霞，2012)，相关技术的缺乏等，在一定程度上直接或者间接地影响了学习者的参与率以及学习的深度。

因此，在线学习必须引导学习者积极形成连接，进而构建起有机的学习生态网络(樊文强，2012)；鼓励参与者相互辅导、相互支持，以此来提高学习者的自主性，同时可以帮助学习者获得更多更准确的信息(樊文强，2012)。在线学习注重的是培养学习者的学习能力，学习者不仅仅是知识的消费者，也是知识的创建者(邱崇光等，2010)。学会学习比掌握当前的知识更重要(周忍等，2011)，在网络社会，知识和各种信息越来越多，学会学习，筛选自己需要的信息远远比掌握仅有的知识重要得多，掌握的知识只是海量信息中的冰山一角，而学会学习则是得到了征服冰山的工具。

1.1.2　新理论、新技术促生新的学习范式

随着互联网的发展，世界越来越小，人们交流越来越方便，第一时间获取各地的消息成为现实，信息的匮乏已不存在，与此同时我们面临的一个新的问题是，太多太杂呈爆炸性的信息充斥着我们的生活，这时需要一种新的学习理论指导来解决这些学习问题(樊文强，2012)。在新的时代背景下，传统的行为主义、认知主义学习理论已经不能完全指导网络时代的学习，迫切需要根据网络时代的学习特点探索新的学习理论，由此就产生了关联主义。

关联主义的创始人 Siemens(2005)认为"技术已经对我们的生活、学习与交流方式进行了重组，学习理论应该能反映这种基本的社会环境，以有别于技术并不怎么突出的传统学习理论时期"。他认为学习就是建立网络的过程。这包括两个方面：一是创建外部学习网络，学习者可在此联通并建立知识源，创造和联通外部新知识；二是头脑中固有的内部学习网络(神经)，它是存在于我们心智中的结构。随着技术的发展以及新的学习媒介的兴起，"怎样学"与"学什么"正在被"从哪里学"(了解从哪里可以找到所需要的知识)所补充，我们的学习能力来自各种连接的建立。如今，基于语义技术、知识可视化技术的发展，基于连接创造的学习环境变得随处可见，关联主义学习理论作为 Web 2.0、社会媒体等技术快速发展以及在知识更新速度日益加剧背景下催生出的重要学习理论，对于技术环境和社会媒介具有较强的依赖性，也促生了新的学习范式。

如在 Web2.0 环境下，"可重用的微内容及其聚合""以用户(人)为中心""社会性""用户参与架构"等特点成为在线学习的典型特征，传统的单项信息传输模式的颠覆以及共建共享、协同编辑的知识创造模式的产生使得网络学习由少数主导走向多方参与，从知识传递走向协同建构，可以说，Web2.0 技术助推在线学习走向新的发展阶段，现代交互技术促进了关联学习的逐步盛行。而社会性软件的大范围协作和群体性创作，分布式的内容共享与创造变得非常普遍。分散在世界各地而具有相同兴趣的人可以形成稳定的社会网络，按照自己的方式、喜好和无数的定制服务创

造自己的个人学习网络，创建一种新型的学习范式，即"连接交互学习"(关联学习)范式(段金菊等，2016b)，连接和创造将成为学习的关键词，由此促进了"连接交互"学习范式的盛行。

语义技术通过收集可用信息，自动处理分类，为学习者提供更便利的信息获取方式，提高学习效率和信息获取率；知识可视化技术将抽象的知识以图形或图表的方式具体地表现出来，将复杂的信息简洁明了地呈现在学习者面前，使学习者对信息和知识的理解更简单、更直接。所以两者为促进"关联主义学习"范式奠定了基础。同时目前知识可视化、语义技术的发展也促进了连接交互学习环境的构建，通过构建、传达和表示复杂知识的图形图像手段，传输人类的知识，并帮助他人正确地重构、记忆和应用知识。二者也促生了一种基于大规模协同的连接交互学习范式(即关联学习)。

在企业领域，在线学习开发人员模仿社交网站的模式设计了各类在线学习系统，为更广泛的合作、虚拟参与等提供新的可能，为更高效的关联学习提供了平台与媒介。

在教育系统中，21 世纪要求培养具有创新能力的学习者，而相关的研究发现，关联学习是其培养策略之一(Shum et al.，2012)。例如，2008 年，加拿大学者 George Siemens 和 Stephen Downes 于 2008 年开设了第一门 MOOC：Connectivism and Connective Knowledge Online Course(CCK08)。25 名来自曼尼托巴大学的付费学生以及 2300 多名来自世界各地的免费学生在线参与了这门课程的学习。这种 MOOC 类型基于关联主义学习理论，也被称为 cMOOCs。

Siemens 等组织的"关联主义学习理论和连接的知识""学习分析和知识"等 MOOC 则是基于关联主义学习理论的网络教学模式。

在关联主义范式下，人和内容都将成为学习的管道和来源(节点)，这些节点将构成一个庞大的学习网络。那些成功地获得较多价值的节点将比其他节点更成功地获得额外的联系。从学习的意义上讲，一种学习概念在将来被联系到的可能性取决于它当前的联系状况，而专业化的节点或贡献杰出的节点(可以是领域、理念或团体)有更多的机会获得认可，进而导致各学术界相得益彰的交流，我们的网络小世界上挤满了兴趣或知识结构与我们相似的人(Siemens，2005)。

与此同时，Brown 等(1991)也提出了一种有趣的观点，即因特网在许多人做出的小小努力与少数人做出的大量努力间起到了一个杠杆作用，其关键在于在不同的节点之间建立有效的连接，并且进一步通过联通交互激活和强化相关重要的观点；由此进一步说明在连接交互的关联学习过程中，寻找管道比获取管道所承载的知识更为重要。如同 Siemens(2005)所言"我们对于明天所需要知识的学习能力远远比我们今天掌握的知识更重要"，这一论断一针见血地指出信息时代学习的重要特点。因此，当知识被学习者所需要，但是又不为学习者所知时，寻找知识和管道便显得尤为重要，这一说法也进一步印证了在信息时代，面对信息的海量式增长和老化周期的不断缩短，知道知识的出处和保持联通，及时更新知识比知道当前的知识更为重要。

可以说，关联主义视域下学习的行为之一是创建外部节点形成自己的信息和知识源，知识不只是可以存储在人的大脑中，还可以聚焦于连接结点中的外部信息工具，这种连接可以让我们学到比目前所知道的更多的知识。

1.2　问题的提出

通过对在线学习的学生提交作业的情况以及同伴互评的情况等可以看出目前我国学生在线学习的参与率较低，这种现象尤其体现在一些讨论区中，在老师没有明确要求的时候，访问量一般只停留在个位数。如何解决当前在线学习中学习者的学习效率低、参与积极性不高、学习层面浅、教学效益低、交互性差的问题，成为当前网络学习面临的最大挑战。

随着新的学习理论以及学习技术的发展，关联学习被认为是解决当前在线学习问题的新的可能，其理论依据是：知识具有社会性。从知识的社会学角度来看，知识的生产过程具有社会性(高文等，2002)、学习者具有社会性、学习过程具有社会性，因此基于社会化视角的连接交互是解决上述问题的主要策略。

因此，本书拟通过关联学习的研究视角，探索通过提高学习的连接交互进而促进关联学习的方法与途径，寻找促进关联学习的新方式、新模式和新策略。目前，关于关联学习的研究中，有基于 KNs 视角的相关研究(如知识论坛等)，即将人作为一种内容的来源；基于 SNs 视角的相关研究(如社交网站等)，即将人作为学习的内容；根据联通学习理论，学习不仅发生在学习内容中，而且发生在与此内容相关的人中。

因此，学习过程中的内容和人都是促进学习的有效因素，然而，目前的相关研究中还缺乏将两者结合起来的研究视角，即基于 SKNs 的整合研究视角(即人与内容双重因素的考虑视角)。SKNs 环境基于人与知识的联通进行网络的动态发展与实时更新，体现了分布式认知的特点，而 SKNs 的扩张，需要深度的人际对话和知识创生，反映了深层学习的特征和技术增强的关联学习特点，因此，本书拟对整合视角的关联学习进行研究，以期探索技术增强的关联学习促进在线学习的可能性。

1.3　研　究　意　义

在科技飞速发展的今天，我们每天都会接收或多或少的信息量。所以在这个信息量庞大的时代，如果我们能较好地运用关联主义构建学习的连接交互形式，那将对我们的学习效率有极大的帮助。我们的用户来自世界各地，通过构建学习的链接交互，不仅可以从预制的学习单元中获取知识，还可以从其他用户中获得宝贵的学习资源。

1.3.1　理论意义

本书探讨技术增强背景下 (SKNs) 的关联学习，研究其学习原则、思路与方法。本书有利于丰富关联学习的研究理论与研究内容、丰富关联学习的研究成果，为解决在线学习的连接交互重视不足等问题提供新的理论参考；本书探索的学习模式可作为指导关联学习实践的参考，而本书对三种关联学习方式的比较则对于关联学习的形式与策略选择具有重要的借鉴与参考意义，为关联学习的促进提供了新的实践设计视角。

1.3.2　实践意义

实践上，本书的成果将应用到关联学习的实践中，培养学习者的知识贡献和创造能力，塑造并丰富知识创造与内容贡献的学习者角色，拓展关联学习的连接交互形式，切实提高在线学习的社会性属性和复杂性，进而推进社会联通和复杂联通的关联学习向前发展。

上述研究既是对关联学习理论、社会建构学习理论等的继承和深化，也是对新的历史时期技术增强语境下关联学习交互规律的新认识，将为脑认知的社会性建构和智慧联通以及新技术语境下学习的联通交互学习设计提供依据。

1.4　研究思路与方法

以关联学习理论、群体动力学理论、知识生态与分布式认知理论、社会建构理论以及认知共同体理论等为指导，结合网络学习范式以及学习隐喻的发展变迁，将开放性、大规模、自组织、实时性、动态生成、创造性和社会性等特征作为关联学习的主要推动力量，基于技术增强的学习环境视角研究关联学习的现象和规律，将SKNs 作为多模态联通交互的技术架构和学习路径，依赖于其所提供的认知和社会双联通管道以及在汇聚、混合、转用、分享和知识创造等方面的特点，综合应用比较研究法、SKNs 分析法、内容分析法以及视线追踪法和行为序列分析法等研究方法，揭示 SKNs 交互环境中群体知识创生和个体深度学习的联通交互机理和学习特征，本书的谋篇布局如图 1-1 所示。

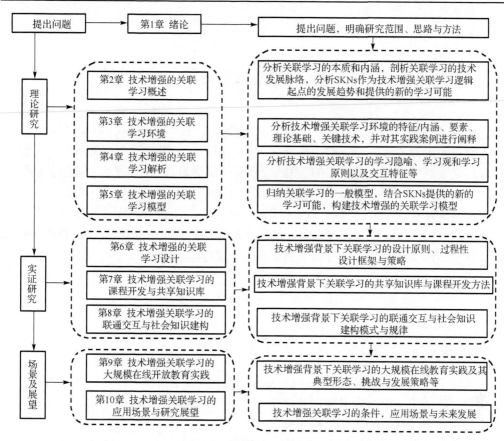

图 1-1　研究思路

第 2 章　技术增强的关联学习概述

新技术、新理论促生新的学习范式——连接交互的学习范式(关联学习)是本章进行探讨的逻辑主线。首先对于关联学习进行概述,追溯关联学习的内涵和外延,区分广义关联学习和技术增强的关联学习(新关联学习),并将技术增强的关联学习(即 SKNs 的关联学习)作为本章的出发点;在此基础上对关联学习的发展历史进行追踪;其次从技术发展为关联学习提供的可能出发,结合学习理论的变迁对关联学习的研究视角(KNs、SNs 以及 SKNs 的整合研究)进行分析,归纳 SKNs 的整合视角是关联学习的发展趋势,并分析其所提供的新的学习可能。

2.1　关联学习及其内涵

2.1.1　关联学习的缘起

关联学习起始于 2005 年 George Siemens 的关联主义学习理论,虽然没有一个很长的发展历史,但短短时间内关联学习不断改进成熟,而且每一次发展都和学习理论的变迁以及技术的发展息息相关。

关联主义学习理论认为"学习是一个建立、构建学习网络的过程",和学习当前的知识相比,学会学习,掌握学习技巧与方法更重要(周忍等,2011)。

大数据时代的到来、数字化时代的变革,特别是以 Web 2.0 技术为代表的计算机网络技术的广泛应用,在激发知识浪潮的同时,人类的学习方式已经发生了巨大的变化,这体现在以下方面(张秀梅,2012):知识的半衰期大大缩短;许多人在一生中要介入许多不同的知识领域;非正式学习(网络在线学习)变得越来越重要,通过个人网络、知识元、其他用户和工作任务等不同渠道可以获得更多相关的知识;同时学习也是一种生态化,我们可以将学习单元、学习资源不断完善、发展;而且学习与工作之间不再是各自孤立的,许多时候是相互连接的;Web2.0 技术等不断地改变着自身的学习特征,改变着我们的学习方式;个人与团队并不是独立分隔的,他们是有机融合的,所以我们不仅要学会从固定预制的学习单元中获取知识,也要从其他用户团体、学习讨论区中获取所需,二者是相互依存、相互发展的。例如,冯锐等(2013)认为以前学习理论所研究的许多学习过程现在可以转交给技术来承担和支持,除了学习程序性知识和事实性知识,还要知道知识在哪里(know-where)与如何学习(know-how)。

随着计算机技术的迅速发展，关联学习的相关理论得到了新的发展和诠释，从早期的关联学习走向了技术增强的关联学习。随着学习技术及其应用的发展所涌现的计算机支持的协作学习（computer supported collaborative learning，CSCL）、学习共同体以及情景学习、协作学习、体验式学习等，都是从另一个角度关注了关联学习的技术支持（顾小清，2010）。

这些在线的关联学习方式旨在探讨关联学习的新理论、新思路与新方式，提炼支持关联学习的新的学习模式。这一领域的研究汇聚了学习科学、计算机科学、教育心理学等各个领域的研究者。其研究主要聚焦于对计算机支持的合作学习、协作学习的探讨，目的是进一步了解关联学习过程中的知识建构过程以及合作及协作学习机制等，以便更好地提高关联学习绩效。关联学习的属性，对于合作的知识建构、合作的问题解决等团队参与者共同完成的计算活动都是关键性的要素（赵建华，2009）。

随着社会媒介的进一步发展，学习者处于一个可无限拓展与延伸的社群网络中，关联学习被赋予新的责任和内涵，形成了基于社交软件的联通交互学习及活动。典型的网络学习软件如 Facebook、Wikis 等对关联学习起到了很好的支持作用，使得关联学习的模式、策略及组织形式等都发生了质的变化。在此背景下，关联学习汇聚了有共同兴趣爱好的学习者，他们以话题的形式组织成为一个学习网络。然而，现代信息技术对于学习的意义并不仅仅在于拓展了关联学习的形式，更为重要的是，促生了一种新的关联学习的理念，那就是在社交媒介背景下，学习什么已经变得不再重要，如何学习和通过什么来学习成为在线学习能否成功的关键（王龙等，2009）。

2.1.2　关联学习的本质和特征

第一，关联学习是一种全新的学习方式与理念，而 cMOOCs 则是其实践形态之一（Mattar，2018），因此关联学习研究不应该仅仅局限在大规模在线教育领域，而是应该拓展到更多的在线学习领域，如 AlDahdouh（2019）认为关联学习应该将注意力从分析 MOOC 中的小组层面学习经验转向参与连接主义环境的普通大学学生层面；此外，学者认为关联学习是数字时代的产物，反映了技术环境下的学习特征和方式，如 Downes（2010）认为关联学习与分布式知识的概念相吻合，Mattar（2018）指出关联学习体现了维果斯基的最近发展区（zone of proximal development，ZPD）理论。

第二，联通是关联学习的核心，是学习进行的重要操作，典型研究如 Wang 等（2014）建构了基于认知参与度的关联主义学习教学交互分层模型；随着对关联学习的进一步认识，学界也出现了连接、联通、联结、连通以及交互等不同的表述方式。进一步研究发现，联通在今天的关联学习领域有两层含义，即学习不仅仅是对内容建构的过程，更是通过"意外发现"寻找知识管道、联结和创新知识的过程（Siemens，

2005)，因此学习者在网络中具有节点的连接者和塑造者双重角色，连接和创造是其关键词。

鉴于上述考虑，本书后续章节以联通交互为切入点，重在体现关联学习的连接管道和知识创造两层含义，进而进一步研究其学习现象和规律。

2.1.3　关联学习的发展脉络及技术支持

1. 发展脉络

学习理论的发展总是与时代的境脉息息相关，也与时代的学习环境、学习方式与知识观等密不可分。行为主义者认为知识存在于学习者之外，学习的过程就是知识的内化过程，通过这种内化进而引起行为的改变，认为观察行为的改变比了解内部思维加工活动更重要；认知主义认为知识是通过体验和思考共同获得的；而在建构主义看来，知识的获取和学习情境紧密相连，知识不是通过强化植入学习者的大脑，也不是通过认知加工镶嵌在大脑的认知结构中，而是通过情境、协商、会话和意义建构而获得，学习者不再是学习过程中的"黑箱"，也不再是盛装知识的"容器"，而是知识的意义建构者和创造者。从知识论的角度来看，行为主义学习理论和认知主义学习理论认为知识是客观存在的，学习的任务是进行知识的灌输或者认知加工；而建构主义知识观认为知识是主观的，是学习者和学习环境共同作用的结果，由于个体学习者的知识背景、文化差异等，个体和群体学习者建构的知识有所差异。

进一步分析可见，以行为主义、认知主义为代表的传统学习理论重在关注学习的内部认知过程和外在行为变化，建构主义虽然认为学习是学习者和外界环境共同作用的结果，但是重在关注学习的文化和大脑中的意义建构、已有认知经验和新学习知识的联系与区别。而在网络时代，人类的学习已经呈现出了极为复杂的变化趋势。学习原本发生在属于不可见的大脑神经网络中，也将透过社群关系、计算机网络而外延到更大的范畴中(冯锐等，2013)。因此，学习不仅意味着学习者依赖于自身的经验体系和认知结构进行建构，更多意味着面对海量的信息和资源，如何进行分布式认知和认知卸载，以免超载，造成巨大的认知负荷。

在此背景下，传统的学习理论已经不能完全指导网络时代的学习，传统的学习理论已经不能完全和网络时代的学习范式、学习需求相匹配，需要新的学习理论与范式。如同加拿大学者 George Siemens 所言，技术正在改变着我们的头脑，"怎样学"与"学什么"正在被"从哪里学"所补充。技术在改变我们的大脑，知识工具决定了我们的思考方式；组织和个人都是学习的有机体，二者相互影响；以前学习理论所研究的许多学习过程现在可以转交给技术来承担和支持；除了学习程序性知识和事实性知识，更要知道知识在哪里。George Siemens 在《关联主义：一种数字时代的学习理论》(*Connectivism: A Learning Theory for the Digital Age*)一文中提出了一种新的学习——关联学习。

数字化时代催生了"富工具"和"富资源"网络环境下的在线学习，也催生了George Siemens 的关联主义。学习已经不再局限于线性与预制性，技术也丰富人类的学习方式，在知识不足的情景下提供必要的帮助。在这个技术不断增强的时代，关联主义不仅符合时代趋势，也弥补了传统学习理论在新时代学习方式中的不足，更为学习者提供了新的学习方式与学习观。

关联主义创始人之一 Siemens(2008)认为，关联主义学习的方式通过各种网络节点构成的强弱链接使得个体之间产生联系，从而表达知识、积累知识和交流思想，学习不仅发生在学习内容中，与此内容相关的人也是学习产生的重要来源，其主要观点概括为以下几点："信息"是节点(node)，"知识"是连接(connection)，"理解"是网络的突现特性(an emergment property of a network)；学习者通过"路径寻找"(way finding)和"意义建构"(sense making)对知识领域进行探索和协商，其中路径寻找涉及信息导航的各类线索，意义建构是创建连接的过程；学习者通过人工制品(artifacts)来表征自己对知识的理解(樊文强，2012)，即学习就是在一个网络中，核心要素不断迁移的过程，这个迁移的过程不完全受学习者本人的控制；学习(即可付诸行动的知识，actionable knowledge)可以存在于我们自身之外的组织或数据库等实体中(张秀梅，2012)。

纵观关联主义的创始人 George Siemens 和另外一位代表性人物 Stephen Downes 的著作，两位创始人中，George Siemens 的学术著作较多，观点表达更学术，Stephen Downes 的观点表达更自由和哲学化，富有启发性。该理论最广为接受的八条基本原则在广度和深度上都有了扩充与发展。对联通主义的哲学取向、知识观、学习观、课程观、教师观、学生观、学习环境观以及交互观等进行研究总结发现，联通学习理论的观点已经相对成熟和成体系。在三种联通主义实践(简单联通、社会联通和复杂联通)中，只有复杂联通主义实践真正体现了联通主义的精神实质。

总体来看，关联学习理论经历了漫长的发展阶段，而每一次发展都和学习理论的变迁以及技术的发展息息相关。

2. 技术支持

从技术发展变迁的角度看，关联学习理论认为学习不再是内化的个人活动，当新的学习工具被使用时，人们的学习方式与学习目的也随之发生变化。

根据关联学习理论的创始人 George Siemens(2005)的观点，关联学习就是交互连接式学习，他认为在学习的过程中，交互连接非常关键，学习行为、认知和环境之间的交互是交互决定论的主要思想。George Siemens 的关联学习重在学习的网络观、学习的工具观与学习的生态观。关联主义认为学习是形成连接创建网络的过程

(学习网络观)；学习是认知下发、内外脑并用的过程(学习工具观)；学习是培养学习能力，构建学习生态的过程(学习生态观)。总体来说，关联学习强调过程中的个体与他们学习工具(他人与资源)的关系，这一观点使得目前的在线学习理论的内涵有了新的发展。

随着以 Web2.0 等为代表的计算机技术的迅速发展，支持学习和信息加工的技术随时随地都可以获得，技术已经深入到关联学习的方方面面。移动技术、网络技术、分布式计算、分布式存储等技术不仅增加了个人与资源之间连接的通道，而且增强了人与人之间的联系，改变了人们存储和加工信息的方式(邱崇光等，2010)，使得关联学习更加便捷。关联学习的相关理论得到了新的发展和诠释，呈现出关联学习的现代定义及其在线学习新形态。

2008~2014 年，关联主义学习理论创始人 George Siemens 和 Stephen Downes 带领一个关联主义学习研究者团队开发和运行了一系列的 MOOC 平台(在线学习)，以一系列的情景式教学发展并实现关联主义学习理论，研发出了大量的课程，如 CCK11、Change 11MOOC、开放教育(Openness in Education)、教育技术 MOOC (ETMOOC)、REL2014 等。随后各大高校也纷纷采用 MOOCs 形式，但大多都是以传统的学习理论为指导，被称为 xMOOC，而 George Siemens 和 Stephen Downes 开发的 MOOC 由于学习理论的不同，而被称为 cMOOCs。在过去，大部分人更多地关注与传统教学相符的 xMOOCs，而非强调学习者自主化情景教学、创建教学交互和网络创建的 cMOOCs。但随着科技的不断发展，知识可视化技术、Web2.0 技术的不断发展，人们慢慢意识到了 cMOOCs 的重要性，越来越多的基于关联学习的平台不断发展。作为数字时代的学习理论的产物，它为 Web2.0 和社会媒体时代的教学和学习提供了新的视角。

在社会化媒介的背景下，关联学习更为关注学习过程中的连接互动。社会化协商、社会化建构与社会化连接，更为关注如何通过有效的活动设计来促进连接互动的发生；更为关注学习者之间通过信息分享、意见交流和观念分享促进整个学习共同体的知识转化与知识创造。

从关联学习的本质来看，碎片式的学习形式为知识节点的联通、组合及再造提供了多种可能性。学习不是单纯的知识传递，而是通过知识节点传递而超越知识传递的学习模式，依托于学习过程中学习者、资源之间的连接。在知识架构上，信息化与当前的 xMOOCs 的发展拉近了学习者之间的距离，通过目前不断增强的技术，即使在知识储备不足的情况下，仍能建构相对完整的知识体系。这就需要技术帮助学习者建立内部学习需求与外部学习环境之间的联通，将必备知识与储备知识进行分门别类，从而达到高效率地对知识源进行检索、重组、学习与应用(陈沙沙，2016)。

因此，构建关联学习所需的大规模、开放性的学习通道，为学习者构建完整的知识体系，促进学习者与其他学习资源的资源组合和流程再造，从而形成内部知识体系和外部学习资源与环境的联结是重中之重。

2.2 技术增强关联学习的发展演进

关联主义学习理论是信息时代计算机发展的产物，而随着计算机技术的不断增强，关联学习也不断得到了完善。2005 年，George Siemens 在《关联主义：数字时代的学习理论》中首次提出了关联主义，2008 年，George Siemens 与 Stephen Downes 在马尼托巴大学开设了"关联主义和关联化知识"，这个课程促进了 cMOOCs 这一名词的诞生(王志军等，2014)。

在大数据信息化、教育全球化的背景下，基于关联主义的 MOOC 不再局限于单纯的网上在线学习的开放在线课程，而且对传统的教育形式、教育观念的新发展，使目前的现代化教育从单纯的资源共享提升到教学模式的创新上。MOOC 与传统教育模式的重要区别在于工具资源的多元化、课程方便使用、课程受众广及学习自主性突出等，学习者不再局限于课程教学，可以利用碎片化的时间进行学习，这对传统教育模式产生了强烈的冲击。从教育的微观层面上而言，MOOCs 利用最新的知识可视化技术、Web2.0 等对教学内容、手段、考核等方面进行了精细化、全方位设计，在实践中被人们广泛接纳(高扬，2016)。除了 MOOC，我们熟知的 QQ、WeChat、电子公告栏、知识论坛也在不断地为我们输送知识。

早在 1985 年，The WELL(Whole Earth' Lectronic Link)网络会议室的诞生被认为是(在线)关联学习的萌芽(翟本瑞，2012)，反映了学习不仅存在于当前的内容中，还存在于与此内容相关的人和社群中等关联学习的核心理念；此后 Rheingold(1993，2000)通过 The WELL 对这种学习的网络文化、社会规范等进行了观察与研究，认为 The WELL 是一个虚拟的网络社区。随后，不同形态的虚拟社区在在线教育及实践领域得到了广泛的应用，如为人所熟知的电子布告栏(bulletin board system，BBS)、Email、QQ 等都可以聚集一群人，形成类似真实世界的社区聚落(翟本瑞，2012)，这可以被认为是关联学习的早期发展。

虚拟社区不断进步，随后关联主义的网络化发展步伐得到迅速提升、数字时代的技术环境为关联学习的发展提供了一个全新的视角。沿着这个视角，我们似乎可以重新认识整个关联学习的过程和轨迹。最为典型的是随着技术的发展以及 Web 2.0 理念的兴起，各种在线社区以及社会网站得到了迅速发展，逐渐打开了关联学习的新局面。而技术的进步在关联学习的发展过程中起到了至关重要的作用，学习者群体与知识(学习内容)之间的关系是技术视角的重要考量。

在早期的关联学习过程中，BBS 以及知识论坛(knowledge forum，KF)可以看作教育领域关联学习的最早案例，学习者可以进行发帖，但是学习者和学习内容之间没有明确的对应关系；随着知识地图技术的发展，学习内容之间逐渐建立了联系，学习者可以很容易地看到当前的观点和其他观点之间连接而形成的 KNs；后来，随着关联学习媒体的发展，逐渐地也可以看到与此观点相关的发帖者，即与此内容相关而形成的 SNs；随着知识可视化技术以及语义网络技术的进一步发展，学习者与学习内容之间的关系逐渐得到重视，学者认为进一步明确学习者对于当前知识的贡献是非常重要的，因此，与此内容相关的贡献者群体开始与当前的知识连接，由此，产生了一种整合的学习视角，即 SKNs 的研究视角。

可以说，关联学习过程中的学习者与知识(学习内容)之间的关系经历了三个阶段的发展变迁，从聚焦于"知识关联"的 KNs 视角发展到聚焦于"人的关联"的 SNs 视角以及整合(知识与知识、人与人、知识与人)的 SKNs 研究视角。虽然三者在关联学习过程中各有侧重，但其根本目的都在于更好地通过社会交往和知识汇聚来促进群体智慧与连接互动。

2.2.1　侧重 KNs 的关联学习及其发展脉络

KNs 的角度关注学习共同体所拥有的知识，反映的是知识的分布式存储理念。在 KNs 的关联学习视域下，承载知识的管道不仅仅是学习者个体，而且还包括他人以及群体，在 KNs 中，主题将变得非常重要，基于主题的学习者聚合是最为典型的互动模式，基于主题的聚合使得群体协同与群体知识建构变得相对容易(段金菊等，2016a)。因此，学习者可以通过"人"这个管道寻找更多的知识，以解决"谁拥有什么"这个问题(图 2-1)，由此可见，KNs 重在关注知识在人之间的流动。

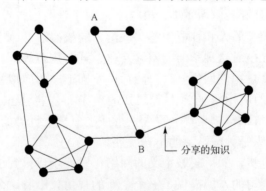

　　　　　● 节点代表个体、项目团队、组织
　　　　　—— 连线代表社会关系

图 2-1　KNs 的拓扑关系(Julie and Noshir，2001)

早期的知识论坛是基于 KNs 的典型学习形态，这种虚拟社区拥有明确的社区边界，社区活动都在这个明确的"地界"内，加入某个社区，会有明显的行为标志，每个社区也有一个明确的名称。人们在这种社区的互动是通过一个个明确的话题来进行的(彭兰，2009)。如 Wagner(1999)研究虚拟社区的自我认同问题，认为这种社区是以社会建构(socially constructed)的形式存在和发展的，个体通过角色扮演的形式进行自我认同。早期的知识论坛中边界明确，社区中的成员数基本保持稳定，每一个成员都有一定的社区身份和地位，成员之间的互动交往比较多，这在一定程度上很好地培养了成员的集体责任和社区的归属感，这种社区结构的特点被一些学者认为是典型的"圈式结构"。

可以说，早期的关联学习大部分都是基于知识社区的形式展开的，在知识传递和知识建构的学习范式下，学习基本上是以教师为主导，成员被分配在一个固定的社区里面，通过固定的小组进行讨论、协作以完成相关的群体学习任务。典型的研究如加拿大多伦多大学的 Scardamalia 等(1994)研发了早期的知识论坛。该知识论坛由注释和视图两部分构成，这种知识的网状表示方式为学习者的学习提供了极大便利，大大促进了学习者知识建构的程度和水平，学习者通过贡献个人的注解、评论和观点等促进论坛中的知识建构与发展，可称为 KNs 的发展雏形，体现了知识关联的思想，而这种基于知识关联视角的学习设计思想随后在加拿大、美国、芬兰、荷兰、日本等国家及中国香港等地区的学校实施，对关联学习的发展起到了积极的促进作用。

进一步分析发现，这种基于知识论坛的小群体社会交往体现了关联学习的典型特征，如超越个体认知维度的群体知识流动与创造，基于社会互动与社会交往的知识分享，基于认知学徒制和合法的边缘性参与策略的从新手到专家的学习策略与方法的获得，基于模仿与观察的隐性知识的习得等，可以说，这是 KNs 发展的雏形，尽管知识论坛在知识建构方面大有裨益，然而，这种列表式的知识呈现方式对于知识的组织以及观点的整合来说显得力不从心。

随着互联网技术的发展以及碎片化学习时代的到来，人们希望能够有一种思路及策略对碎片化的知识进行组织，同时能够通过可视化的方式进行系统化的呈现，因此，出现了知识可视化技术，由此促生了 KNs 新的发展阶段。

由于网络学习的实时性以及便捷性，学习者需要与资源广泛交互来建构知识，因此，自我导向的学习成为趋势(Wang et al.，2011)。虽然资源丰富、自我调节的学习环境让学习者有很大的自由度和灵活性进行查找、选择和组织信息，然而因为内容分散在不同的主题和复杂的知识结构之间，所以学习者可能面临认知超载和学习迷航等问题，因此，可视化的知识导航技术变得迫切，基于"知识-知识"的可视化 KNs 呈现更为关键。

典型的研究以 Zhang 等(2011)的研究为例(图 2-2)，在知识论坛中，关于彩虹讨论的相关观点通过节点和连接可视化同时呈现。当学生谈到相关的实验结果和观点时，这些想法和观点都可以在概念图中反映出来。这些工具充当了一个共享的记忆，呈现了此领域中学生已经达成一致的部分和需要进一步探究和讨论的部分。在概念图中，很容易联系、添加和去掉某个概念。学生可以基于概念图中整合的知识进行建构。

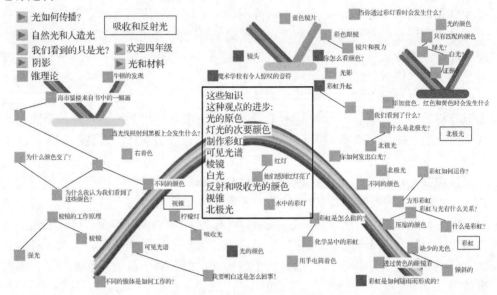

图 2-2　　知识论坛中学生讨论彩虹的视图（Zhang et al.，2011）

　　这种形式的学习和最初的信息列表的知识呈现方式相比，有很大的进步，因为共享的概念图工具以及关键词提取方式使得学生的知识建构过程可视化了。

　　在基于知识论坛的学习过程中，学习者进行发现问题和确定问题的会话活动，逐步达成初始观点，随后，这些初始观点将呈现在社区的公共知识空间中，成员们通过个体观点的产生、群体观点的连接、群体观点的升华和个体观点的提炼来促进持续的知识建构和关联学习的发展。

　　另外，Wang 等（2011）研究了知识可视化（knowledge visualization，KV）技术来支持资源丰富、自我调节的在线学习。这种思路的大致策略是：首先，将明确的概念性知识的表示结构作为一个认知路线图，方便知识建构和高层级的网上学习；其次，抽象的概念及具体内容通过连接知识概念及学习资源，将信息处理和知识结构进行很好的集成，学习者可以很容易地在整个资源丰富的导航系统中进行自我导向式的学习；最后，学习者可以在学习的过程中进行反思与元认知，这种可视化的系统反馈对此提供了良好的支持。

　　在上述基于知识可视化的电子学习系统中，学习者可以利用知识地图来确定重要的概念及其关系，并生成基于语义网络的回顾与反思。此外，知识地图还能够显示知识获取和建构的智力过程，这些将成为进行知识查询、知识建构以及高层次思考的源泉（Wang et al.，2011）。

在这一发展阶段，对知识之间的关系进行了可视化表示，为梳理 KNs 中的知识脉络和体系奠定了基础，这是一种典型的"知识-知识"形式的知识地图组织形式，然而知识与知识之间还缺乏智能关联进而聚合为 KNs 的技术支持。

随着可视化技术以及语义技术的进一步发展，人们逐渐认识到可视化知识之间关系的重要性以及构建基于语义关联的 KNs 的可能性。

如学者席运江等（2007）对 KNs 的概念进行了界定，从知识语义关联及知识分类的角度将 KNs 定义为：以知识为结点，以知识分类或语义分类为基础建立知识之间的分类网络。

随后，随着语义技术的进一步发展，在知识地图的基础之上，逐渐兴起了动态的 KNs，相同或者相似主题的内容单元逐渐聚合成为一个 KNs，学习者可以通过网络状的内容单元进行更好的关联学习。

从分析方法来看，KNs 视角的关联学习侧重于内容分析法，重在分析群体的知识建构层级，如 Gunawardena 等（1997）的五维知识建构模型。

综上所述可以发现，KNs 重在关联学习的话题聚合，从学习特征来看，聚焦于集体协同和观点产生、观点连接、观点提炼及观点深化，学习重在对相关观点以及话题（知识）的重组和获得。随着知识生态理论的发展，KNs 视角的学习隐喻也几经变迁，从早期的获得隐喻走向知识创造隐喻，强调学习者对于当前 KNs 的联通、贡献与创造。

2.2.2　侧重 SNs 的关联学习及其发展脉络

SNs 指的是社会行动者（social actor）及其关系的集合。也可以说，一个 SNs 是多个点（社会行动者）和各点之间的连线（行动者之间关系）组成的集合（彭兰，2009）。

SNs 重在关注社会关系，通过关系的拓展进而获取更多的知识，同时，SNs 提供了一个自我表达的空间，通过个体学习者发表的观点、想法等将与此感兴趣的人聚合起来（图 2-3）。

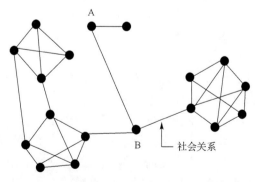

● 代表个体、项目团队、组织
—— 代表社会关系

图 2-3　SNs 的拓扑结构（Fesenmaier et al.，2001）

　　SNs 的典型代表如虚拟社群、社交网站等。以虚拟社群为例，虚拟社群(virtual community)最早是由英国学者 Rheingold 提出来的。他将虚拟社群定义为"当足够多的人们带着饱满的情感长期进行公开讨论，以期望在赛博空间中形成个人的关系网时，在网络中所出现的社会集合体"(Rheingold，1993；马红亮，2006)。和虚拟学习社区的定义不同的一点是，虚拟社群强调成员之间的关系和互动，按照 Rheingold 等的分析，QQ 群也是其中的一种。可以看出，虚拟社区与虚拟社群(social group)是两个不同的概念，因此 Rheingold 对虚拟社群的定义更符合虚拟社区群体或网上社会群体的概念。

　　可以说，关系是虚拟社群研究中最重要的核心研究对象之一，虚拟社群中的学习是一种在学习者与学习者之间、学习者与教师之间的互动，是一种凝聚团队、创造公共目标、在新领域中的经验分享，是一种由教师和学生在虚拟学习社区中逐渐获得有关学科的相似经验的过程中所建立起来的关系集合(Haythornthwaite，2002)。因此，虚拟社群是一个社区成员在网络环境下，通过获取、产生、分析和合作建构知识的对话与被指导的学习过程所形成的人际团体与学习环境(Hagel，1999)，其实质是社区成员及其关系的集合，SNs 已经成为虚拟社群中的核心要素(Brown et al.，1991；Haythornthwaite，2002)。

　　可以看出，这种虚拟社群是一种社会关系的聚合，重在强调社会关系和个体表达。从知识建构的角度来看，知识蕴含在社会连接的建立过程中，并通过多位学习者的社会互动和合作积极地建构起来(Cohen et al.，2001)，如个体是如何形成与发展自己的关系网的；个体间的关系网是如何连接成一个复杂的社会关系网络的；这种网络中的关系与结构是如何作用于个体的等。也就是说，SNs 视角的关联学习重在解决"谁知道谁"这个问题。

　　随着社会性软件的发展以及社交网站的普及，学习网络这一术语变得不再陌生，学习网络可以看作学习社区的 2.0 版本。在这种开放的学习网络中，学习共同体没有明确的边界，成员之间的互动不需要专门的话题引导，而只需要通过某种方式所形成的关系链条，如"标签"功能、"好友"功能等，"标签"建立在内容的联系上，"好友"建立在人际关系的认同上。共同体正是靠这些关系"链条"或"纽带"而产生的，最终这些纽带编织出复杂的成员关系网络，通过不断发展的关系链条促进学习网络的动态扩展和多变化发展形态。

　　追溯 SNs 的发展历史，技术在关联学习方面起到了至关重要的作用，代表性的技术如面向社会关系的知识地图技术，随着在这一技术的发展和其在在线学习中的应用，SNs 逐渐从无形的虚拟社群走向可视化的关系网络。可以说，这一进展对于关联学习过程中社会关系的建立起到了助推的作用。

　　面向社会关系的知识地图技术，以科研领域的典型应用 AmetMiner 为例(Di Battista et al.，1994)，AmetMiner 借鉴的是社会网络分析中个人中心网络的概念，将一个作者的合作者以及合作信息通过网状图形式展现出来，用户可以按照领域、角色、合作次数三个维度对作者的合作网络进行分析。其他典型的代表如微软学术搜索（Microsoft Academic Search）的专家地图、学术引用图、合作关系图等。此外，以教育领域的典型应用为例，图 2-4 展示的是北京师范大学学习元平台中的社会关系图、显示了与当前学习内容投入程度最高的学习者头像，图中的每个节点都代表一名学习者，连线代表学习者之间的社会关系(同事、朋友或者粉丝等，即代表友谊深度)，而图 2-5 则代表了基于相关主题的合作者关系，箭头的粗细代表合作学习时的投入程度。

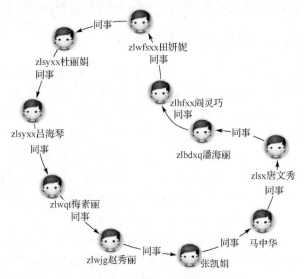

图 2-4　SNs 的社会关系视图

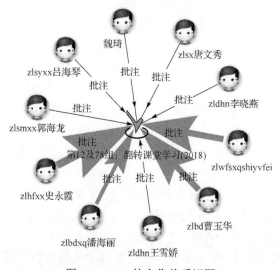

图 2-5　SNs 的合作关系视图

可以说，面向关系的知识地图技术使得 SNs 走上了可视化的道路，这一进展对于关联学习而言至关重要，这种可视化的社会关系网络是一种典型的链式结构，通过标签以及其他的可视化方式，将具有共同兴趣与爱好的学习者组织在一起，构成小群体的学习共同体，随着时间的推移以及话题的深入，逐渐吸引更多具有共同兴趣的学习者，根据学习兴趣以及关系的疏密程度逐渐分化为不同的学习社群。而从分析方法来看，SNs 分析法是关联学习的普遍分析方法，以学习者及其共同体之间的关系作为基本的研究对象，对个体与个体之间、个体与群体之间的互动进行研究，分析意见领袖、网络结构、SNs 维度以及 SNs 的特征是众多学者关注的分析视角。

2.2.3　整合视角的关联学习及其发展趋势

综合关联学习的相关研究发现：以学习社群、知识论坛为代表的 KNs 视角重在关注知识与知识之间的连接关系，群体间知识的流动、建构以及创造等，将人作为学习(知识)的内容；以 QQ 群、社交网站等为代表的 SNs 视角则重点关注人与人之间的连接关系，将人作为学习的重要来源和管道。而联通学习理论认为：学习不仅发生在内容中，与此内容相关的人也是一种重要的学习来源，即在学习过程中，KNs 和 SNs 同样重要(Yu et al.，2009；2015)，应该考虑将两者进行整合。

目前，学界提出了一种整合的研究视角，即以 KNs 为基础构建 SKNs，基于知识可视化的技术整合知识之间、知识与人以及人与人之间的三种关系，为知识的调用、整合与创生以及将物化资源与人的资源进行统一提供了保证。

在 KNs 与 SNs 整合的研究视角中，典型的研究如 Cadima 等(2010)提出的 SNs 监控系统，这是整合的初始阶段。该系统能够可视化地实时呈现学习者的学习互动过程和由此形成的 SNs 关系。在设计界面方面：通过可视化的形式来表明学习者之间的互动联系以及学习网络情况，通过信息的接收与发送等表明交互的程度，这是一种典型的"主体-知识"视角的研究,通过相关可视化的分析工具可以实时地将学习者的知识分享情况进行呈现。同时，Cadima 等通过实验验证了可视化的 SNs 在社会互动方面的作用和意义，如即时提供反馈意见以及增强社会互动等。

这一研究可以认为是整合的初始阶段，我们看到的是 SNs 和 KNs 整合在社会监控系统之中，但是分为两个界面进行呈现，SNs 揭示了人与人之间的关系，而 KNs 则揭示了知识与知识之间的关系，但是还缺乏第三种关系，即通过人与知识之间的关系将两者整合在一起。

随后，北京师范大学提出了基于语义技术的整合的研究视角(余胜泉等，2009)，而中国科学院院士王众托也认为 KNs 应该具有三个层次：人际关系网络、知识资源网络和技术网络(王众托，2007)。

在此基础上，以知识创造为主旨，突出学习的社会属性，注重学习网络构建的 SKNs 得到了进一步的研究和发展。

　　2009 年，北京师范大学开发了一种基于 SKNs 的学习元平台(learning cell system，LCS，http：//www.etc.edu.cn/)(余胜泉等，2009)。这是一种基于 KNs 构建的可视化 SNs(图 2-6)，在同一界面(空间)可视化地呈现了知识之间、知识与人之间以及人与人之间的关系。在关注学习的社会属性的同时，要注重知识创造(顾小清，2010)，而基于学习元平台的 SKNs 正是基于知识创造这一主旨，利用相关技术将人与内容的关系进行了可视化表述，这是构建 SKNs 的关键步骤(段金菊等，2016a)。

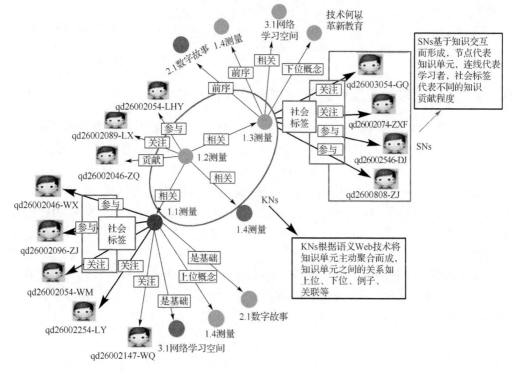

图 2-6　整合视角的 SKNs

　　和 KNs 以及 SNs 不同，SKNs 顾名思义是基于 KNs 而发展起来的共享知识和社群关系的学习网络，是 KNs 和 SNs 的叠加体，如同余胜泉教授所言：SKNs 是由知识和人共同构成的网络，是在人与知识的深度互动过程中构建起来的，学习者通过 SKNs 不仅能获取所需要的物化资源，还能找到相应的人力资源，如通过某一个学习内容，可以快速定位到这个内容领域最权威的专家或适合的学习伙伴等(余胜泉，2011)。

　　在 SKNs 中，知识是以社会性的形式存在的，通过社会性分享、社会性学习和社会性创造进行知识的扩散和创造。其核心是通过连接"人"与"内容"获取更多的社会资本和知识资源，在 SKNs 中，"人"与"内容"既是 KNs 的节点和内容，又是联通其他网络节点的管道和媒介，随着"人"与"内容"的不断交互，会逐渐形成一个具有相同学习兴趣和爱好、交往频繁的 SKNs(杨现民等，2014)。

可见，SKNs 体现了知识的分布式存储、主题聚合以及群体协同互动的特点，又聚合了 SNs 的关系聚合以及注重个体表达的特点；同时，SKNs 是基于 KNs 而构建的，是基于人与内容的深度互动而不断进行扩展的，这种基于主题将学习相同或相似主题内容的学习者聚合起来的 SKNs 将为学习提供新的可能(段金菊等，2016a)。

2.3　总结与启示

2.3.1　关联学习的发展变迁及对技术环境的依赖性

Chatti 等(2007)指出，未来的在线学习发展以 KNs 的知识呈现为主要模式，以基于社会性交互为主要的学习方式，这一点与基于 SKNs 的学习主旨是一致的，可以说，SKNs 代表了关联学习的发展趋势和方向。

基于知识交互的 SKNs 作为一种新的关联学习的研究视角，是一种典型的知识创造隐喻范式下的学习，聚合了网络状的知识编排方式，利于知识体系的连接与重组，聚合了 SNs 的高参与度和社会资本的易获得等属性，为关联学习提供了新的可能。

在关联学习的过程中，知识之间、学习者之间以及学习者与知识之间的关系经历了 KNs 阶段(知识与人、知识与知识)、SNs 阶段(知识与人、人与人)及整合的 SKNs(三种关系整合)阶段，三种学习网络的变迁以及特点归纳如表 2-1 所示。

表 2-1　关联学习的发展变迁及技术脉络

维度	KNs	SNs	整合的 SKNs
定义	学习共同体所拥有的知识及之间的关系	社会行动者及其关系的集合	社会行动者与内容单元，社会行动者之间以及内容单元之间关系的集合
代表形态	知识论坛，虚拟学习社区	qq群、社交网站等	学习元
网络分析	一个 KNs 是多个点(如内容单元)和各点之间的连线(内容单元之间的关系)组成的集合	一个 SNs 是多个点(社会行动者)和各点之间的连线(行动者之间的关系)组成的集合	一个 SKNs 是多个点(社会行动者，内容单元)和个点之间的连线(行动者之间，内容单元之间以及行动者与内容之间关系)的集合
解决的问题	谁知道什么	谁知道谁	谁知道谁，谁学习了什么以及当前内容单元可连接的人或者内容

KNs 视角重在研究人与知识之间以及知识与知识之间的关系，重在组织及社区知识的分享与导航，解决网络学习尤其是碎片学习的知识迷航与知识创造问题，以

及了解"谁知道什么"的问题。

SNs 视角重在组织和社区中 SNs 的建构与社会结构的分析、意见领袖以及社会关系作用对学习的影响等，目的是解决"谁知道谁"的问题，重在解决人际互动与协作对学习的作用，并对关联学习的社会属性进行研究。

在分析方法方面，SNs重在社会网络关系分析（我国以王陆教授为代表的团队进行了诸多研究）和社会资本分析等方面。重点关注人与人之间的连接，强调人是学习过程中知识传播的重要途径；学习是共享和构建SNs的过程。SNs 中的社会关系、网络结构以及意见领袖等对学习具有重要的作用，同时回答"谁知道谁"的问题。

总体来说，SNs 的分析方法正是通过分析行动者之间的关系、网络结构对行动者及其关系的影响力来研究各种社会现象。SNs 是以个体即社会行动者为起点来研究关系的构成的。这涉及两个要点，其一是个体是如何形成与发展自己的关系网的，个体间的关系网是如何连接成一个复杂的社会关系网络的；其二是这种网络中的关系与结构是如何作用于个体的。而近年来学者所提出的以 KNs 为基础所构建的 SKNs 则整合了知识之间、知识与人以及人与人的三种连接关系，将知识可视化，以及人与内容、人与人之间的关系进行可视化呈现。

SKNs 视角的学习不仅强调建立与已有节点之间的连接，还强调在学习过程中通过知识创造的方式创造新的网络节点，成为他人连接网络的管道与媒介。

SKNs 作为一种新的关联学习研究视角，是 KNs 和 SNs 的聚合体，承载了关联学习的社会联通以及复杂联通等新特点，如学习内容的社会性、学习过程的社会性和学习者的社会性，是一种基于知识的社会性分享、社会性协作、社会性贡献和社会性创造而形成的共享知识空间，体现了知识的社会性建构过程、学习活动的社会性参与动态以及学习者的社会性来源。其核心是通过连接"学习者"以及与此内容相关的"知识"而进行的学习，连接和创造是其关键词。

由此可见，SKNs 的学习是一种典型的知识创造隐喻以及知识分布式存储隐喻范式下的学习，聚合了 KNs 的话题属性和 SNs 的关系属性；整合了 KNs 的群体协同和 SNs 的自我表达特征，因此为关联学习以及大规模在线学习提供了新的可能。

2.3.2　技术增强学习环境所带来的关联学习新可能

1. 关联学习的技术环境特点

追溯 KNs、SNs 以及 SKNs 的特点发现，和 KNs 与 SNs 的特点相比，SKNs 在用户关注重心、联通模式、网络扩散方式等方面呈现出了新的特点(表 2-2)。

表 2-2   关联学习的技术环境及学习特点

维度	KNs	SNs	整合的 SKNs
学习环境	圈式社区走向学习生态网络	链式结构的学习网络	多态节点链式结构的学习生态网络
联通模式	以知识为中介	以人为中介	以知识为中介和以人为中介
网络扩散方式	基于人与知识的连接	基于人与人之间的连接	基于人与知识的深度交互
人与内容关系	未明确标注	标注了关系	基于知识贡献度的标签标注
用户聚合模式	话题(内容)聚合	关系(用户)聚合	话题(内容)聚合与关系(用户)聚合
用户关注重心	关注群体的共性	关注个体的自我表达(个性)	关注个体表达、群体对话与认知联通

在学习环境方面,和早期 KNs 的圈式结构学习社区以及 SNs 的链式结构学习网络相比,SKNs 则呈现出多态节点链式结构的学习生态网络特性。可以说,学习网络经历了从学习社区发展到学习网络,从有边界的社区走向无边界的生态网络的过程。这一发展源于关联学习的两个发展趋势,其一是人们对于知识的认识,随着知识生态理论的发展,学者认为知识不再是线性的、预设的可供学习者接受的内容,而是需要学习者进行建构与创造的知识生态;其二是对于学习的社会性认识的深化,认为学习应该打破传统的圈式结构的束缚,走向链式的开放学习网络,每个人可以隶属于几个小的社区或者根据学习的需要自动连接多个社群进行学习,而社群的结构、规模和数量也是依据学习者的爱好、兴趣和学习程度进行动态发展的。

同时还可以看出,KNs 是以信息或者话题(内容)为中心的学习网络,重在将具有共同兴趣与爱好的学习者通过感兴趣的话题聚合起来,从而达到对于该问题深度探讨的目的,抑或是通过成员之间的观点产生、观点连接、观点深化和观点提炼来促进知识分享与群体的知识创造,重在关注群体的协同建构过程。学习者学习的过程就是连接更多观点以及话题的过程,这一学习过程重在对于当前话题以及观点的反思与重组,因此,群体对话与协同为其典型特征。

与 KNs 相比,SNs 重在强调用户以及关系的重要性,旨在通过好友聚合以及友谊网络的形成进行关联学习,这种学习网络重在用户的个人观点表达和互动,强调通过更多关系的建立来拓展学习者的社会资本。

SKNs 则整合了两种网络各自的特点,呈现出新的特征,如强调话题聚合与关系聚合,关注个体的知识贡献和群体的协同建构等。此外,从 KNs 的发展过程来看,基于学习社区的 KNs 强调知识的内化,旨在通过内容与活动整合的形式提高学习的深度,学习超越了浅层次的浏览和分享,走向基于深度思考的协作和交流等,而基于知识生态网络的 KNs 则强调知识的主题聚合,强调学习过程中的群体协同,强调学习者对于当前分布式知识的整合和重组。从 SNs 的发展过程来看,SNs 强调基于关系的用户连接,而 SKNs 则强调用户与主题的双重连接等。

由此可见,SKNs 聚合了 KNs 和 SNs 的相关特点,是基于知识的深度交互而形成的网络，是基于人与知识的交互不断进行扩展的知识生态，其基于话题聚合与(学习者之间的)关系聚合的网络属性给关联学习带来了新的可能。

2. 提供的新的学习可能

鉴于上述对于技术增强关联学习环境的比较分析，进一步结合 SKNs 的形式与结构，可以归纳出其所提供的新的学习可能。

1) 多态节点链式结构的学习生态网络为内外认知网络的连接转化提供了新的可能

从学习环境来看：在技术增强的关联学习环境(SKNs)中，知识分布在不同的学习者群体和内容单元中，而基于 Web 的语义技术将知识单元之间、学习者之间以及学习者与知识单元之间主动建立关联，从而动态聚合成为一个认知共同体。这种可视化的 SKNs 为学习者群体的知识共享和创造奠定了基础，为基于学习网络的连接和转换的关联学习提供了新的可能。

同时，SKNs 能够通过学习者的智能联通和智慧交互，保持学习共同体的生态性特征，社群用户通过知识节点的认知协同和智慧联通促进知识的扩散、传播和创造，发展动态变化的学习生态，学习者只要与当前联通知识的媒介(内容单元或者学习者)保持联通，就可以随时获得最新的知识和资讯。为了保持更新，它们需要和原始节点联通；为了增进连接，它们还需要进一步对原始节点提供相关的反馈，这种多态节点链式结构的学习生态网络为内外认知网络的连接转化提供了新的可能。

2) 认知(知识为媒介)和社会(人为媒介)双联通模式为知识的碎片与重构提供了新的可能

从关联学习的联通交互模式来看：SKNs 是基于人-内容-人以及人-人-内容的模式而进行的关联学习。以知识为中介的联通，聚焦于学习者的认知发展，为学习的有效性提供了可能，而以人为中介的联通，则体现了关联学习的社会性，两者的整合提供了复杂联通和社会联通的可能，这种认知与社会的双联通模式为知识的分布式存储和认知提供了可能，利于降低认知负荷，激发群体动力，提升群体协同绩效。

(1)以知识为中介的人际交互，提高了关联学习的有效性。

在 SKNs 中，单个的知识节点构成了学习者当前的学习内容，而与此节点相关的 KNs 则展示了知识节点(单元)之间的关系，提供了关于当前主题的知识图谱，因此，在基于单个知识节点的学习中，学习者群体通过社会化活动的形式进行学习；而在知识节点之间，学习者则通过连接的方式，查看与当前内容相关的学习内容，在整个关联学习的过程中，以知识为中介的人际交互是其主要的网络联通模式。这种以知识为中介的联通模式，对于知识的获取、知识的分享、知识的扩散和知识的创造来说，更为容易，更为高效，因此在一定程度上提高了关联学习的有效性。

(2)以人为中介的知识联通,建立获得知识的通路,体现了分布式认知和关系中学的思想。

SKNs整合了KNs和SNs的特点,以KNs为核心,清楚地显示了知识与学习者之间的交互关系,通过相关的语义技术,将学习内容以及与此内容相关的人连接起来,可以说,SKNs为学习者提供了基于分布式认知的脚手架。联通主义强调知识已经从静态的层级结构转变为动态的网络和生态,学习者应该通过创建并连接人际网络汇聚群体智慧来获取知识和进行学习,而SKNs提供了以人为中介的知识联通模式,学习者可以通过联通与当前内容相关的学习者而进行知识的获取、知识的传递以及知识的扩散和创造等。可以说,分布式认知的思想得到了充分的体现,基于SKNs的以人为媒介的知识通路的建立在一定程度上促进了分布式认知,从而真正实践了"从哪儿学"比"学什么"更重要的学习理念。

3) SKNs的扩散形式体现了关联学习社会知识建构的轨迹和联通交互的学习路径

从网络的扩散方式来看,在SKNs的扩散与形成过程中,"专家和学习者都是知识的共同创造者,而不是单纯的内容消耗者;知识存在于公共空间和个人空间,生成性知识变得至关重要"(张丽霞等,2014)。因此,SKNs是以基于人与知识内容的深度交互而逐步扩展形成的,学习者与知识的交互超越了简单的浏览、分享与扩散,这是一种典型的深度学习理念(段金菊等,2016a)。因此,SKNs的扩散形式反映了学习的深度。在学习者与知识的深度交互过程中,学习者逐渐成为SKNs的节点,成为他人连接的管道和媒介,起到塑造学习网络的作用(段金菊等,2016b)。

4) 基于人与内容的贡献度标度体现了知识的连接与创造,为提高关联学习的参与度提供了新的可能

从人与内容的关系来看,在SKNs中,人与学习内容(内容单元)之间的关系是SKNs构建的核心要素,基于知识贡献与创造等深度交互而构建的网络以标签形式标注了社会知识建构的贡献度,这种贡献度标签为提高个体及群体的参与意识和激发个体及群体的集体认知责任有比较大的帮助,同时,在SKNs中,个体贡献度标签是一种身份和社区地位的象征,因此,在一定程度上,会被其他学习者认为是学习专家或者对当前话题最感兴趣的个体,从而起到榜样的作用,可以说,在一定程度上这些贡献度标签将为提高关联学习的参与度提供新的可能。

5) 基于主题聚合与关系聚合的用户聚合模式为拓展关联学习的广度提供了新的可能

从用户的聚合模式来看,在网络时代,知识以分布式的KNs形式而存在,如同相关学者认为的那样:网络时代知识的分布式储存不会自动带来问题的解决,必须

进行必要的加工整理使之成为有一定结构的逻辑体系才能进行迁移和运用(王竹立, 2012)，而可视化动态发展的 KNs 满足了这一知识组织和系统整合的要求，基于主题聚合的 KNs 对于学习者的知识系统化、知识深化理解具有非常重要的作用；同时，KNs 本身在知识组织和观点提炼方面呈现出"主题聚合"的优势。而 SNs 则为关系(用户)聚合提供了新的可能，拓展了学习的管道和媒介。

作为 KNs 与 SNs 的叠加体，SKNs 聚合了两者的优点，SKNs 提供的主题聚合与关系聚合为学习者拓展了学习社群，从个体学习者的角度来看，学习者打破了传统的单一的圈式结构社群的束缚，走向链式开放的多维学习网络社群，学习者可以隶属于几个小的社群或者根据学习的需要自动连接多个社群进行学习，而社群的结构、规模和数量也是依据学习者的爱好、兴趣和学习程度而动态形成的。

因此，在 SKNs 中，KNs 为学习者梳理相应的课程体系、整体建构对当前学习内容的理解以及多角度认知提供了方便，而 SNs 为专家定位与意见领袖的发掘，观点的发散与深度聚合以及共同体知识的演化提供了新的可能性，为基于人与内容的连接提供了可能，因此为促进学习的广度提供了新的可能。

6) 基于群体协同和自我表达的用户关注方式为拓展关联学习的深度提供了新的可能

从用户关注的重心来看，KNs 重在社区的话题聚合和知识发展，因此重在群体的知识建构和知识空间的扩散；SNs 则重在个体的知识表达，重在基于关系的人际互动；SKNs 则整合了 KNs 的群体协同和 SNs 的个体表达优势。

根据知识建构理论，群体知识建构要经历观点的产生、观点的连接、观点的深化和观点的提炼四个阶段。个体表达一般产生于观点的产生和观点的提炼阶段，而群体协同则更多地产生于观点的连接、观点的深化阶段，因此，聚合了个体表达和群体协同优势的 SKNs 为促进群体的协同、知识建构向深度发展提供了新的可能。

2.3.3　技术增强关联学习环境对深度学习的支持

技术发展和学习理论的变迁是关联学习发展的重大助力，尤其是随着语义技术、数据挖掘、大数据、云计算等技术的发展，知识的联结和网络构建已不再是难题。通过技术支持深度关联学习，不仅能加快学习者和内容之间的管道建立，也能增强人际互联；技术不仅仅是一个用来帮助学习的工具，而且是可以用来搭建认知脚架的辅助认知活动。从技术发展和学习理论变迁的视角看，目前学习环境相关的研究主要集中在：基于 KNs(如知识论坛等)视角的相关研究，即将人作为一种内容的来源；基于 SNs(如社交网站等)视角的相关研究，即将人作为学习的内容，学习者通过拓展社会关系而获得知识。而将 KNs(内容)和 SNs(人)两者进行整合，即基于 SKNs 的研究将成为技术增强学习环境的新趋势。整合视角是以知识的深度交互为核心进行网络的聚合和拓展的，体现了学习的深度和广度，在具体的学习过程中，具有个体表达和群体协同、关系聚合以及话题聚合的特点，承载了知识的分布式存储理念，为社会联通、信息汇聚、内容生成和协同创新带来了新的可能。从技术增强的学习环境视角看，生成性的联通交互学习环境的核心是通过联结"学习者"以及与此内容相关的"知识"而进行的学习，连接和创造是其关键词。它联结了学习网络中的用户节点和知识节点，是一个促进知识贡献和创造以塑造新的网络节点的生态环境。和传统的学习环境相比，信息以分布式知识表征形式存在于各节点中，学习者通过提炼、重构、解释和创造新知识等过程逐步联通节点，构建动态发展的学习网络，形成人与内容共通的技术增强型学习空间。融合了知识之间、知识与人以及人与人之间的三种连接关系，提供了学习者和交互环境的多模态互动方式，如师生互动、生生互动、社群互动以及学习者和学习内容的互动等(刘哲雨等，2018)，形成了共享知识和社会关系的融合性知识空间，为分析学习者和学习者之间、学习者和学习内容之间的联通程度，探索知识扩散路径和建构程度，分析学习的深度和广度奠定了基础；此外，采用语义图示的方法动态构建技术环境、语义图示工具以提供社会性认知支持的方式帮助学习者不仅可将头脑中隐藏的思维过程表达出来，还可以基于此与外界的学习内容——同伴和学习环境进行社会性交互，引发后续的认知活动(蔡慧英等，2018)，因此，提供了一种更为扩展的方法来研究技术增强环境下的深度学习和交互，减少了寻径交互的实践，增加了复杂交互和社会交互的更多机会，将为解决当前在线学习的交互程度低以及层次较浅等问题提供新的可能。

第 3 章　技术增强的关联学习环境

关联学习理论揭示了互联网时代基于群体智慧汇聚的知识创新和学习过程，从技术发展的轨迹来看，基于 SKNs 的学习是技术增强环境下关联学习的主流，因此，技术增强的关联学习环境旨在以 SKNs 环境为例，对其学习环境构建的技术和方法进行阐释，以期抛砖引玉。

3.1　技术增强的关联学习环境概述

3.1.1　技术增强及其解析

技术的发展为当今时代的学习理念变革提供了适切的技术支撑，新兴学习理念的诞生在改变学习方式的同时，也重构了学习环境。在新兴学习理念的指导下，通过技术来构建个人学习网络和环境，这一研究方向逐步进入当代学者的视野。广义的技术指人类活动中所采用的一切技术手段和方法的总和，分为有形的"物化技术"和无形的"智能技术"两种(尹俊华等，1996)。有形的物化技术是指在有形物体中体现出来的知识，又可以分为硬件技术和软件技术，无形的智能技术则是指以抽象形式表现出来的知识(何克抗，2005)。

构建个人学习环境时，借助适当的技术，进而促进学生的学习、认知，其中所利用的技术多为现代信息技术，属于物化技术。个人学习环境的"技术增强"则是指在构建学习网络时注重对现代信息技术的有效利用。信息技术构成了个人学习环境的重要技术基础，关于如何利用新技术创建个人学习环境，大致分为两条较为明确的技术开发方向(尹睿等，2012)：一是基于 Elgg、Eclipse、Liferay 和 Mashup 等技术的个人学习环境模型设计与系统平台开发，二是基于 Blog、Google group 等技术与服务的个人学习环境研发。2007 年，美国学者哈姆兰的团队利用 Mashup 技术融合社会性网络服务开发了具有学习的计划、管理、交流等功能的个人学习环境。美国弗吉尼亚州的玛丽华盛顿大学基于多用户博客系统建立了个人学习环境，创建独立的网络学习空间，随时获取信息、分享观点、合作研究。

尹睿等学者(2013)在分析个人学习环境内涵与特征的基础上，明确当前个人学习环境构建的三种方式：以社会性软件为中心的构建方式、利用社会聚合器的构建方式和基于虚拟学习环境的构建方式，并进而从管理、互动、评估、支持等维度，对常用的五种实现技术进行了对比分析。而为了构建更加个性化与智能化的个人学习环境以连接正式与非正式学习，有学者指出应充分利用社会媒介软件与各种 Web2.0 工具、服务重新融合，以促进自我导向的正式与非正式学习(Dabbagh et al.，2012)。

知识可视化技术、语义技术等分布式技术的出现，为个人学习环境的创建注入了鲜活的技术力量。本书所指的技术增强是知识可视化技术、语义技术等分布式技术，可用来构建个人学习网络和环境。

应用知识可视化技术、语义技术于个人学习环境的创建，形成技术增强型个人学习网络，目前，已有部分研究者着眼于此。我国学者李亚男等(2013)基于知识可视化研究视角，采用系统开发方法，利用知识可视化技术来构建移动学习环境，提出了基于知识可视化的学习环境设计思想及轻课堂移动学习环境的架构设计。杨现民等(2014)依托语义技术框架，对学习元平台的构建进行探索性研究，最终实现了从资源的语义化组织到具有更强智能性和个性化的高级应用服务。

3.1.2　技术增强的关联学习环境简介

在当今的技术背景与知识背景下，技术与知识更新的速率越来越快，通过传统学习理论对学习的理解来指导当今时代背景下的学习过程具有一定的局限性。网络时代的新兴学习理论关联主义把学习看作构建网络的过程,有节点和连接两种要素。在技术与知识的更新速度超过了学习者自身知识内化的速度的情况下，学习者可以将部分的知识加工处理放到学习者的外部网络上，即学习网络的其他节点上，当学习者需要这部分知识时，只要与这些节点建立连接即可。

技术的发展是实现关联学习的重大助力。学习网络中节点的建立与连接，知识的存储和处理，受到来自技术尤其是搜索与连接技术的推动。技术推动网络中关联的建立,有助于个体和群体的联结,有助于建立自己的学习过程的外部结构(王欣悦，2018)。然而，技术增强的关联学习在一定程度上意味着技术增强的关联学习环境的建设。因此，关联学习重在环境的构建，以促进碎片化学习和知识的连通。根据关联主义学习的主旨，在具体的学习环境设计方面，需要提供学习者进行有效连接和联通的管道，这些管道不仅能够知晓最新的知识及其来源，也能及时地知晓最新的学习者群体，便于增强学习者之间的社会联通和交互。在此过程中，技术需要扮演联通交互媒介的作用，帮助学习者进行更好的连接交互学习，充分发挥技术环境的智能性和分布性特点，取代学习者的部分认知活动，支持学习者的认知卸载和分布式认识，降低了学习者的认知负荷，将学习者从简单的活动中解放出来，进而促进高阶思维。因此，技术增强的学习环境需要创造一种联通的知识生态，需要提供认知联通和社会联通的多模态交互联通路径，促进学习者的汇聚、分享、专用、连接和创造的有效达成。

3.1.3 技术增强关联学习环境研究的新进展

目前对关联学习环境的研究集中于两个方面：一是关联主义对网络学习环境设计的启示与指导，二是关联学习的学习模型构建(基于学习环境预设的视角)。

典型的研究如金婧等(2008)基于对传统学习观和关联主义学习观的比较分析，进一步梳理出关联学习环境设计的核心要素，认为关联学习环境的设计重在基于整合的视角，给学习者提供一种复杂、动态的知识体系，通过基于学习环境的整合力量，给学习者提供进行关联学习的给养和土壤，帮助学习者进行群体交互和联通，帮助学习者打通个体学习和群体交互的管道与壁垒。而张乐乐等(2013)分析了移动学习场景下关联学习的可能性，基于关联学习理论的核心和主旨，构建了基于移动学习情境的关联学习基本结构。而后毕家娟等(2014)在借鉴关联主义学习理论对个人学习空间的启示基础上，结合个人学习空间的概念和特征，构建了个人学习空间的概念模型。该模型以学习者为中心，以技术为支撑，重视学习过程中人、资源、服务、工具各节点间的联通性。模型构建了个人社交网络与个人资源网络，注重两者的连通，旨在通过空间搭建智慧的外部网络以促进内部认知网络的形成。

陈廉芳等(2015)聚焦于一个特定的关联学习环境，分别从管道嵌入的学习网络、工具嵌入的学习"全脑"和信息素养嵌入的学习能力三大方面着手构建高校图书馆嵌入式关联主义学习环境，管道嵌入的学习网络将知识存储在知识仓库并建立标引，形成有效的知识脉络，方便用户对知识随提随用；工具嵌入的学习"全脑"旨在扩充脑容量，协助用户与知识建立连接，提高效率；信息嵌入的学习能力将素养融入用户的学习、工作和生活中，使用户的学习能力得以提升，从而高效地获取并管理知识。三个方面交叉融合提升了用户知识获取及处理能力，促进了人-知识、知识-知识、人-人之间的强连接的建立，共同构成嵌入式关联主义学习环境。而后，基于关联主义学习的视角，学者将 SKNs 作为一种生成性的关联学习环境，与 cMOOCs 的在线讨论及学习活动相整合，并基于三轮设计性实验探索了基于 SKNs 的 cMOOCs 学习效果及设计策略，发现 SKNs 有助于 cMOOCs 的深度学习(段金菊，2017)。这种将"人"的因素和"内容"的因素同时纳入关联学习的考虑范畴之内，借助可视化学习技术，在 KNs 以及 SNs 的基础上的 SKNs 学习环境，有望提高在线学习的社会性属性，进而促进基于社会联通和复杂联通的关联学习(Duan et al.，2019)。

从关联学习的主旨和对环境的相关要求来看，一方面关联学习的过程就是个人学习网络构建的过程，而个人学习网络也是学习环境的重要组成部分，这是一种生成性的学习环境构建方法，重在将学习过程中产生的集体性知识进行共享和存储，从而提供给更多场景下的更多学习者，真正实现关联学习；另一方面，关联学习环境的构建旨在减轻学习者的认知负荷，提高学习效率，而人-知识、人-人、知识-知识等节点间的连接交互是关联学习的关键，建立并加强学习过程中各节点的联通，形成动态发展的学习网络有助于进行高效的关联学习。

通过技术来构建健全的关联学习环境，需要将技术作为联通交互空间管道的支撑要素，这种管道是包含资源、人、工具、服务、空间等若干虚实节点的管道。而在具体的操作方面，技术增强的关联学习环境需要能够指导学习者以自身知识储备为起点，应用各种网络技术工具进行分析、判断和利用各种知识渠道，将触角延伸至所需要知识的各个网络节点，突破学科和行业的壁垒，识别并连接不同知识节点，从而推动学习者的关联学习，促进知识创新。通过技术对关联学习环境进行开发，能使学习者在干扰程度小、认知负荷少的情境下进行学习。因此，需要探索技术增强关联学习环境的理论基础，并在此基础上基于相关技术构建相应的学习环境，从而真正实现技术增强关联学习环境建设的初衷。

3.2　技术增强关联学习环境的理论基础

基于对技术增强关联学习的分析以及关联学习的环境诉求，在新的网络环境下，分布式知识理论、知识生态理论、群体动力学理论、社会建构主义学习理论以及认知共同体理论等是关联学习环境构建的核心理论基础。

3.2.1　分布式知识和知识生态理论

原则一：个体的知识不仅仅是社会的，它还分布在朋友、情境和技术媒介中。这一原则强调在进行学习的过程中，知识是以分布式的形式存在的，知识以网络状的形式散落在社会群体、朋友、情境以及相关的技术媒介中。学习不仅是从固定的内容中获取知识，更主要的是从与此内容相关的人当中进行知识的获取。朋友、情境以及技术媒介等可以成为个体连接知识的来源和管道。学习者所关注的不再是学习什么，而是从哪里进行学习。同时，学习者还可以将自己的认知进行卸载，即将个体感兴趣的知识内容等卸载到相应的环境、媒介中等，必要的时候进行连接。

原则二：知识和技能的获取来源于以人、工具和技术为连接媒介的学习网络中。即知识以网络状的形式存在，学习就是构建个人学习网络的过程，通过对网络节点中的知识进行连接、分享、扩散与创造等行为建立个体与外部学习网络连接的管道和媒介。建立人与外部学习环境的关系对于知识的获取和学习网络的构建来说显得至关重要。这是一种典型的连接学习视角，正如尼古拉斯·克里斯塔基斯等(2013)所言："在这个网络中，每从某个人处移开一步，与他人的连接关系的数量，以及连接关系的复杂性都将急剧增加"。这种视角代表了一种知识来源(王佑镁等，2006)。莱斯利·斯特弗等(2002)在社会建构论中，在发展他的"对话空间"的观点时，提出知识属于社会领域，是因为一些知识见解(或文本)并非由任何个人所决定，而由所有人给出的建议所决定。联结的新取向应该代表了这样一种知识分布的个体性与群体性特征。从关联学习的角度来看，学习是基于个体与群体的互动，强调行动、情感、知识、信息和智慧的协同与整合以及社会性的联结，学习系统的构建以及个体和群体智慧的分享。

原则三：学习通过社会化交互、社会化连接促进知识的获得和深化。原则一和原则二从个体的视角对关联学习进行了剖析，而原则三则是从群体的视角对学习进行阐述。认为学习是在社会情境中进行的交互、建构和协商的过程。社会化的交互和连接意味着单个网络节点的建构和节点之间的社会化连接。基于单个节点内容的连接来源于社会建构主义学习理论的相关观点，如 Vygotsky (1978) 的最近发展区理论 (the zone of proximal development，ZPD)。

原则四：学习是一种参与。表明学习是一种参与实践的过程，通过真正地参与相关的学习实践来促进个体认知与群体智慧的发展。通过个体的学习实践与社会化参与来建构个人知识和增进学习经验，促进内部认知网络和外部认知网络的连接与转化。而通过学习者的参与和实践，知识在学习者头脑中进行了动态的建构，如当学习者进行学习的时候，经常会目的性地浏览感兴趣的相关主题，建构在学习者头脑中的知识则是一个具有语义连接的知识脉络，也就是说，在建构知识的过程中，会对相关知识进行进一步加工，建立连接。

原则五：学习发生在学生通过相关的工具和技术与他人一起参与相关活动的实践中。原则五进一步说明学习活动在促进分布式认知以及构建个人学习网络方面的重要作用，这一原则的基础是活动理论，活动理论是以“活动”为逻辑起点来研究和解释人的心理的发生发展问题的心理学理论（吕巾娇等，2007）。活动理论体现了做中学的学习理念，是社会联通、社会交互的基础，只有以活动为载体，才能促进更多的社会化行为的发生。

原则六：知识生态是一种复杂的、知识密集的、通过自下而上的连接方式构建个人学习网络的过程 (Chatti et al.，2010)。说明学习是一种自下而上的知识生态形成过程，这是一种典型的生态学的理念；知识生态强调自我导向的学习和自组织的学习方式，在知识生态系统中，学习者之间是一种松散的连接关系，学习者之间也不存在绝对的意见领袖或者权威，知识生态的发展依赖于群体的协同；同时，知识生态是通过个体的连接学习而动态发展的。

通过对以上六条原则的梳理，发现社会建构主义学习理论、建构主义学习理论、联通学习理论、分布式认知学习理论、活动理论和生态学理论等是其主要的理论依据。其中联通学习理论和生态学理论体现了 SKNs 学习的思路与方法：联通主义表明学习网络的网络节点可以是“人”或者“学习内容”，物化资源和人的资源都可以作为知识传播与分享的管道及媒介；而生态学理论则表明 SKNs 构建的生态学属性，也就是说学习网络是可以进化的、自组织的构建模式与方法，同时，生态学理论还表明网络节点的进化与贯通的重要性。可以说，生态学理论体现了网络节点和整体网络的进化与向前发展，而社会建构主义学习理论则着重强调网络节点的联通和知识更新，以及个体学习者进行社会联通的一种方式和策略，而活动理论和社会建构主义则体现了学习过程的社会性特征以及学习的组织形式；分布式认知理论从本质上体现的是知识的社会性属性，为联通学习提供了知识观的支持；同时，活动理论指明了社会建构的行为方式。

总体来说，以上六条原则反映了 SKNs 的学习观，为深度理解 SKNs 的学习提供了理念、模式、策略等方面的指导。

3.2.2　新建构主义学习理论

新建构主义是在建构主义理论的基础上，针对网络时代的学习所提出的新兴学习理论，它是根据网络时代学习的普遍经验，经过演绎推理而得出的一般化结论。其核心理念可用"情境、搜索、选择、写作、交流、创新、意义建构"概括(王竹立，2011a)。它不仅强调知识的积极建构，还强调知识关联建构的重要性，主张网络时代的学习是一个零存整取、不断重构的过程，创新比继承更重要。针对信息超载和知识碎片化，新建构主义提出了零存整取式学习策略。包容性思维方法是其最重要的思维方法，旨在利用这种方法将各种知识和信息"碎片"统合起来。其核心思想就是应对网络时代的挑战，实现知识创新。随着信息超载与知识碎片化趋势的日益加剧，新建构主义的适用范围也在日益扩大。

关联主义认为知识本身不再重要，重要的是网络中节点与节点之间的关联(连通)。这是与新建构主义最大也是最根本的不同之处，新建构主义不仅强调知识关联建构的重要性，还注重知识的本身。关联主义关心的是学习的外部过程、社会化过程，而新建构主义关注的是学习的内部过程、个人化过程。因此关联主义是网络时代的快速学习理论，而新建构主义是网络时代的深加工理论，两者可以互为补充(王竹立，2011b)。

3.2.3　关联主义学习理论

信息超载与知识碎片化成为网络时代面临的两大挑战，网络时代的知识习得不再是源自个人的建构、积累，而是通过联系、连接自身与外界(网络、朋友、老师等)，在点与点之间筑起学习通道、桥梁，进而建构自己的知识、经验(张乐乐等，2013)保持知识更新的与时俱进。学习者在丰富外在认知网络的同时，也应促进内部认知网络的扩展。

关联主义学习理论是技术快速发展以及知识更新速度日益加剧背景下催生出的产物，适应了当前的学习需要和社会变化，是适用于网络时代的学习与创新的理论之一。在国内，关联学习，又译为联通学习。Siemens 最先提出了联通学习的思想，指出学习不再是一个人的活动，而是连接专门节点和信息源的过程(Siemens，2005)。该理论表达了一种"关系中学"和"分布式认知"的观念(王佑镁等，2006)。联通学习主张在网络中学习,在学习中缔造网络,而这种网络不仅指内部认知网络,还包括外部认知网络和与此相关的社会关系。它强调知识的连接性、流动性、情境性、适应性,不仅重视与已有节点建立连接,还关注学习过程中新节点的创造,并与之建立连接,促进知识的生长。其中,交互是关联主义学习的核心,是连接和网络形成的关键。

3.2.4　社会学习理论[①]

社会学习(social learning)理论最早起源于美国心理学家 Bandura(1977),其核心观点是个体通过观摩他人的行为而进行潜移默化的学习,最终形成新的行为或者改变原有行为习惯的过程。Blackmore(2010)则认为社会学习是一种通过个体在社会情境中的学习以及交互进而促进群体学习的过程。

可以说,社会学习理论主要是指在社会情境下个体学习的发生受到社会规范的影响,目前在心理学、犯罪学、教育学等学术领域得到了广泛应用。如心理学领域代表人物 Bandura(1977)在研究中提出,以交互决定论、观察学习、社会认知论为核心构建社会学习理论,认为"一个人通过观察他人的行为及其强化结果而习得某些新的反应,或使他已经具有的某种行为反应特征得到矫正"。

而随着技术的发展,在线社会学习成为可能,社会学习的形式也日渐丰富,社会学习理论的内涵和外延也有了新的发展,为技术增强关联学习的设计提供了逻辑理路和实践指引。如 Shum 等(2012)认为,在线社会化学习是一种自下而上的知识获取和创造,对于正式和非正式学习都具有重大的促进作用,并且指出了在线社会化学习的三个条件:其一是阐述学习的意图——学习而非浏览;其二是让学习落到实处——定义问题和进行实验等;其三是投入到学习对话中——提升理解。即在线社会化学习是个体超越个人维度,成为社交网络中的一员,在社交网络成员之间通过社会互动发生学习,促进理解。而学者吴峰等(2015)则认为,在线社会化学习指通过社交媒体促进个人、团队和组织的知识获取、共享以及行为改进,其体现的是人与人之间的相互学习,例如,人们可以利用移动手机、社交网站 Facebook 或LinkedIn 进行互动学习,是一种分享式学习、协作式学习,体现的是去中心化、知识来源多元化、知识流动路径的多模式等。

3.2.5　认知共同体理论

共同体是由一群与其他人具有共同兴趣或来自同样社团的人们因为互动的需求凝聚而成。认知共同体则是基于共同体的互动机制,如讨论区、留言板、聊天室等,

---

[①] 本部分内容发表于《远程教育杂志》,2016 年 3 期,详见:段金菊,余胜泉,吴鹏飞. 2016b. 社会化学习的研究视角及其演化趋势——基于开放知识社区的分析. 远程教育杂志,35(3):51-62.

共同创造知识、分享知识的。透过共同体的持续性互动，不仅可提升组织成员个人知识，而且可增加整个组织的优势与绩效，因而对学生在实行知识管理的过程中构建学生、教师、家长、专家一体化的认知共同体就显得非常重要。

认知共同体的核心是共享认知——激活个体关系(冯锐等，2007)。其中，知识看作"分布式"的，学习是智慧的共享过程(冯锐等，2007)。认知共同体中的每一个成员，甚至包括工具和资源，都拥有自己的专长，都能够对共同体中集体知识和文化的形成、共同体目标的实现做出贡献。换言之，专家和新手都是参与者，他们的身份是动态变化的。在某一领域学习活动中，你可能是专家，但在另一学科领域却是作为新手参与的。这种去中心化的互动合作学习正是成员之间分享知识、经验和情感，互相成长的过程(冯锐等，2007)。

总而言之，新建构主义学习理论、关联主义学习理论以及认知共同体理论等都是关于网络时代(或称为数字化时代)的学习理论，融合了未来网络时代学习理论发展的方向，为技术增强的关联学习环境设计奠定了基础。此外，群体动力学理论以及最近发展区理论等也为技术增强的关联学习环境设计提供了思路和借鉴。上述理论对于构建健全的关联学习环境，以支持网络时代的深度学习有着重要的理论价值与实践指导意义。

3.3　技术增强关联学习的环境构成

3.3.1　关联学习环境的基本构成

关联主义包含节点、连接及网络这三个基本要素。

节点是指在相互关联的网络中的实体，是形成一个网络的外部实体。它是任何一个可以联系到其他要素上的要素，可能是人、组织，也可以是图书馆、网站、书、杂志、数据库或任何其他信息源。

连接是节点构成网络的关键，连接指的是把两个节点间相关联起来形成的任何形式关系，以至于其中一个节点状态的变化可能会导致另一个节点状态的改变，它是通过关联的过程自然形成的。连接的程度影响相关联的节点网络环境，连接的强度决定网络激活水平，连接的通畅形成网络信息流。连接有强有弱，并且随着网络创建过程发生动态变化，可能得到加强，更可能会弱化甚至连接清除。

网络可认为是各实体之间的连接及节点的总和。诸多节点的聚合形成了网络，而网络可以和其他网络结合形成更大的网络，在一个更大的网络中，每个节点又可以是一个网络本身，也就是说节点即子网络。例如，个人丰富的学习网络本身就是一个已完成的学习网络。综上所述，节点可以关联到其他部分，连接就是两个节点之间的一种类型的关联，而节点聚合则创建了网络。

网络时代知识是以碎片化的形式分散在各节点，关联主义学习环境的构建保证了各节点之间建立连接，将个体零散的知识碎片、信息汇聚串联起来，把一切教育资源和关系联结起来，形成立体多维的、动态可发展的生态学习系统。学习者通过网络的互动交流，保持个人与其他节点联系、畅通，形成最有效、最实用的知识脉络，提高了学习者的学习效果，符合现今时代社会化学习和终身学习的需求。学习过程不再是简单的知识传递，而是在互动交流过程中重构和建立一种简单的知识结构联系，孕育新知识的过程。

3.3.2　技术增强关联学习环境的基本构成

1. 节点

根据关联主义对学习的理解，节点是学习者与知识产生联系的实体性要素。随着学习过程的发展，新节点逐步生成。节点作为知识的储存之物，它的范围从个体内到个体间，从媒介环境到社会文化，涵盖广泛，形式多样。知识在学习者、资源、教师三者间两两交互流动和转移。知识的来源可概括为物化资源（内容）与人力资源（人），一般来讲，节点可分为物化节点和人的节点。

物化节点：也可视为物化资源节点，是形成学习网络的知识节点，如移动硬盘、数据库、图书馆等信息源属于物化节点，学习内容、知识点等也属于物化节点。

人的节点：人是学习的重要来源和管道，是学习网络中的社会关系节点，也是隐性的知识节点，在学习网络塑造中有不可或缺的重要作用。人既是社会性参与者，又是学习内容的管道和学习内容的贡献者。在学习者与知识的深度交互过程中，将人看作学习（知识）的内容，众多学习者、指导者均可作为节点，成为他人连接的管道和媒介，学习者与之连接从而和知识发生关联。学习者既可通过连接其他节点获取知识，又可作为一个知识节点为其他学习者提供知识。

2. 连接

节点间的联系便是连接，它有多种形式。通过学习行为把节点联系起来，动态更新节点，重组知识脉络，进行学习网络的实时拓展与更新，可以说学习行为本身就是连接。学习者可借助这种存在于网络中的连接关系有目的地获取他人观点，对知识随取随用，促进想法的分享和讨论，在连接不同的知识过程中，在观点的交互碰撞中协作解决问题。学习者与其他学习者、指导者之间存在连接，资源与资源之间存在连接，学习者与资源间也存在连接，通过连接可实现节点间信息传递，从而进行知识的流动、建构以及创造。连接主要分为人-人之间的连接、知识-知识的连接、人-知识的连接这三种。

人-人之间的连接：是社会关系的描述。虚拟学习社群、社交网站等学习服务系统就重点关注人与人之间的连接关系。在参与学习的过程中，学习者间通过交流、指导、答疑等形式互动，在讨论、协作中与他人建立动态连接，收获持续的获取知识的管道，共享人际网络和社会认知网络，进而汲取他人智慧，满足社会化学习的需要。

知识-知识之间的连接：是指知识图谱和概念体系之间逻辑关系的描述。实现知识之间的连接，便是建立了物化资源节点的关联，有助于学习者快速从一个知识节点定位到与其语义相关的资源，有"知识导航"的作用。知识-知识之间的交互是一种新的教育交互形式，借助智能技术的发展推广，将实现自动检索关联资源，动态更新知识节点，为学习者提供更加及时、个性化、高质量的资源服务。以学习社群、知识论坛为代表的 KNs 视角主要关注知识与知识之间的连接关系。

人-知识之间的连接：是关于知识建构和创造程度的描述。帮助学习者与知识节点之间建立有效连接，一方面，这类连接在个人社交网络中起到纽带的作用，通过人-知识的关联可发现与这个知识节点紧密相关的其他学习者，联结成具有相同学习需求的学习共同体，从而增强学习的归属感。另一方面，学习者通过对资源的编辑、定制、收藏、评论、分享、创造等形式与资源交互、实现人-知识之间的连接，完成自身知识建构和创造，拓展个人的知识体系。

3. 网络

网络是节点的聚合体，即通过各种链接将碎片化的知识、信息点连成一种错综复杂的三维立体网状结构。因为其知识信息是流通的，所以网络是动态可拓展的。小网络相互合并聚合构成大网络，大网络与小网络都是在节点基础上形成的，小网络可作为更大网络中的节点。网络的动态更新取决于节点的转换和连接的变化，以及在更新中对于知识框架的整合。SKNs 视角下的学习是一种典型的知识创造隐喻以及知识分布式存储隐喻范式下的学习，聚合了 KNs 的主题属性和 SNs 的关系属性（段金菊等，2016b）。

主题聚合的 KNs：是指基于知识-知识之间的连接建立起来的网络。它是围绕当前的学习单元聚合类似的学习单元，具有共同主题的内容单元进行连接而形成网络。简而言之，相关知识内容通过内在的关联连接起来，就组成了 KNs。KNs 重在主题聚合，聚焦于知识关联，这种网络中的节点和它连接的邻近节点往往在某个主题具有相似的内容，它们是基于一个主题而发生连接建构的网络。具有共同主题的节点相互连接，为拓展学习的广度奠定了基础。

关系聚合的 SNs：是基于人-人之间的关系与交互产生连接而建立起来的网络。在学习过程中，学习者可以根据兴趣爱好等，选择相应的学习者或专家并与之互动，从而形成 SNs，人人间的关系、社会化互动程度以及关系疏密程度反映在这个网络里。学习者之间的讨论、协作等交互行为促成了 SNs 的连接，在互动中 SNs 不断拓展，网络中的节点也在不断变化。

三种连接交互形成的 SKNs：人-人、知识-知识、人-知识这三种连接交互形成 SKNs，SKNs 聚合了 KNs 和 SNs，是基于主题聚合的 KNs 和基于关系聚合的 SNs 的整合体，具有社会化学习的相关特点。SKNs 的核心是通过联结"学习者"以及与此内容相关的"知识"而进行的学习，连接和创造是其关键词（段金菊等，2016a）。基于 SKNs 进行的学习具有"人-知识-人"以及"人-人-知识"两种交互模式与行为。"人-知识-人"反映了 SKNs 的主题聚合特性，围绕某一主题内容聚合具有共同兴趣的学习者，形成学习共同体。学习者可以进入某一个主题进行社群学习，也可以通过这次主题连接到多个类似主题进行学习。"人-人-知识"交互模式反映了 SKNs 的关系聚合特征，是学习者通过连接相关的学习者以及同伴，进而通过他们获取到相关的知识节点，在这种交互中，人是知识的管道和媒介。

4. 环境

一种学习生态是一种环境，人与人、人与知识、知识与知识的交互形成的连接交互学习环境，是可以实时动态发展的生态系统。关联生态环境是一个连接学习网络中的人的节点和物化节点从而塑造新的网络节点的学习生态。其中，各节点间的连接越强，系统的适应能力就越强。它是一种开放性的关联学习环境，将不同学习环境中的学习网络进行关联、汇聚，实现学习者对学习资源的自由调度，获取其需要的知识内容，进行有效自如的学习活动。关联生态环境是一种智慧学习环境，可帮助学习者获得更丰富优质的信息，与他人快速联通形成学习共同体，建立起人与人、人与知识之间的深入连接，促进产生智慧。在关联生态环境中，学习者通过知识的贡献与创造不断促进节点的创建、联通，同时，学习者可借助各类连接关系，获得可持续的学习给养，从而保持知识的动态更新、学习的与时俱进。

通过在 KNs 和 SNs 中对人-知识、知识-知识以及人-人间连接关系的建立来促进关联生态环境的进化，随着学习的不断深入，生成可持续发展的知识生态网络，促进知识建构。对节点、连接、网络等要素整体协调，建立良性的动态演化、自我发展的生态学习环境，反过来也促进了节点的创建与转换、连接的生成与变换、网络的更新与拓展。关联生态环境有力地支持了学习者的需求，学习者相互关联、自我组织，互相分享见解和探索学习主题，通过物化节点与人的节点的连接关系汲取知识信息，自身也成为这个学习环境中连接知识的管道和媒介，形成知识与人相互联系的网络，并通过网络连续不断地获取所需知识。在学习过程中，知识是共建共享，学习者本身也是知识生态的组成部分，可通过知识的贡献和创造保持生态系统向前发展，将个体内部的知识外化为学习社区的知识，基于学习者自身的零散无序的知识节点逐步凝练成整齐有序的知识脉络和学习网络。

3.4　技　术　实　现

关联学习强调知识组织和学习的网络化，立体多维的网络结构使知识更具有适应性、流动性和交互性。通过技术支持关联学习，不仅能提高个人和资源之间的通道的连接，同时能增强人与人之间的联结，构建支持用户学习的关联学习环境已不再是难题。建立技术增强的关联学习环境，推动学习者的深度学习，促进知识创新，能使学习者在干扰程度小、认知负荷少的情境下进行学习。学习者与学习内容之间的关系逐渐得到重视，进一步明确学习者对于当前知识的贡献是非常重要的。随着知识可视化技术以及语义网络技术的进一步发展，二者均可对关联学习过程给予支持，将促进连接交互学习环境的构建，为大规模协同的连接交互学习范式(即关联学习)的开展奠定坚实的技术基础。

3.4.1　语义技术

在信息零碎、分散、缺乏逻辑性和连贯性的今天，语义技术是能够进行知识-知识、知识-人以及人-人关联的技术，从语义的角度建立关联，它的发展有助于 SKNs 的构建，可将其整合用于连接交互学习环境的创建，利用"结构化"语义动态地呈现结构化的观点，同时为学习者提供有效的沟通途径和信息通道，以学习过程中广泛的连接交互为基础，建立不断更新发展的动态的 SKNs。

目前，语义技术主要集中用于 e-learning 中的自适应系统开发、学习资源管理与共享、适应性资源配送和个性化学习内容推荐、语义检索、智能答疑等方面(杨现民等，2014)。引入语义技术于构建关联学习环境中，形成紧密联系的学习网络。通过语义技术可构建开放的学习资源本体，对资源进行快捷的语义标注，并对资源进行语义的推理(余胜泉等，2017)。在学习元平台里，每个资源实体通过半自动化的语义标注程序将获得语义标注信息，这些信息将存入语义标注信息库。知识节点之间、人与知识之间、人与人之间的语义关系利用语义标注信息库和语义词典进行推理、计算和动态更新。在语义网络技术的发展中，通过该技术将人与人之间、知识与知识之间以及人与知识之间的连接关系进行表征，SKNs 进一步完善。SKNs 主要通过这三种关系的计算而生成社会化标签，分别是知识与知识的关系(如相似、相关、前序、等价等)、人与知识的关系(如参与、贡献等)以及人际关系(如协作、好友、竞争、师徒等)。

语义技术为社会性资源的共享和利用提供了技术基础。语义 Web 强调对网络资源附加可供机器理解和处理的语义信息，可以使人与计算机之间更好地协同工作，同时使资源的大规模重用和自动化处理成为可能，是实现未来智能型网络的数据基础(杨现民等，2014)。通过语义技术可对抽象的知识/信息进行解析，实现学习环境中相似资源的自发聚合，组成同一主题内容的资源圈，扩展知识建构的广度和深度，以满足学习者的需求，实现深度学习。

3.4.2　知识可视化技术

知识与知识、知识与人、人与人间的连接交互往往错综复杂，学习者难以有效地处理学习过程中庞杂丰富的知识联结，学习者可能面临认知超载和学习迷航等问题，知识可视化技术的出现使这种连接交互关系能更清晰、系统地呈现在人们面前，将原本需要学习者自身完成的内部认知建构交给技术工具来完成，缓解人脑认知负荷，提高学习效率。因此，可视化的知识导航技术变得迫切，基于"知识-知识"的可视化网络呈现更为关键。网络可视化地整合了知识之间、知识与人以及人与人之间的三种关系，为知识的调用、整合与创生以及将物化资源与人的资源的统一提供了保证。

知识可视化指可以用来构建、传达和表示复杂知识的图形图像手段，除了传达事实信息之外，知识可视化的目标还在于传输人类的知识，并帮助他人正确地重构、记忆和应用知识。它促成更加直观的知识表达，在探索知识意义的过程里，它将复杂的知识概念关系通过图解手段进行可视化呈现，知识间的层次结构一目了然。运用可视化技术支持学习者学习活动，推动可视化的协作共享学习空间的建设，这有利于协作学习探究过程，学习者能多维度、深层次地理解探究知识内容。当前，在教育领域，知识可视化技术主要有知识地图以及 KNs 等技术。

知识地图的概念由情报学家布鲁克斯首次提出，它有四大基本要素组成，分别是知识节点、知识描述、知识关联以及知识连接，基于这四个要素形成了具有关联导航作用的知识地图。知识体系中最小的表示单位便是知识节点；知识描述是对知识节点相关信息的具体描述；知识关联代表了知识节点间的关联，可通过节点间的连线来表示；知识连接则揭示了知识节点在整个体系中的位置，可连接到知识提供者。知识地图能够打破时间和空间限制，实现知识的整合，帮助教师组织教学内容，有效加速学生对知识结构与架构的认识，促进知识建构，还能够避免学生因课程知识结构复杂而迷失学习方向或中断学习(刘红晶等，2017a)。例如，根据学习者的课程学习进度和知识点掌握情况，知识地图通过红、黄、绿三种颜色进行标注，红色表示学习者还未开始学习知识点，黄色表示学习者正在学习当中，绿色表示学习者已经完全掌握(余胜泉等，2017)。通过知识地图，学习者可以直接了解自身学习情况，促进深度学习发生。

研究发现，知识地图应用于教育领域，能够提高开放学习环境下的学习质量(Fasihuddin et al.，2015)，帮助教师组织教学内容和学习资料，有效反映课程的学习目标、学科体系、层次关系和关联关系，更好地为学生提供学习支持，帮助学生记忆和理解知识(李艳红等，2015)，掌握整个学科的知识结构，形成关联化和网状化的学习思维，还能够促进学习共同体的群体知识建构、知识共享和创新(刘红晶等，2017b)。

多元联系的深度学习行为可视化与聚类分析模块开发包含的核心功能点为：学习轨迹可视化、KNs 可视化、SNs 可视化以及 SKNs 可视化等。学习轨迹可视化模块可视化地展示了深度学习行为在时间上的变化。其中，KNs 可视化模块实现了知识语义关系的动态揭示；SNs 可视化模块展示了学习行为背后的人际网络拓扑结构关系，及网络变化规律，支持学习行为人际关系分析；SKNs 可视化模块可视化学习行为背后的知识联系和人际关系，将物化资源与人际资源融为一体，展示多元联系的深度学习行为背后的知识和人际联系。

程罡博士借鉴当前 e-Learning 领域基于本体的资源组织方式，构建了学习元的语义资源组织模型。知识本体中又分为知识模型层和知识实例层，知识模型层对本体中的抽象类型、属性、公理、规则进行定义，而知识实例层则存储每个类型下具体的实例，以及实例的属性值。学习元中的每个资源实体都对应一个或多个知识本体中的实例(即知识点)，知识点之间通过属性关系建立丰富的语义关联，从而使资源实体之间也建立起相应的语义关联。

可见，语义技术、知识可视化技术等促进了连接交互学习环境的构建，两者为促进大规模协同的连接交互学习范式(即关联学习)奠定了基础。

关联主义把学习看作构建网络的过程，有节点和连接两种要素。信息过载常常导致知识定位困难，知识与知识、知识与人、人与人间的连接交互往往错综复杂，学习者难以有效地处理学习过程中庞杂丰富的知识联结。语义技术、知识可视化技术的出现使这种连接交互关系能更清晰、系统地呈现在人们面前，将原本需要学习者自身完成的内部认知建构交给技术工具来完成，缓解人脑认知负荷，提高学习效率。

语义技术和知识可视化技术均可以对关联学习过程给予支持。语义技术是能够进行知识-知识、知识-人以及人-人关联的技术，有助于 SKNs 的构建。知识可视化技术则能促使更加直观的知识表达，在探索知识意义的过程里，它将复杂的知识概念关系通过图解手段进行可视化呈现，知识间的层次结构一目了然。

将两者整合用于连接交互学习环境的创建，利用"结构化"语义动态地呈现结构化的观点，同时为学习者提供有效的沟通途径和信息通道，以学习过程中广泛的连接交互为基础，建立不断更新发展的动态的 SKNs。学习者可借助这种存在于网络中的连接关系有目的地获取他人观点，对知识随取随用，促进想法的分享和讨论，在连接不同知识的过程中，通过观点的交互碰撞来协作解决问题。运用语义技术和可视化技术支持学习者的学习活动，推动可视化的协作共享学习空间的建设，这有利于协作学习探究过程，学习者能多维度、深层次地理解和探究知识内容。

3.5　实例管窥

3.5.1　学习元平台简介

以知识生态理论、分布式知识理论、社会建构主义学习理论以及联通学习理论为指导，通过语义技术和可视化技术将关联学习环境的节点、连接、网络与环境进行可视化呈现是本节重点阐释的内容。本章节以北京师范大学的学习元平台为例，说明基于关联主义的连接交互学习环境的原型实现和在社会联通以及复杂联通、多元交互等方面的重要作用。

学习元平台是北京师范大学现代教育技术研究所开发的适合 Web 2.0 时代的知识创新社区，以联通主义学习理论、知识建构理论和生态学习理论为指导，以泛在学习资源组织模型"学习元"为核心而设计开发的学习平台。该平台通过开放的课程、开放的资源组织形式、开放的学习方式以及开放的用户群体而实现自组织的非正式学习和知识创造，截止到 2017 年 12 月，平台中的用户人数达到了17861 个，学习元数目为 66873 条，知识群数目为 4297 个，学习社区为 67 个，相关的学习工具数目 66 个，为群体社会联通和复杂联通的关联学习奠定了良好的基础。在学习元平台中，知识的基本构成单位是"学习元"，它是一个学习资源的基本单位，可以是一篇文章、一份反思、一个视频等内容。学习元平台兼容了资源管理和学习管理的功能，既能通过学习元、知识群、知识云三种形式的管理方式对资源进行管理，又能支持丰富的社会网络构建。

学习元平台包括学习元、知识群、学习社区、内容协同编辑、SKNs 导航、学习工具上传与分享、历史版本、社区学习与交互等，如表 3-1 所示。

表 3-1　北京师范大学学习元平台主要功能及作用

平台功能	作用
内容协同编辑	支持资源共建共享，有助于学生分享教学资源，深化对知识的理解
学习社区	在学习社区中，学习者可以一起进行活动、交流与分享，可以建设虚拟班级，有利于学习者彼此稳定交流，保持教学活动的连续性
SKNs 导航	实现学习者与学习者、知识内容与知识内容、学习者与知识内容之间的联通，形成全面的社会化学习网络，便于交流沟通
知识群	资源在此处进行分类积累，有助于小组的知识管理，知识的系统与整合
历史版本	学习者能通过查看历史版本了解知识的进化过程，复习巩固所学知识

其中，学习元在功能上主要突出以下四点特色。

(1)网络化的知识管理形式。在学习元平台中，以 KNs 的形式给学习者提供相应的学习内容，KNs 就是学习元中的知识群，是通过语义聚合技术而形成的学习元的集合。相同或者相似主题的学习元会主动聚合成为一个动态发展的 KNs，学习者通过网络状的知识呈现进行学习。

(2)协作知识建构支持学习元的不断进化。学习元平台中的内容单元是开放的，允许用户对其进行传播、分享、贡献和内容的创新，通过多种学习活动支持学习者的编辑、评论、批注以及创造等；同时通过版本控制功能以及信任评估机制，来促进学习内容的不断进化和发展，通过过程性的信息记录对学习元的生成性信息进行保留，追踪和记录学习者的观念、主题和理论的演变过程。通过这样的方式，使得学习元上承载的内容和资源可以得到不断的补充、完善和创造。

(3)多种丰富的学习活动。学习元平台提供了多种丰富的学习活动，通过接受中学、协作中学、创造中学等内容丰富的学习活动促进学习者的社会化交互、在学习方式方面，通过做中学的形式进行课程的学习，可以说，多样化的学习活动将学习内容和学习活动结合起来，能有效地提升学习者的参与度、促进有意义学习。

(4)SKNs共享。学习元平台以学习元为基本的知识单位，一方面构建了学习网络，另一方面将与此学习网络相关的学习者进行聚合。围绕当前的学习内容，通过相关的操作和学习活动将学习元的创建者、学习者、订阅者、协作者、专家团等多种角色的人纳入进来。通过学习元中人与资源之间的连接关系，构建丰富的SKNs。

3.5.2　学习元平台中基于 SKNs 的关联学习环境

基于 SKNs 的连接交互学习环境形成的过程就是基于单个内容单元的知识建构、基于多个内容单元的连接交互以及基于知识生态的学习网络的实时联通与更新过程，也是基于人-人、人-知识以及知识-知识的联通过程。其中，SKNs 中的内容单元处于动态变化的过程之中，群体的协作贡献和知识创造是其保持动态更新的源泉，学习者只要和当前的内容单元保持连接，就能及时获取关于当前内容的最新知识动态，进而进行复杂联通和社会联通。

群体视角的 SKNs 环境：在技术增强关联学习的过程中，通过学习者的连接学习和知识贡献与创造，基于群体/个体视角的 SKNs 逐渐形成，清晰地显示了基于本书内容的相关知识单元和学习者群体以及个体学习网络的相关情况。

图 3-1 展示了围绕一门课程所形成的 SKNs，也展示了技术增强关联学习环境的动态形成过程。可以看出，随着学习的开展，学习者连接的内容单元逐渐增多，与

此单元相关的用户也聚合得越来越多,同时,形成了更多的小团体和凝聚子群,并且可以看到相关的意见领袖和参与者的相关情况。每个学习者的 SKNs 也在不断地发展变化和动态地向前发展,随着时间的推移和关联学习的发展,学习网络将不断地被拓展,围绕某个学习单元的用户也在不断地发展变化,这是一种典型的无边界的、智能聚合和动态发展的、呈现动态变化特性的 SKNs。可以看到围绕当前的学习单元所聚合的类似的学习单元以及与此相关的相应用户,每一个用户的参与度都用社会标签的形式进行了标注,这样,可以形成一个开放的学习网络,并且将相同兴趣的用户聚合起来,为关联学习提供了方便。

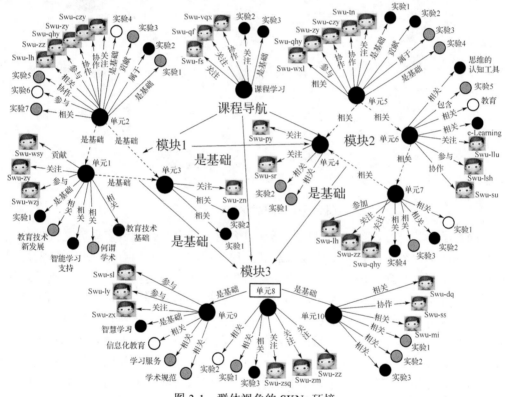

图 3-1　群体视角的 SKNs 环境

个体视角的 SKNs 环境:图 3-2 展示的是个体视角的 SKNs,其网络生态的形成大致要经历以下几个阶段。在学习之初,每个学习者都是一个孤立的个体,进行相关内容单元的查找、浏览等,这个阶段,基于单个或者少数几个学习元,根据用户的交互程度,聚合了相同兴趣或者贡献的学习者,基于单个内容单元聚合的用户毕竟有限,此阶段形成的 SKNs 是多对一(多名用户编辑同样的内容单元)的,网络的生态性主要体现在通过建构而体现的网络节点的更新。

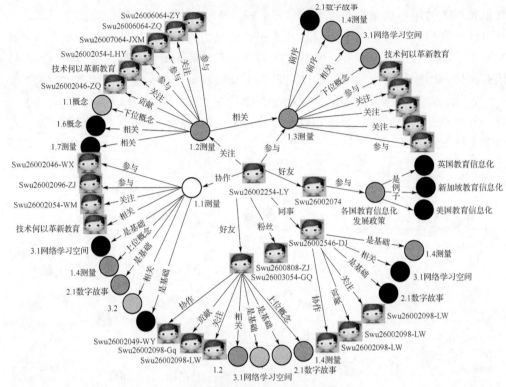

图 3-2　个体视角的 SKNs 环境

随着学习的进行，学习的进展超越了单个内容单元，按照内容单元之间的语义联系，相应的内容单元得到了不断关联和呈现，同时，与此内容单元相关联的用户也得到了更好的呈现，因此，此阶段的网络生态主要体现为网络节点与节点的连接和贯通。在基于 SKNs 的学习中，学习就是建立网络的过程，即建立个人的内部认知网络和外部认知网络。内部认知网络是内部的神经网络，外部认知网络是个人的 SKNs，通过内部认知网络和外部认知网络的不断连接与转化来促进知识的理解及掌握。也就是说，学习网络包括内部神经网络和外部的 SKNs 之间的连接与转化。学习者通过聚合知识节点，并与知识节点的内容进行不断的联通，通过不断发展的个人学习网络促进学习的深入。

3.5.3　基于学习元 SKNs 的关联学习特征

基于学习元的技术增强关联学习环境让学习者和教学者处于平等地位且可以角色互换，可以大大提高学生在学习过程中的自主性和创新性；提供了深层次、有意义的学习，强调知识意义的构建和认知投入；提供了复杂交互与多元交互的可能，如编辑、重构、比较、绘制概念图等；提供了序列化的多种学习行为，如探究、协作等。而基于该环境所设计的深度交互的学习活动，学习者学会在复杂学习环境下处理非良构领域的问题，以此来提高学习者的深层认知能力，通过利用蕴含在社会人际网络中的集体智慧，构建群体的共享知识空间，为达到深度学习的目的奠定了基础，具体来看可以概括如下。

共建共享，群体创造的共享智慧与共享学习：学习元平台遵循 Web2.0 时代的学习理念，以共建共享、群体创造为基本的社区构建理念，在基于学习元平台的关联学习环境下，每一个用户不仅仅是知识的接收者，更是知识的传输者和创造者，超越了传统意义上的个体建构，更多的是一种群体建构，基于可视化标签的知识交互模式为群体协同创造提供了良好的条件，为社会联通和复杂联通创造了条件。

实时知晓，动态生成与智能联通的内容单元：学习元平台中的课程可以由教师创建，也可以由用户创建，课程粒度比较小，一般来说为 10～15min，内容单元可以是一个课程讲义、一个知识点或者一个问题；同时，内容单元之间的组织是以关键词聚类分析为技术，系统会根据每一个内容单元的知识点提取关键词，智能聚类为一个课程网络体系，供学习者进行内容检索和知识内化，为连接交互学习创设了良好的条件。

基于"人"与"知识"的连接交互学习：在学习元平台中，学习者可以通过内容单元构建自己的 KNs，还可以关注与此内容单元相关的学习者，进而连接到更多的内容单元，通过与他人的交流和协作构建自己的 SNs。KNs 与 SNs 的协同互动及动态发展构建了学习者的 SKNs，通过连接 SKNs 中的"人"与"知识"，学习者能够进行持续的连接交互学习，进而形成个人的 SKNs 学习环境。

自发性及复杂性学习：在学习元的关联学习环境下，学习者具有足够的自主性，可以进行自下而上以学习者为中心的自我导向学习，制定自己的学习目标、学习步调，学习者可以加入相应的学习社区、选择相应的学习同伴等；学习者还可以添加课程内容、上传学习资源、自发地向其他学习者进行分享推荐等，从而达到自主学习的境界。系统提供的基于学习过程的可视化评价，能够在一定程度上引导学习者组织他们的参与行为进而进行学习的分享、交流和协作。此外，由于该平台支持多维交互的学习活动，强调学习的协同建构和知识创造，学习者的知识创造成为塑造 SKNs 节点的主要途径，学习超越了简单的上传下载等浅层学习，走向了协作、交流与创造等深度学习层级，因此，通过多维连接交互的学习促进了复杂性学习的发生。

第 4 章　技术增强的关联学习解析

在网络时代，知识以碎片的形式散落于网络的各个节点，我们每个人都只拥有这种分布式知识表征的一部分，我们的任务是把这些节点进行连通与聚合，即把某些知识流的处理和解释功能下放给学习网络上的节点，并以自治的方式不断地精练知识、再造和解释知识(王竹立，2011b)。而认知与社会双联通模式、智能联通与多维交互是技术增强 SKNs 关联学习的核心特征，知识的社会性分布、社会性传播及社会性创造而形成的共享知识库是一种基于知识的分布式认知和构建知识生态而逐渐发展起来的学习网络，因此，创造学习观和复杂学习观等是 SKNs 的核心学习观，而学习的网络联通隐喻和学习的创造隐喻则是其主要的学习隐喻。

4.1　学习隐喻与学习原则

4.1.1　技术增强关联学习的隐喻

在关联主义视域下，人和内容都将成为连接的管道和媒介，学习将成为一个连续的、网络形成的过程(王竹立，2011b)。在学习网络形成的过程中，网络的节点可以是人，也可以是内容或者其他物化资源。因此，从关联主义的相关特点出发，聚焦于连接的节点和网络的形成过程，可以进一步追溯网络时代的学习隐喻变迁。随着技术增强关联学习的发展，计算机支持的学习环境也逐步成熟，学习隐喻几经变迁，先后经历了学习的获得隐喻(learning as a inquiry，LaaI)、参与隐喻(learning as a participation，LaaP)，逐步发展到了网络时代以及移动互联时代的知识创造隐喻(learning as a creation，LaaC)和学习的网络联通隐喻(learning as a network，LaaN)。

获得隐喻重在强调学习的效率，以知识的获得为主要目标。参与隐喻重在学习过程的社会化参与，旨在通过情境学习和活动设计促进有意义的知识建构，这种活动和实践设计是遵循以学生为中心的(如自我导向的学习)、情境化的(如认知学徒制)，以及与文化相关的学习共同体构建的，强调在关联学习过程中的积极参与以及社区身份的构建，重视学习活动和协作，如通过基于项目的学习、基于问题的学习以及探究学习的活动设计来促进学习参与(Barron et al.，1998; Edelson et al.，1999; Hmelo-Silver，2004; Krajcik et al.，2006)。然而参与隐喻的范式在指导学习设计的时候能够让学习者知道怎么做，但是在促进知识的创造以及将知识作为一种社会协作方面就显得力不从心(Hong et al.，2009)，网络时代以及移动互联时代，学者进一步根据学习的连接以及创造特性提出了学习的知识创造隐喻以及学习的网络联通隐喻。

在知识创造隐喻的学习中，学习的目标不仅仅是进行分布式认知，而是协同促进社区知识的创造和数字制品的形成(Bereiter，2002)，尤其是通过协作努力促进知识的不断发展，和参与隐喻的活动设计相比较，创造隐喻的活动设计形式则更加灵活多样，如超越了固定小组以及分工合作的方式，同时，自组织的学习活动变得更加重要(Barab et al.，1999)。

网络联通隐喻更强调个体水平的学习连接以及学习者的自我导向式学习，在网络联通隐喻下，学习者不仅仅是社区的成员，每个成员都是个人知识网络(Personal Knowledge Network，PKN)的核心，通过构建个人知识网络的形式进行学习的连接，和具有生命周期的学习社区不同，个人知识网络是动态变化和不断向前发展的，学习是一种持续的建构、维持和发展个人知识网络的过程。网络联通隐喻下的学习将以个人知识网络作为基本的分析单元，个人知识网络由显性知识节点(知识或者信息)以及隐性知识节点(人)通过复杂的连接而形成(Chatti et al.，2010)，在网络联通隐喻的视域下，我们需要通过不断的连接知识节点进行个人学习网络的拓展和延伸，通过对知识节点的激活来保持我们学习的生态性。发展个人知识网络是以个人的学习需求为动力，通过参与者持续的学习、积极的参与和真实的知识分享进行的。

聚焦于学习隐喻的发展变迁和技术的进步，从互联互通的管道和媒介来看，有节点为内容(知识)的KNs，有节点为人的SNs等，随着知识可视化技术、语义技术的发展，大互联时代连接的节点可以是人与内容(知识)，因此产生了SKNs的学习(表4-1)。

表4-1　关联学习隐喻的发展变迁

维度	连接KNs(节点为内容)	连接SNs(节点为人)	连接SKNs(人+内容)
学习隐喻	学习是一种获得(LaaI) 学习就是知识创造(LaaC)	学习是一种参与(LaaP) 学习就是构建网络(LaaN)	学习就是知识创造(LaaC) 学习就是构建网络(LaaN)
学习理论	关联学习理论、分布式知识理论		
	知识生态理论 建构主义学习理论	社会建构主义理论 联通学习理论	知识生态理论 社会建构主义理论 联通学习理论
学习目标	回答"是什么"，重在效率等	回答"怎么做"，重在参与	回答"是什么""为什么"和"怎么做"，重在创造

早期KNs支持下的学习是基于学习获得隐喻的范式，重在获得预定的知识(Paavola et al.，2004)，强调学习效率、强调集体知识的分享以及知识的创造；随着Web 2.0技术的发展以及知识可视化技术的逐渐成熟，构建动态发展的KNs成为可能，由此兴起了知识生态理论，强调每个学习者都是知识生态系统的一部分，强调

知识是一种动态、变化的过程，学习就是知识创造的过程，认为每个学习者对于当前知识的流动和发展具有重要的作用，而创造知识是保持知识生态不断进化和动态向前发展的关键，而学习者需要做的就是保持对系统知识的知晓(Hyman，1999)、重组和创造。

就 SNs 的学习而言，早期 SNs 支持下的关联学习则侧重于学习是一种参与的范式指导，认为学习是一种参与实践和学习活动的过程(Brown et al.,1989; Lave et al.，1991)，在这种学习范式的指导下，学习以"活动"为中心，通过参与促进群体的协同知识建构，而知识则被认为是分布在个体和环境之中(Hutchins，1995)，"做中学"（"怎么做"）比知道"是什么"更重要。

在互联网时代，网络的角色发生了转变，从信息传输和消费的媒介变为知识创造、分享、重塑和传递的平台(Downes，2005)。在此背景下，以用户为中心、开放的、动态的网络呈现在每个学习者的面前。同伴创造、分享、协作、集体智慧的汇聚变得非常普遍，学习的网络联通隐喻和学习的知识创造隐喻逐渐盛行。尤其是随着社会性软件的发展以及关联主义学习理论对网络实践的指导，"学习就是网络的联通连接"的网络联通隐喻逐渐兴起，其强调学习过程中连接建立的重要性。而随着知识生态理论、关联主义学习理论的盛行和发展以及网络技术对于新的学习范式的极大支持,学习的网络联通隐喻以及知识创造隐喻逐渐成为新时代学习的新隐喻。该关联学习整合了 KNs 的生态属性以及 SNs 的网络关系特点，以连接和创造为其关键词，强调学习过程中基于"人与内容"双重视角的学习连接以及基于连接的知识创新(Paavola et al.，2004)。

4.1.2　技术增强关联学习的原则

1.　关联学习的原则

在长期研究和实践的基础之上，加拿大学者 Siemens 认为传统的学习理论不能适应网络时代学习的新特点，因其过度关注将外在的知识经验转化为个体经验的过程和内部心理活动，认为网络环境下的学习应该是多个角色同时参与，进行不断连接和知识创造的过程，而重组、汇聚及创造知识应该成为主要的学习形式，在此基础上，提出了关联主义(connectivism)学习理论和相应的学习原则，主张用一种全新的视角看待网络时代的学习(刘菊等，2011)，基本原则如下。

原则一：学习和知识存在于多样性的观点中。该原则指出学习与知识并不止来源于课程创建者所创建和组合的学习对象，还来源于学习者与内容互动时所留下的批注、评论等内容中。学习是一个协商和建构的过程，学习是群体协同建构的社会化学习过程，因此关联学习存在于社会交往和多元观点的碰撞中，通过观点的提出、观点的连接、观点的深化和观点的提炼进行学习，因此关联学习是社会联通和复杂联通的过程。

原则二：学习是一个连接专门节点或信息源的过程。该原则指出学习是一个不断整合连接各种信息节点与信息源的过程。只有将各种节点都有机地连接起来，才是一个完整的学习过程。学习也是建立连接的过程，通过连接的建立，获得知识的管道和来源，从而完成学习任务。节点可以是人，也可以是物。通过教师和学习者将新的资源、个人见解和他们创造与发现的内容连接到学习对象上，学习对象便不断生长，学习内容也将更加丰富(王志军等，2014)。

原则三：学习可存在于人工制品中。该原则指出人们可以通过物化的应用进行学习，学习者可以通过创建新的学习资源来建立连接，也可以通过其个人的学习资料、评论以及邀请其他学习者来建立连接(王志军等，2014)。学习存在于非人的管道中，即学习也存在于物化的资源中。

原则四：可持续学习的能力比当前掌握的知识更重要。中国有一句老生常谈的话：活到老，学到老。该原则指出了可持续学习能力对于一个人的长期发展具有极其重大的意义。知识是无穷无尽的，只有不断地学习，才能不断地提升自己。保持对学习的热情比掌握当前的知识更加重要。联通学习理论重视那些能增强人们对任意复杂问题理解的动态的、持续的人与物化的资源。联通主义学习者意识到人永远也无法掌握所有的知识，但是最重要的能力是持续学习以及在相关情景中应用所学知识的能力(王志军等，2014)。

原则五：促进持续学习需要，培养和保持各种连接。该原则指出人需要自发地、主动地、有意识地激发自己对于学习新知识的需求。这条原则有两个要点：其一是要联通主义学习者培养连接、联通的习惯；其二是要求联通主义学习者持续不断地建构学习网络来达到促进持续学习的效果。在联通主义学习过程中建立的关系没有必要在课程结束时终止，而是应该继续保持下去。

原则六：能洞察不同领域、观点和概念之间的内在联系。该原则要求当代学习者有更加敏锐的观察能力。要求学习者可以理解各种领域、观点和概念之间的内在联系，并将其进行分类与整合。同时要求学习者善于利用联通工具，如概念图、数据挖掘、知识地图等，帮助联通主义学习者建立内在和外在观点、情景和人之间的连接。联通主义学习者最终要能够了解知识体系的建立，同时建立对于知识层级、概念之间关系的总体认识。

原则七：知识的现时性(精确的、最新的知识)是学习活动的宗旨。该原则指出不一定古人说的话就一定正确。学习者要学习的内容一定要是最精确、最新的知识，能否掌握最新、最精确的知识对于学习者的下一步学习过程具有重大意义。联通主义学习的内容从来不是静止的，而是保持没有完成的状态。其内容通过学习者与教师及其他学习内容之间的交互而不断编辑、增长和进化(王志军等，2014)。

原则八：决策本身是一种学习过程。即学习者根据不断变化的现实来选择"学什么""怎样学"和"如何理解新信息的意义"。该原则指出了学习者要有适合自己的决策。学习者在不断积累知识的过程中，逐渐发掘出了自己的兴趣，也提炼出了适合自己的学习方法。在接下来的学习过程中，学习者将具有更加明确的学习方向。由此可见，关联主义的八项基本原则指出当代学习具有多种多样的方法，不再只依赖于书本教材。学习者需要有更加敏锐的洞察力去分析各个领域之间潜在的联系，并发掘出自己的兴趣。学习对于任何人而言都是一个持续不断的过程，保持对学习的热情与需求相比于掌握当前知识要重要许多。学习者能否准确地找到适合自己的学习方向，以及能否激发出自己对于学习的需求将决定学习者的未来。

2. 技术增强关联学习的原则

在上述原则的基础之上，结合技术增强关联学习的隐喻、学习可能以及环境技术支持，本书进一步发展出社群探究与创造共享知识、社会联通和复杂联通、多维交互与联通创造等原则。

原则一：社群探究与创造共享知识。技术增强时代，关联学习的发展趋向连接节点、创造知识、创造网络节点、成为学习的中介等，具有十分重要的地位。具有较强的社会联结、信任关系和相同的价值与规范时，组织间的知识传递会更有效率。对于关联主义学习者而言，弱联结带来的新知识有利于学习者迅速掌握新技术，获得更多学习机会，拓展合作关系，从而促进个人发展。技术增强的关联学习提供了基于 SKNs 的共享知识库，这其中信息以分布式知识表征形式存在于各 SKNs 节点中，学习者通过提炼、重构、解释和创造新知识等过程逐步连接节点、社群探究，构建动态发展的共享知识库，形成技术增强的共享学习空间，其社群用户通过连接交互行为进行知识传播及创造。技术增强的关联学习提供了基于人-人-知识、人-知识、人-知识-知识等多重连接交互与知识共享路径，在创造共享知识与知识传播方面呈现出新特征。

原则二：社会联通和复杂联通。在该学习网络中，认知活动发生在社会关系网络中，必然会受到网络特性的制约和影响(洪伟，2009)。SKNs 提供了一种更为扩展的方法来研究技术增强环境下的深度学习和交互，减少了寻径交互的实践，增加了复杂交互和社会交互，将为解决当前在线学习的交互程度低以及层次较浅等问题提供新的可能。具体来看，SKNs 是以知识的深度交互为核心进行网络的聚合和拓展的，体现了关联学习的深度和广度，为社会联通和复杂联通提供了路径与支架。在具体的学习过程中，具有个体表达和群体协同、关系聚合以及话题聚合的特点，承载了知识的分布式存储理念，体现了社会联通、信息汇聚、内容生成和协同创新等特点。这种学习其实是一种社会联通和复杂联通的学习，是一种创造知识，构建学习网络的过程。

原则三：多维交互与联通创造。从技术增强的关联学习视角看，KNs 与 SNs 结合而成的 SKNs 是一种健全的生成性的连接交互学习环境。其核心是通过联结"学习者"以及与此内容相关的"知识"而进行的学习，连接和创造是其关键词。它联结了学习网络中的用户节点和知识节点，是一个促进知识贡献和创造以塑造新的网络节点的生态环境。和传统的学习环境相比，在 SKNs 中，信息以分布式知识表征形式存在于各节点中，学习者通过提炼、重构、解释和创造新知识等过程逐步联通节点，构建动态发展的学习网络，形成人与内容共通的技术增强型学习空间。SKNs 融合了知识之间、知识与人以及人与人之间的三种连接关系，提供了学习者和交互环境的"多模态"互动方式(Duan et al.，2019)，如师生互动、生生互动、社群互动以及学习者和学习内容的互动等，形成了 KNs 与 SNs 的融合性知识空间(段金菊等，2016b)，为分析学习者和学习者之间、学习者和学习内容之间的联通程度，探索知识扩散路径和建构程度，分析学习的深度和广度奠定了基础；此外，SKNs 采用语义图示的方法动态构建技术环境，语义图示工具以提供社会性认知支持的方式不仅帮助学习者将头脑中隐藏的思维过程表达出来，还基于此与外界的学习内容-同伴和学习环境进行社会性交互，引发后续的认知活动(蔡慧英等，2018)，并且这种交互通过人-人，知识-知识或者人-知识-人及人-人-知识的多维连接而展开。

4.2　学　习　观

4.2.1　关联学习观简介

数字时代带来了知识特征和学习环境的变革，学习图景也随之变化。行为主义、认知主义和建构主义三大理论为理解关联学习提供了有效视角(周文清，2014)，但在学习碎片化、非正式化和网络化的今天，这些理论在有效阐释数字化学习上，也存在前所未有的"危机"，有一定的缺陷(周忍等，2011)。在此背景下，2005 年 Siemens 结合网络时代的学习特征，对网络时代的学习观进行了分析和概括，提出网络时代的学习——走向联通，并提出了关联学习理论。随后关联学习观的提出使得在线学习的观念发生了改变。

传统三大学习理论的学习观：行为主义认为，学习是指某种特定行为的习得过程；认知主义认为，学习的重点不是行为的习得，而是一种信息加工过程；建构主义认为，学习是一种意义建构的过程，是一种个体根据自身已知的经验和知识对于外部事物与现象建构解释的过程(邱崇光等，2010)。而随着关联主义学习理论的提出，关联主义得出学习是一种创建网络并将相关节点形成有效的联结的过程。基于关联主义学习理论学习观的提出，许多专家和学者对学习观进行研究，在他们研究的基础上，主要可以从三个方面来阐述关联主义学习的学习观，它们分别是学习的网络观、学习的工具观和学习的生态观。

1. 学习的网络观

信息技术飞速发展，资源广泛，知识多而杂，传统的学习观无法满足当前的背景学习的需求。学习网络观的提出很好地解决了学习者学习的问题，学习的网络观主要强调学习是"形成连接、创建网络"的过程，它正好是顺应这个背景的学习观。

该学习观认为学习的起点是人，学习者个体的知识构成了一个网络，这种网络被嵌入和渗透在不同的组织和社群中，形成一个更大的学习网络；与此同时，这些社群和机构的网络也反过来影响个体的知识与学习，给予个体学习源源不断的营养和知识来源(史淑珍，2018)。在具体的学习过程中，网络连接的有效建立使学习者在这种知识发展循环(个人对网络和组织)的情况下，可以通过他们所建立的连接在各自的领域保持知识的动态更新。

基于上述关联学习观的分析，有学者进一步对个人学习网络进行了研究，指出个人学习网络的建立包括两个方面(卢洪艳等，2012)：其一是内部认知网络，主要存在于个体的头脑中，以认知结构的形式而呈现，需要通过相应的认知工具如概念图、思维导图以及知识图谱等形式进行思维的可视化和知识的外化，从而与外部的认知网络和知识源建立连接，进行交互；其二是外部认知网络，建立在个体已有的知识储备基础上，通常通过多种认知加工途径进行知识的获取、吸收，进而内化为个体的知识，并且通过这种知识体系的完善，创造出了新知识，从而实现内外认知网络的连接和转化。

可见，个人在知识网络建构的同时与他人相互联系，离不开与他人知识网络的交互。个人知识网络和社会学习知识网络连接紧密，学习网络观的出现使得个人知识网络建构过程变得简易，有助于社会学习整个大网络的建立，促进学习的联系、知识的共同获得与扩充。

学习的网络观对应的主要原则有(邱崇光等，2010)：学习和知识存在于不同的观点中；学习是一个将不同专业节点或信息源连接起来的过程以及促进持续学习需要培养和维持各种连接；可见，不同领域、观点和概念之间联系的能力至关重要(周忍等，2011)。

此外，学习的网络观还强调连接，认为一般学习网络的建立至少需要节点和连接两个要素。节点是指任何可以连接到其他实体的实体。从信息实体来看，节点可以是数据、信息、知识和意义，甚至思想、行为和情感等都可以看作节点；从社会实体来看，节点可以是个人、组织甚至整个社会(邱崇光等，2010)。节点具有相对的独立性，各个节点之间的相互关联关系就是连接，不同的节点之间形成连接需要一定的条件。通常，通过节点与节点之间的连接就形成局部网络。同时，局部网络又是一个起点，该局部网络又可作为更大网络的节点，再次重新寻求新的节点，并与之建立连接，进而又形成一个新的局部网络。如此循环扩展下去，就形成了个人的整体学习网络，这些节点与连接数在一定程度上决定了该网络的大小。这便是学习网络的建构过程。网络建构都能完成，然而形成的网络存在较大的差异，通常表现在网络的丰富和复杂程度上。为了将建立的网络优化和完善，通常需要具备一些能力。周忍等(2011)将这些能力归纳为搜索力、关联力、兼容力、判断力和创新力五类。

2. 学习的工具观

随着知识资源的不断扩增和半衰期不断地缩减，信息技术堡垒在其影响下已经从最初的 Web1.0 时代进入蓬勃发展的 Web2.0 时代。学习工具迎来巨大的进步与改变，学习工具在学习中的应用与需求逐步增大。在网络协作学习过程中，一直伴随着工具，几乎所有与学习相关的行为都需要借助于一定的工具才能够完成。

学习工具观认为学习就是"认知下放、内外脑并用"的过程，并提出 "善用工具，全脑学习"的观点(周忍等，2011)。即在数字时代，仅靠人脑自身学习是远远不够的，更要善于应用数字时代的新工具，使得内外"脑"相结合，使得网络进行有效的连接。学习工具观的建立过程就是充分利用好学习工具的过程。新时代的工具是我们学习的资源，它是学习过程的"助推器"；有效利用学习工具，构建学习的工具观，顺应时代的要求与进步，完善并成功学习。

学习的工具观的基础是学习工具。学习工具指的是方便完成学习或网络协作学习建立的工具。学习工具主要包括信息加工工具、通信工具和信息管理工具。信息加工工具指的是对个人的信息进行补充和完善加工的工具以及能够支持协作者之间进行相互关联的工具，如 Google Group、BBS 等；通信工具主要指的是个人信息通信工具，主要是起到检索和交流的作用，如 E-mail、MSN、QQ 等；信息管理工具指的是对资源进行订阅和整合以及对人际关系网络进行管理的工具，如鲜果网、Facebook 等。这些学习工具在学习的过程中扮演着一定的角色。节点之间发生连接需要学习工具的参与和作用，学习工具在网络的建立与连接中发挥较大作用，这些工具不仅支持节点之间的连接，更影响节点之间的连接方式、效率、精确度、可靠性和便利性(张力，2010)。如在 Web2.0 时代，各种学习工具智能化，这些工具的产生一方面有利于学习者对网络中的知识进行有效的加工，加强与他人知识连接的构建；另一方面方便了对知识的梳理与控制，加快了学习的进程。这些工具在很大程度上丰富了学习的内容，给知识的连接提供了便利，也给当代学习者的学习带来了诸多便捷。

3. 学习的生态观

所有活的生物体寻求两大基本功能：繁衍后代和保持生存。与此类似，学习网络也存在相同的渴望(周忍等，2011)。学习的生态观是指在学习发生的网络空间环境中，学习过程中发生的类似自然界中的生存和发展状态。布朗 (Brown)在他的文章《数字化的崛起》(*Growing up digital*)中提出了用"生态 (ecology)"一词来描述复杂的学习环境。他认为，(学习)生态是由一些动态的、 互相依赖的元素组成的开放的、适应性的系统，并且处于不断优化和自我组织 的状态中(张力，2010)。

数字时代是一个大的学习生态环境，每个人都有自己的学习网络，这些学习的 网络相当于大生态中的小生态，处于小生态中的学习围绕着大生态学习环境运转。 在日常生活中，我们在无数的网络中穿行，不断地影响他人的学习网络，同时被他 人的学习网络所影响，每个人交互地从他人及其学习环境中获得知识。学习的过程 成为一个不断适应、连接新网络或创造新网络的过程。

当我们获得新的节点，形成新的连接，聚合到更大的网络或者分解成更小的 网络子群时，我们的学习生态环境也在不断发生着改变。我们在不断地学习和适 应与周围的学习环境进行动态的交互。可以说，任何的学习行为都是在一定的环 境中发生的，因此建立一个开放、宽容、分布式、信任以及"富工具"和"富资 源"的网络生态环境，是促进网络协作学习节点之间建立有效连接的必要条件之 一(张力，2010)。协作网络的建立也离不开学习的生态环境，生态环境是学习观 建立的基础，运用好并选好学习生态环境，让学习的生态观发展与进步，更好地 服务于学习。

总的来说，关联主义为应对目前新技术和新时代的发展现状，重新塑造了学习 理论和学习观。从学习观的角度，分析和讨论学习网络观、学习工具观和学习生态 观。学习网络观是关联主义学习理论学习观的主体，一切学习的建立都是从节点的 连接和网络形成的，工具观和生态观的提出都是为了更好地表现网络观与构建学 习网络。这些学习观对当前的学习产生巨大改变，学习观的改造有利于我们的进 一步学习和研究关联主义理论的其他学习观，以及更进一步完善关联学习理论的 学习观。

4.2.2　技术增强的关联学习观

随着技术的发展，在上述三种学习观的基础上，关联主义的学习观有不同的补 充和解释，它们可以总结为创造学习观、协同学习观和复杂学习观三种。这三种学 习观的形成带给学习一些全新的视角，学习者对待学习的观念和方式更多样化，对 学习者的学习带来不同的但更丰富的体验。

1. 创造学习观

学习的创造观，即根据关联学习的学习隐喻(知识创造)而得来，当前这个时代， 我们的知识学习不仅仅限制于外界现成知识的查找与获取，同时还要从知识的加工处理和创造中获得有利于自身学习的知识。

20 世纪中期，著名学者布鲁姆提出教育目标分类学理论，影响了 20 世纪的教育。在当代教育体系中，"分类而教"已成为教学设计者的共识。教育目标分类学理论认为认知内容应是知识，认知能力应从主体视角加以界定，认知教育目标只包括知识与认知能力两个维度。布鲁姆认为教学和学习应该具有目的性，他将整个教育目标分为认知、情感和技能三大领域，并且采用认知过程单一维度对认知教育目标进行分类(杨军等，2013)。布鲁姆认为，在学习过程中，只有知识与认知过程的结合才能造就学生的能力，才可以构成课程与教学的目标，才能促进学习有效进行。这个观点形成的学习和教学主要是基于行为主义理论，从行为主义的理论的观点看，学习知识和教学的特点是由认知的行为主导学习，只是单纯地从广泛的知识中重复查找与获得，教学目标显得空泛，无法达到良好学习的需要。

之后，有学者对该理论进行修订和完善，用"认知心理学"取代行为主义心理学，认为学习者是掌握自己学习的主体，教学中他们依据原有的知识、当前的认知与反省认知活动以及该情境给他们提供的机会建构自己的意义，学习是积极的、认知的和建构的过程，这种"变得有意义"的建构过程涉及学生知道什么知识和对那些知识进行加工的认知过程。该理论的改善对学习有一定的促进作用，然而这些依旧是传统的学习观，随着新时代的进步与发展，网络时代的学习观正在发生较大的改变。在网络时代，知识以碎片的形式散布于网络的各个节点，我们每个人都只拥有这种分布式知识表征的一部分，我们的任务是把这些节点连通与聚合起来(王竹立，2011b)。网络时代学习的特点是学习能够发生于学习者内部，也能够发生于社群、组织和设备中。并且学习者也不仅仅是知识的消费者，他们同时是知识的创建者。他们在节点的基础上发生关联，形成学习网络。

关联主义的产生正是顺应网络时代的学习观念，网络化的知识丰富而杂乱，同时需要对知识进行加工处理和创造，学习的创造观正是表达了这样一种学习理念。

2. 协同学习观

在当前，各项信息技术和数字技术的完备与进步，社会化学习显露出可以多渠道、多方式获取知识的时代特征。作为一种新时代下的高阶学习，协同学习在理论与实践方面还可以取得更大的发展，它是基于新时代技术的发展产生的学习观。在信息时代，重新认识学习并重新研究如何干预、促进学习是非常重要的，协同学习观就是当前时代特征下对学习的新诠释。

相比于以往的课堂学习，基于关联主义的网络协作学习要求学习者更注重学习小组的协同，建立和保持更多的链接，保持链接的热度，这最为重要，因为在一个以外部知识链接为主的网络生态体系中，其最终目的是加强与主体节点之间的连接，保持学习小组的协同。学习者的学习不再是孤立的，它已无法适应网络时代的新技术发展，相反，更多的是小组之间进行协同学习，每个小组成员就是一个知识学习的节点，而教学者作为一个带动小组协同学习的连接点，与小组共同完成学习协作网络的构成。这些成员相互协作，将知识进行分享和创造，使得知识与知识、知识与人、人与人之间的联系更紧密，协同学习者可以更好地获取知识。协同学习观的产生适应新时代对学习的要求，这样的协同化学习可以促进社会化协同学习系统的建立，这样的学习观在进一步影响、改造社会的学习。

3. 复杂学习观

关联主义理论创始人 Siemens 认为学习是一个混乱、模糊、非正式、无秩序的过程(范艳敏等，2010)。在当今，学习环境的复杂程度前所未有，网络和现实生活交织，各式各样的信息通道和影响因子纵横交错，这使得学习是一个混乱、模糊、非正式、无秩序的过程(张汇芬，2008)，在这个时代背景下，关联主义理论提出了复杂学习观。

新时代的学习是建立在网络连接构建的基础上由学习者协同完成的。知识环境的复杂化使得这种网络的连接变得复杂化。关联主义理论背景下，cMOOCs 形式产生，它是学习复杂连接的代表。这些课程内容主题比较前沿、新颖、模糊、复杂，而没有固定的认识；课程内容比较广而且泛，不容易把握；课程通过大规模多元交互而进行；通常该课程没有非常明确的学习结果和评价。cMOOCs 代表这样一种复杂的学习形式，对此，复杂的信息学习环境要求学习者具备多种多样的能力：首先确定什么(信息)是重要的，然后知道如何随信息的变化而继续保持联通。在复杂的信息环境中，模式识别是一项重要的确定信息重要性的技能(王志军等，2014)。这些技能的培养是当代学习者学习不可缺少的能力。关联主义学习的复杂观结合这个时代背景提出，使学习者更快地适应复杂的信息环境。这种学习观使得学习者的学习观念发生改变，学习者在复杂的环境中加强协同与连接，适应新网络时代，学习知识更高效。

不难发现，关联主义学习的学习观主要是基于网络学习观，关联主义学习理论的核心就是学习是连接的建立和网络的形成。这些学习观的建立都是为学习者的协同学习、获取知识服务的。关联主义的学习观仍在继续完善和补充，将取得进一步的发展，为接下来的时代的学习提供更好的理论支柱，让学习者学习得轻松高效。

4.3　学习交互

在 Web2.0 技术和知识可视化技术的不断发展下，技术增强环境下的关联学习显得尤为重要，但关于联通交互的研究却少有，并且目前关于关联学习的交互更多集中在教学交互方面，主要起源于远程教学的交互相关理论，因此其引用背景是传统的行为主义 MOOC，但是对于关联学习语境下的交互研究较少，代表性的成果如王志军等(2015a)提出的教学交互模型，除此之外，段金菊(2017)对技术增强语境下关联学习的交互进行了界定，这是对技术增强关联学习交互的新认识。

4.3.1　交互与教学交互

"交互"在社会学理论中又称为社会互动、社会交往，是指社会上个人与个人、个人与群体、群体与群体之间通过信息传播而发生的具有互相依赖性的社会交往活动(戴心来等，2015)。而教学交互本质上是学习过程中，以学习者对所学习的内容产生相对正确的理解为目的，学习者与学习环境之间的相互交流和相互作用，其内涵是一种发生在学生和学习环境之间的事件，包括学生和教师，以及学生和学生之间的交流，也包括学生和各种物化资源之间的相互交流与相互作用(孙洪涛，2012)。

发生在学习者内部的自我交互作用(人-知识)：自我交互作用主要是指学习者与外部资源之间的交互(张立新等，2018)。当学习者以生态主体的角色进入网络学习空间时，他们会根据自己的学习需求在网络学习空间所提供的大量外部学习资源中进行判断与选择，将有价值的信息通过获取的方式输入自己内部的信息加工系统，并通过"生成-内化-外化"的过程完成知识的学习。

发生在不同学习者之间的群体交互作用(人-人)：群体间的交互作用指经由网络学习空间提供的社交网络平台完成的、发生在学习共同体当中的交互。当学习者因为共同的学习目标聚集在一起时，一个有效的学习共同体开始形成，他们彼此交流思想、知识与经验，形成了协作知识建构层面上的意义共享形态(张立新等，2018)。

诸多关于交互和教学交互的研究早期多集中于远程教育领域，这是因为在远程学习过程中，学习者和教学者时空分离，需要这种基于知识可视化技术和 Web2.0 技术实现的学习平台进行教师与学习者信息或学习者与其他学习用户的信息交互(戴心来等，2015)。

随着在线教育逐步从远程教育发展到大规模在线教育阶段，交互的内涵和外延也发生了变化。一方面，交互不仅仅指教学交互，在一定程度上还涉及学习交互，这体现了在线学习过程中以教为主向以学为主的转变，而这一思想在 cMOOCs 的学习中体现更为明显。当然，在 cMOOCs 发展的早期，更多学者关于 cMOOCs 的研究多集中在课程设计和教师角色等方面，多以教学交互的视角研究 cMOOCs 的交互现象及规律。而随着 cMOOCs 的深入发展，今后关于 cMOOCs 的交互可能会更多倾向于学习交互。因此，本章的内容以学习交互为主线进行研究，但是也梳理了 cMOOCs 的教学交互的相关成果。另一方面，交互的研究成果日益丰富，而研究也逐步深入和细化，如 Ljungberg(1999)将交互分为协作和交流两个方面：交流是人与人之间的相关信息交换，而协作则是基于共同任务的群体交互，是基于共同任务的群体之间的信息分享。例如，当学习者 A 对当前的学习内容进行批注或者评论的时候，学习者 B 进行浏览，并且可以进行相应的补充与意见反馈，这一结果也会反馈给学习者 A；同样的道理，学习者 B 也可以随时看到学习者 A 与自己的交互情况等。在该交互模型中，学习者之间的交流和学习者之间基于内容的协作构成了具体的交互类型与方式，通过协作与讨论等构建不同的社会交互模式和交互结构。同时，Ljungberg 指出，可以采用相关计算机支持的协作技术来促进上述交互行为的有效发生，如交流技术、协作技术和交互技术是以上模型所需要着重强调的三种技术。其中，在技术增强环境中，学习者同样可以进行多维度的交互，如基于内容单元的学习交互以及学习者之间的社会化交流。此外，其他学者还研究了如何通过学习平台和媒体的设计来促进交互的多元化和实时性，依次改善学习者的在线学习参与度和学习积极性等。

总的来看，目前对于交互的研究主要是基于在线学习和传统关联学习的行为层面，而基于技术增强背景下关联学习的交互研究，尤其是社会交互和复杂交互则甚少涉及，而这正是本书的逻辑起点。

4.3.2　关联学习的教学交互及类型

1. 关联学习的教学交互研究

关联主义作为数字化时代的学习理论，以教学交互为核心，日益开放的网络环境以及不断增强的技术为学习者提供了一个全球化、开放的教学交互空间，其重要性得到了一致认可，在关联学习与技术不断发展期间，产生了大量关于关联主义的研究，但是绝大部分研究都只是停留在研究与探讨阶段，除关联主义学习理论创始人开发和实施的一系列 MOOCs 以外，真正系统地运用关联主义思想的实践并不常见(王志军等，2015b)。

目前大多数的 MOOCs 只是重在强调基于行为主义的传统教学模式中知识重复的 xMOOCs，而非强调基于关联学习连接学习用户与用户、知识单元之间的 cMOOCs。在这些基于关联主义思想设计的 cMOOCs 中，教学交互(尤其是学习者之间以及学习者与教师和内容之间的交互)至关重要(王志军等，2016)，因为它是与其他信息或学习用户共同建立相关联系、创建连接的关键。在传统课程中(包括网络课程)，教学交互一般都集中在特定的教师、预制的知识单元或者专门为学习者建立的知识空间中(王志军等，2016)，而 cMOOCs 的教学交互不仅存在于学习者与学习内容之间的交互，更体现于学习者与其他学习用户之间的交互。这也是 cMOOCs 与传统的基于认知主义、行为主义和社会建构主义开发的课程的最大区别。其主要原因在于，研究者过于关注这类学习中的教学交互，而缺乏相应的社会性交互或者学习交互，因此我们需要应用新时代下的技术增强的关联主义来设计、实施和组织关联主义思想指导下的网络在线学习。

　　教学交互是联通主义学习的核心与取得成功的关键。我国学者陈丽（2004）认为在具体的学习过程中，教学交互的目的是帮助学习者与学习内容之间建立联系，进行社会知识建构与创造，促进学习者与学习环境的相互作用和人际沟通。即教学交互发生在学习者与学习环境之间，主要包括三种类型的交互，从交互与认知投入的角度来看，包括学习者和学习内容的交互以及学习者和学习者以及教师的交互等。而在关联学习领域，王志军等在传统在线学习教学交互的划分基础之上，根据关联学习的交互特点，进一步提出了基于认知参与度的关联学习教学交互模型。

　　2. 关联学习的教学交互分类

　　我国学者王志军等（2015a）构建了基于关联主义的连接交互学习模型（图 4-1），该模型根据学习者的认知参与度的深浅把学习者的学习过程分为操作、寻径、意会和创生四个阶段。随着技术的不断增强，学习者可以通过这四层交互来开展学习。这四类交互组成一个网络化的复杂学习教学交互模型。四类交互类型随着学习者的不断参与认知呈递进式的发展趋势，较低层交互是更高层交互的基础，高层次交互的开展也进一步扩展了低层次交互的需求，关联主义在这四类交互层次的螺旋式发展下进行着知识创新和网络扩展与优化的过程（王志军等，2015a）。

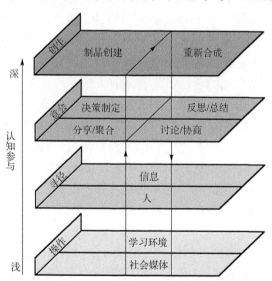

图 4-1　基于认知参与度的关联主义学习教学交互模型（王志军等，2015a）

　　操作交互：这是一种人与技术环境之间的交互（王志军等，2015a），学习者在一定的学习平台上进行相关学习的连接交互，据此推测此交互模式主要分为两种：环境创设与测试、提供操作指导。环境创设与测试，即内容本身体现学习环境创设与测试的相关信息（王志军等，2015a），学习者可以通过整合社会媒体、提出操作中遇到的问题、创建交互空间(共享知识空间以及学习社区)、设置和测试环境等方式来了解如何使用此学习环境;提供操作指导,即在特定的学习环境中通过设置一定的交互性按钮来帮助学习者建构和增强各自与集体的学习环境(王志军等,2015a)。

寻径交互:在学习的过程中,学习者处于一个复杂的社会群体中,所以我们不仅需要从学习单元中预制的信息中寻找知识,还需要从其他用户中获取我们所需要的资源与知识,二者是有机融合的,相互发展的。寻径交互包括人与信息之间的交互。在信息中的寻径交互主要指的是通过对相关信息的检索获得相关的知识,而寻径交互可以分为主动式直接寻径、参与式间接寻径、帮助他人寻径与其他寻径。在主动式直接寻径中,我们可以在学习元中建立相关课程单元或课题的社区与小组并召集会员,寻找学习伙伴,同时分享博客站点,寻求更多的关注等;在参与式间接寻径中,我们可以在学习元社区中介绍和推荐相关课程资源,分享学习目标、问题,或者为用户提供帮助;在帮助他人寻径中,我们可以提供相应的策略指导,分享活动、站点等;除此以外,还存在其他满足社会与情感需要的寻径。

意会交互:在模型中有五种意会交互的模式:其一是分享与聚合,学习者可以在学习元平台社区中创建空间集体聚合并分享、推荐课程资源(课程中已有的资源和课程教师创建的资源、分享课程任务)、分享学习者学习中生成的资源、分享学术资源(论文、调查报告、研究)、分享其他相关资源,通过各种流通管道来实现内外脑并用;其二是同伴互评,在学习中,我们需要通过他人的评价对我们的设计、作业等做出相应的修改,形成更完善的系统;其三是协商与讨论,在学习元中,面对相似的话题我们需要提出自己的看法,集合所有人的观点,筛选出大多数人认同的最佳方案;其四是反思与总结,反思是深度思考的重要例证,通过对学习过程中遇到的观点进行深度的思考而得以展现(王志军等,2015a),总结便是反思的一种体现,将反思转化为质变的总结,可能这些总结并没有提出一种新的观点,但是它可以在一定程度上辅助学习者进一步进行学习;其五是决策制定,这属于一种隐形的过程,例如,学习者参与关联主义学习的过程就是一个不断地做出决策的过程(王志军等,2015a),他们需要不断地判断自己的观点是否可以在学习元平台上分享,是否参加相关主题的群体交互等。

创生交互:在模型中有两种创生交互模式,学习制品的创建强调原始创新,而重新合成注重基于已有资源的创新(王志军等,2015a)。与意会交互相比,创生交互强调新观点的表达以及知识的创造(学习制品),如学习者创造性地发表自己对某课程学习单元的看法、文章等,也可以利用已有的资源重新组合,表达一种新的观点和看法。

总体上说,学习者通过创生交互,深入、系统、逻辑和创造性地表达他们的思考与观点(王志军等,2015a)。关联学习理论是一种以社会化环境为基础,以复杂信息环境中的教学交互为核心,以螺旋式的知识创新与网络优化及发展为目标的学习(王志军,2017)。在技术不断增强的数字化时代,通过技术增强的关联学习也将更加支持操作、寻径、意会、创生等的连接交互。关联主义学习是四类交互作用下的螺旋式的知识创新和网络扩展与优化的过程。

4.3.3　技术增强关联学习的交互新特点

在技术增强关联学习的交互方面，既有研究主要聚焦在对关联学习环境下教学交互模式的研究。如 Siemens 的博士论文基于 CCK08 这一门课程中的相关用户数据分析复杂环境下的在线学习与交互等。与早期的线性结构化的良好交互数据方式比较，目前还没有研究者对关联主义学习环境中在多种技术空间中生成的交互性数据进行研究(王志军等，2016)。Fournier 等(2014)分析了 cMOOCs 中大量的分散数据，根据数据提取了相关特征，这些在分布式环境中发生的教学交互数据相对于cMOOCs 论坛中的数据更加关键。

但目前在此方面缺少实证性的研究。由于关联学习的情境具有多样化的特征，交互也会因为课程形态的不同而有不同。目前的研究主要是聚焦于 cMOOCs 的课程形态做的相关研究，因此聚焦于数据收集与分析，王志军等对其教学交互进行了分类归纳，对关联学习连接交互的研究具有重要的启发意义，但是，随着技术环境的发展变迁，关联学习的交互呈现出了新特点，亟须在前人研究的基础之上，结合关联学习的技术背景和具体环境形态进行深入研究，如以王志军的教学交互模型为例，传统意义上的四种交互类型是操作交互、寻径交互、意会交互和创生交互，而在以SKNs 环境为代表的技术增强隐喻下，操作交互和寻径交互是最为简单的交互，通过知识节点和人的节点的可视化呈现，为这一操作提供了支撑。而根据前述关于SKNs 的生态网络构成以及连接交互学习环境的生成，意会交互和创生交互是技术增强环境下的交互之本，意会交互和创生交互在一定程度上属于复杂交互，是技术增强关联学习交互的新特点。

1.　倾向于复杂交互

学习者通过学习资源与活动开始操作交互模式，是一种传统意义上的机械学习，表现为浅层次的学习行为，不需要进行太多认知加工，主要是接收信息、初步建构学习网络；随着学习的不断深入、网络的不断发展，个人学习网络动态形成得到螺旋式的发展；在深层次学习阶段，强调有意义的学习，强调知识的意义建构，需要较多认知投入，需要对学习对象做复杂的加工，学习者在预制的学习过程中达到意会的阶段，知识储备达到一定阶段后，学习者主动连接网络、构建新的知识群体社会性网络，成为学习的核心参与者，从而进入学习创生交互的阶段，达到深度学习的目的。

2. 倾向于社会交互

在技术增强关联学习中，知识与社会相互依存、渗透、发展，学习者可以通过技术增强的学习环境，了解其他用户与专家的动态，通过共享学习资源、学习经验，完善和改进个人的学习网络，由此产生了一种新的学习方式——关联学习，学习管道从单纯的"人"走向"人"与"知识"的双重视角，学习的范式将从传统意义上的建构学习走向新社会化时代的关联学习，因此，社会交互成为可能。在整个关联学习过程中，学习者根据自己的学习兴趣与爱好自主参与学习，建立连接、分享内容、贡献内容、合作学习、提供帮助等交互行为来扩展自己的个人网络和专业网络。随着学习者之间的不断交互，会逐渐形成一个具有相同学习兴趣和爱好、交往频繁的认知网络。

3. 倾向于联通交互

信息时代，知识以碎片化的形式分散在各节点，知识所具备的连接点使其可以不同的方式进行联通、重组和再造。在此背景下，"每个人拥有分布式知识表征的一部分，只有将这些知识节点与其他节点进行融会贯通，网络的价值才能最大化，由于知识碎片在不同的情境下被赋予不同的意义，学习者基于自身学习需求和已有学习网络在各节点间进行联通汇聚非常重要"（祝智庭，2012，p11）。其中，联通交互是将一切教育资源和关系联结起来的核心。而随着对技术增强关联学习的进一步认识，学界认为，联通有两层含义，即学习不仅仅是对内容建构的过程，更是通过"意外发现"，寻找知识管道、联结和创新知识的过程（Siemens，2005），因此学习者在网络中具有节点的连接者和塑造者的双重角色，连接和创造是其关键词。

目前，众多学者对联通交互进行了研究，如 Joksimović（2018）等研究了社会资本对于联通的重要性，Garcia 等（2015）研究了关联学习情境中的交互模式，Wang等（2014）采用应用学科的系统理论模型建构法，建构了基于认知参与度的关联学习教学交互分层模型等，深化了对联通交互的理解。最新研究表明，联通认知网络、社会关系网络和概念网络，进而进行内外认知网络的联结和转化是学习的关键，而认知和社会双联通管道（social and cognitive connectedness schemata，SCCS）是促进这种联结和转化的重要方式（Sontag，2009）。其中，认知联通是指联通知识、应用知识以及将所学到的知识与更大领域情境的联通；社会联通是指通过连接（link）、默观（lurk）、捷取（lunge）而获取相关知识的行为方式（Brown，2000）。在认知联通和社会联通过程中，图式的构建非常关键。图式是人脑中已有的认知网络或认知结构，是一组由相关事件、知识或行动所构成的稳定的心理结构或模型（李新房等，2016）。当学习者面对解决的问题时，需要从大脑中激活相同或相近的图式，从而预测问题的解决方法，并引导学习者解决问题。已有相关研究表明技术的支持导致学习者有更多的机会在更广泛的情境中连接（李新房等，2016），技术增强语境中的语义图式网络能够促进深度学习(蔡慧英等，2018)，进而促进关联学习的联通交互。

4. 倾向于多模态交互

技术发展和学习理论的变迁是关联学习发展的重大助力，尤其是随着语义技术、数据挖掘、大数据、人工智能等技术的发展，知识的联结和网络构建已不再是难题。通过技术支持关联学习，不仅能提高学习者和内容之间的管道建立，也能增强人际互联；技术不仅仅是一个用来帮助学习的工具，还是可以搭建认知脚手架更好的辅助认知活动。

研究认为深度学习需要联通认知网络、社会关系网络和概念网络，进行内外认知网络的联结和转化(在技术增强的学习环境下，主要强调社会-认知双连通)。SKNs作为技术增强语境下的双连接交互环境，其所提供的共享知识库为学习者提供了认知和社会双联通管道，为学习的联结和转化奠定了环境基础，而技术增强的关联学习的集体知识创生和个体深度学习有赖于其所提供的认知与社会双联通管道的建立及多元交互知识传播路径的提供，并通过群体共享知识库、脑认知的社会性建构等以促进复杂连接和持续交互的形式而展开。因此技术增强的关联学习汇聚融合了知识之间、知识与人以及人与人之间的多种交互关系，形成了多模态联通交互学习环境(Moreno et al.，2007)，SKNs 采用语义图示的方法动态地构建了共享知识环境(段金菊等，2019)，不仅可以帮助学习者将头脑中隐藏的思维过程表达出来，还可以基于多模态交互的方式引发后续的认知活动(蔡慧英等，2018)，有望促进深度学习(何克抗，2018)。

第 5 章　技术增强的关联学习模型

本章基于新媒体、新技术的发展趋势以及网络时代的学习特征，首先构建关联学习模型的分析框架，对当前关联学习的一般模型进行比较分析，得出关联学习模型构建的基本思路与方法；其次结合技术增强关联学习的环境特色和提供的学习可能等，分析了技术增强关联学习模型的构建依据；最后从三个层面、四个维度构建了技术增强的关联学习模型，并对该模型的核心要点进行了总结。

5.1　关联学习的一般模型及启示

随着 Web 2.0 时代的到来，去中心化，分布式的内容以及人人都可以作为创造者的在线学习使得关联学习呈现出了新的特点和趋势(Chatti et al.，2007)，产生了有代表性的关联学习模型。鉴于此，本章节以关联学习理论诞生以来产生的代表性学习模型为切入点，构建关联学习分析框架，其次围绕分析框架对相关模型进行阐释，归纳技术增强环境下关联学习模型的构建思路与方法。

5.1.1　关联学习模型的分析框架

本书着眼于关联学习的实践应用价值，以提升学习绩效(学习结果)为目标，探索影响关联学习的相关要素，并由此构建关联学习模型的分析框架。在关于学习绩效的已有研究中，最为业界所熟知的是 Biggs(2003)的教学和学习的 3P(personalization，participation，knowledge-pull)模型。根据 Biggs 的说法，教学和学习系统的四个关键要素分别是学习者、学习环境、学习过程和学习结果。这一研究成果对当前的关联学习研究具有重要的启发作用。然而，关联学习是在媒介极其发达、学习者人数众多的情况下产生的，其学习的复杂性是前所未有的。以其实践形态 cMOOCs 为例，其学习者的多样性来源、学习者的多样化需求以及学习者的学习动机、目标等均不同，因此传统的分析框架并不能完全适用于关联学习(DeBoer et al.，2014)。鉴于此，Pilli 等(2017)提出了 MOOC 成功学习的模型框架，对于全面理解 MOOC(行为主义教学取向的 xMOOCs 和关联主义教学取向的 cMOOCs)学习效果以及分析其学习绩效具有重要的指导价值。

本节在借鉴 MOOC 成功学习模型框架的基础上，认为关联学习既是学习的过程，也是学习的结果，力图对模型视角的关联学习研究做到既关注学习的大环境设计，又关注分子水平、细胞水平的学习分析。从关联学习的预设、过程(外显行为与认知过程)和学习产出视角进一步分析其所涉及的环境条件、学习的外在行为表现、内在认知过程以及最终的学习结果等方面,并进一步对影响学习绩效的关联学习要素做了进一步补充和完善。

图 5-1 提供了一个全面的框架模型来分析关联学习的相关要素与关联学习结果(如 cMOOCs 学习绩效)的关系(Pilli et al.，2017)。其中,学习者的特征分析是关联学习分析的逻辑起点,具体包括学习者的学术特点(如先验知识、先验经验和专业知识背景等)和个人学习特征(如自我效能、学习风格和学习偏好等)。而与关联学习绩效相关的环境因素中(如学习情境、课程等),影响最大的是课程要素,具体包括课程目标、特色、课程工具以及所遵循的教学法等。与行为主义教学取向的 xMOOCs相比,以 xMOOCs 为代表的关联学习更强调学习者的过程性连接交互行为和知识创造过程,因此,外显的学习行为和内在的认知过程是关联学习过程的重要参考与分析因素,也是指向关联学习绩效的重要指标。此外,课程特点、学习者特征以及学习过程等要素之间也有相互影响和制约,例如,学习者的特点和课程特点可能会彼此相关,学习者的特点和特征可能会影响所用工具的效率等。与以 cMOOCs 为实践代表的关联学习绩效则可以通过学习投入、学习成就以及学习的坚持性等指标进行预测,但是在一定程度上也会受到其他相关因素的影响和制约。

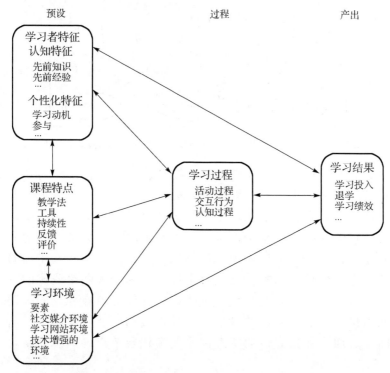

图 5-1　指向成功学习的关联学习模型分析框架(Pilli et al.，2017)

5.1.2　关联学习的一般模型简介

基于上述关于关联学习模型的分析框架，本节将进一步围绕学习预设、学习过程和学习产出三个维度对相关模型进行深度阐释，以剖析关联学习的本质和规律，为其具体的实践形态——cMOOCs 提供改进建议和指导策略。

1. 侧重于学习预设的模型

1) 基于关联主义网络协作学习的要素模型

在关联学习发展的初始阶段，学者张力(2010)提出了关联主义视角网络协作学习的要素模型(图 5-2)。该模型以关联主义学习理论为指导，以群体协作学习为研究情境，以节点的有效连接为研究起点，分析了在"富工具和富资源"的网络协作环境下学习的关键要素，即学习者节点、资源节点、支持工具和平台。

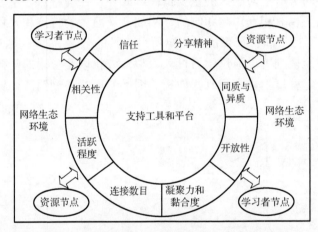

图 5-2　关联主义视角下的网络协作学习要素模型(张力，2010)

在学习支持工具和平台的基础上，该模型进一步分析了学习者节点和资源节点之间有效连接的八大要素，即信任、分享精神、同质和异质、开放性、凝聚力和黏合度、连接数目、活跃程度和相关性(张力，2010)。其中，信任是节点之间有效连接的基础，分享是促进信息多向流动、保持节点稳定和持久的重要秘诀；而在连接和分享的过程中，保持同质和异质之间相互平衡是节点信息分享与流动的重要条件；保持社群共有资源开放和个人网络资源的开放是促进连接的条件；凝聚力和黏合度是获得更多连接并保证节点稳定的关键；连接数目是网络间连接节点的个数，数目越多，其连接的可能性就越大；活跃程度代表节点之间信息通道和信息流的状态；相关性代表节点之间容易聚合和连接的可能性。

2) 基于 cMOOC 构成要素的结构模型

协作学习要素模型对于理解关联学习的环境要素、构成及其之间的耦合关系具有重要的作用，而随后发展的基于 cMOOCs 构成要素的结构模型(黄小强等，2014)则更清晰地阐释了 cMOOCs 学习情境，对其网络节点、节点属性以及节点之间连接交互而动态生成的 cMOOCs 生态结构进行了模型化展示。该模型以关联主义的核心思想"学习就是网络连接"为指导，将学习网络的基本构成要素——节点和连线作为基本要素，关注节点之间动态发展的 cMOOCs 生态，认为节点(参与者、内容节点)与 cMOOCs 学习生态之间的互动关系构成了 cMOOCs 的结构，并随着时间的推移而动态演化。该结构模型阐释了 cMOOCs 的三个核心要素，即节点(参与者节点、内容节点)以及节点之间的动态交互而形成的 cMOOCs 生态，并认为"参与者节点、内容节点与 cMOOCs 生态三个核心要素之间相互连接、交换信息、合作竞争、共同演化，合力促进了 cMOOCs 的发展"(黄小强等，2014)。

3) 基于分布式认知理论的网络学习空间中学习的运行模型

张立新等(2018)以分布式认知作为理论基础，结合个人网络学习空间在技术与环境上的创建优势，构建了网络学习空间中有效学习的基本模型，借助社交互动平台、知识网络平台以及工具支持平台，为学习者提供有效的社会互动环境，支持个体知识创生过程，并提供工具沉浸型学习支持系统。

在该模型中，网络学习空间的建设将从三个方面入手：搭建有效的社会互动平台，创建知识创生的有效路径，以及提供工具沉浸型的学习支持系统。通过社会互动平台支持学习过程中学习者个体内部以及不同学习者之间的交互活动。学习者个体内部的交互指学习者与外部资源之间的交互，是指学习者判断与选择所需的学习资源，并通过"生成-内化-外化"的过程完成知识的学习。学习者之间的交互指经由网络学习空间提供的社交网络平台完成的、发生在学习共同体当中的交互。创建知识创生的有效路径能促进个体知识与聚集知识的自我更新过程，网络学习空间以提供的知识网络为基本载体，为学习者个体中和学习群体间的知识创生提供来自外部的保障。网络学习空间架构于 Web2.0/3.0 技术基础上，集工具、个人资源网络和人际交流网络于一体，构建了由知识可视化工具、认知留存工具、认知负荷分担与支持工具以及网络协作交流工具四个部分构成的工具沉浸型学习支持系统。

此外，近年来，随着可视化技术及技术增强学习环境的发展，联结"学习者"以及与此内容相关的"知识"进行学习成为可能，连接、创造以及 KNs 和 SNs 的双联通成为其主要特征。在此基础上，段金菊等(2016a)构建了基于 SKNs 的学习模型，为分析 KNs 与 SNs 融合的关联学习环境在促进学习者之间、学习者和内容之间的联通交互，探索技术增强语境下关联学习的知识建构和扩散路径等方面提供了基础。

　　2. 侧重于学习过程的模型

　　根据关联学习的分析框架，内在认知过程和外显的学习行为(能力)可用来分析关联学习过程。

　　1) 基于博客的连接交互学习行为模型

　　在关联学习行为的相关研究中，典型的研究如我国学者王志军等(2015a)构建的教学交互学习模型以及 Garcia 等(2015)构建的博客连接交互学习模型。前者是对关联学习连接交互行为的理论归纳，是对关联学习行为宏观层面的认识；而后者是在社会媒介环境下具体的连接交互行为研究，是聚焦于具体的社会交互情境的行为分析。以教学交互学习模型为例，该模型采用解释主义的研究方式，结合远程教育的教学交互层次塔模型和布鲁姆的认知目标分类学框架，根据学习者在学习过程中的认知投入进行构建，是认识关联学习连接交互层级的理论模型，有利于认识在连接交互作用下关联学习的知识创新和网络扩展与优化过程(王志军等，2015a)。

　　基于博客的连接交互学习模型展示了以学习者为中心的学习者与学习者、学习者与专家等进行互动的连接行为以及学习者之间的连接互动关系。在这个模型中，学习者处于内部核心层，他们通过对帖子和评论的回应进行连接；教师和专家则处于连接交互学习的外部环境层，但如果他们被邀请加入社区，就能够为学习者做出贡献。需要注意的是，此模型中所有的角色都可能会随着时间的推移而发生变化，而且参与者的数量也会随之发生改变。该模型展示了 Web 2.0 工具为学习者与教师、观众和外部专家之间建立在线动态交流的技术支持，贯穿于任一学习层的学习活动以及学习者可以从各种管道获取所需资源，并且通过传递、连接等形成一个以核心学习者为中心、以中间层的参与者和处于外围的边缘性参与者共同形成的学习网络。

　　2) 基于学习经验阶段和使能条件的知识过程模型

　　基于学习经验阶段和使能条件的知识过程模型(Pettenati et al.，2007)描述了关联学习的认知过程以及在具体的认知过程中学习者知识创造的经验阶段与使能条件。为在高等教育领域的正式学习场景进行关联学习指明了方向。

　　该模型的核心是关联学习的四个阶段和五个知识流过程(使能条件)，其中四个阶段分别是意识与接收阶段、连接形成与选择过滤阶段、贡献与参与阶段以及反思和元认知阶段；而与此相关的五个使能条件分别是基本技能、动机的产生和维持、意识认知、团体文化和社会氛围。

　　四个阶段：意识与接收阶段是学习者面对新环境、新资源和新工具，得到适当激励和获得基本技能的阶段；连接形成与选择过滤阶段，个人则需要使用前一阶段所获得的工具和理解来创建与形成资源(人员和内容)的"个人网络"，因此趣味、愉悦、积极互动和增长意义是这一阶段建立有效的"个人学习网络"的根源；而当学习者处于贡献与参与阶段时,"学习者开始为学习网络做出积极的贡献,本质上使其成为一个可见的节点",而学习者的积极贡献和参与允许网络上的其他节点承认他/她的资源、贡献和想法,通过贡献与参与创造共享理解和互惠关系;反思和元认知则能够使得学习者的关联学习走向深度。

五个使能条件:基本技能是获得基础技术以及关联学习在线沟通技巧必须具备的,对学习计划是否能够成功实施起到决定作用;而动机的产生和维持通常植根于学习者之间的积极互动;在意识和认知条件下学习者必须认为学习具有意义(对自己有用),认为可以通过活动实现自己的学习目标,并意识到协作讨论的重要性,因此帮助学习者认识到其对团体活动贡献的重要性是这一阶段学习成功的条件;团体文化则表明学习者增加了对自尊和自我有用性的认识,并激发了持久参与和学习的动力,增加了积极的群体互动;而社会氛围是指对群体归属感以及共同主题的支持,使用信誉反馈以及尊重共同社会背景(通常默契)的协议有助于营造积极的社会氛围,使关联学习成为"可信赖"的环境。

3)基于 SCCS 的双联通教学设计模型

美国的 Sontag 博士为进一步研究关联主义对学习、教学的影响,以及更好地将关联主义运用到学习、教学中,提出了基于社会-认知双联通模式(SCCS)的双联通教学设计模型,如图 5-3 所示。该模型认为学习者具有社会联通和认知联通的双重能力,而学习设计应该基于社会联通和认知联通的双联通模式而进行。并且指出促

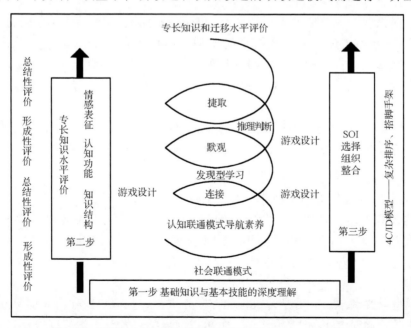

图 5-3　基于 SCCS 的双联通教学设计模型(Sontag,2009)

进学习者社会联通的主要方式有连接(link)、默观(lurk)、捷取(lunge)等(Brown, 2000)。其中,连接是指建立连接,并通过连接获取知识的交互行为;默观是指学习者通过观摩他人行为,从中总结学习经验并改变自己的行为;捷取是指学习者自主尝试新事物,学习新行为。该模型认为捷取、默观和连接是学习深度理解与认知螺旋式发展的基础,展示了如何通过教学设计促进学生的深度理解和学习的设计思路与方法。

此外,我国学者余胜泉等(2017)也提出了连接交互学习环境下的双螺旋深度学习模型,该模型是对双联通教学设计模型的继承和创新,展示了双联通学习的活动设计,按照学习由浅入深以及认知程度,学习活动依次可以设计三个层级:①接受层级,包括接受中学和做中学;②参与层级,包括联系中学、重构中学、比较中学、反思中学和交流中学;③贡献层级,包括创造中学和教中学。通过展示学习活动类别与知识建构的对应关系,该模型对于关联学习的活动设计和目标达成评估具有重要的参考价值。

3. 侧重于学习产出的模型

1) 面向构建个人学习网络的 3P 模型

Chatti 等在 2010 年以基于 Web2.0 的概念以及社会性软件的应用为背景,提出了基于构建个人学习网络视角的 3P 模型,3P 模型是对 21 世纪终身学习、非正式学习和个性化学习的回应。

该模型强调三个核心要素,即个性化(personalization)、参与(participation)和知识拉取(knowledge-Pull)。该模型的典型应用场景是社会性软件支持下的学习(即社会性学习),在该模型中,Chatti 等列举了 Web2.0 时代技术促进学习的关键要素以及知识主动获取方式的学习,并且指出学习的目标是持续的构建个人学习网络。

这一模型以学习就是构建网络的学习观为依据,以知识生态理论为基础,提出学习就是通过社会化的参与、个性化的知识获取而构建学习网络的过程。

2) 面向构建个人学习环境的教学法模型

Rahimi 等(2014)提出了教学法模型,如图 5-4 所示,该模型由四个部分构成:①学生的控制维度;②以学生为中心的教学方式;③基于 Web2.0 的学习潜能;④技术增强的学习活动。作者基于建构主义学习理论(Jonassen,1995)、社会建构主义学习理论(Vygotsky,1978)、联通学习理论(Siemens,2005)等构建了此教学法模型。

该模型以强调学习者对学习过程的控制为重点,强调自我导向的学习方式和学习支持服务。同时 Rahimi 等定义了三个可以促进学习者对于学习过程控制的维度:

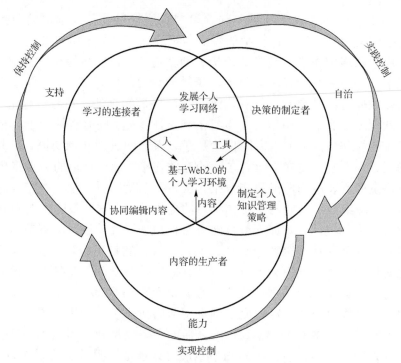

图 5-4 面向构建个人学习环境的教学法模型(Rahimi et al.，2014)

能力(认知能力以及可以促进学习者参加相关学习活动的经验)、支持(学习资源、课程结构、教师的引导和学习支架、社区专家等)、自治(学习者可以自由地选择他们可以学习的内容、学习的方式、学习的策略以及学习的时间等)。为了促进学习者积极地参与学习,该模型进一步对于学习者在学习过程中应该承担的角色进行了定位,并且设计了相关的学习支架和活动以促进学习者的角色塑造与学习的开展。因此,Rahimi 等将能力、支持和自治三个维度转换为三个学习者的角色,即内容的生产者、学习的连接者和决策的制定者。为了定义内容生产者的角色,该模型提供了可以促进学生认知能力发展的搜索、阅读、重构、评估和创造内容的技术与工具。

对于连接学习的角色,旨在促进学习者之间的分享、交流和协作等;在决策制定方面,该模型提供了相应的支持策略以发展他们的相应能力。因此,在关联学习的过程中,学习者承担多种角色,通过应用相关的工具、知识创造和人际交流来促进学习的向前发展。

5.1.3 关联学习模型的比较分析及启示

1. 关联学习模型的比较

学习的结构要素模型可以看作关联学习模型的起源,该模型侧重强调技术增强的学习环境平台和工具支持对关联学习的重要性以及关联学习的节点的建立与保持连接的有效性。根据该模型的观点与描述,可以得出学习者关联学习的过程中应该成为网络协作学习节点的连接者和塑造者。在网络协作过程中,学习者可以依据学习环境和平台以及自身的知识制造自己的学习节点,这些节点可以通过自己的知识储备和外界知识的获取进行不断发展和延伸,变得相对完善。这些节点的活跃程度和有效性由学习者本身的状态所决定,同时也依赖于其他节点与其相互联系与协作。各个节点之间也就是学习者之间进行知识交流,充分考虑模型周围的要素与要求,建立学习者之间的有效连接,最后众多的节点形成学习网络,达到该模型所表达的网络协作效果。从另一个角度看该模型,完成这样的有效连接,可以总结得出一些网络协作学习的促进策略。这些策略主要包括合理建立网络学习生态环境,有效提升节点的自身价值,发现并培育关键节点,保持信息流的畅通,加强连接和鼓励节点资源的共享等,它们可以进一步完善该模型,促进网络协作学习连接的有效建立,促进有效的关联学习。关联主义视角下的网络协作学习要素模型是对关联主义学习理论的重要概括,对关联学习起到一定的指示作用。该模型的产生一定程度上推进了网络协作学习的进一步发展,为当前时代的学习者带来许多有利影响,也给之后的学习模型建立提供了一些指导,同时很大程度上增强了学习者之间知识节点的有效连接,提升了关联学习的效率。在之后技术不断增强的过程中,模型还能进一步发展与完善,更好地服务于学习者关联学习。

网络学习空间模型构建了社交平台、知识网络平台交叉融合的学习环境,学习者在各类技术工具的支持下展开学习。一是利用社交网络平台促进学习的互动性,促进学习者与学习资源、不同学习者之间的有效交互。一方面采取不断循环的动态资源建设满足学习者对于多样化学习资源的需求,搜集与整理学习者在交流中产生的新资源、新信息,并将其纳入网络学习空间的资源流动中,不断生成新的知识节点,促进节点的动态更新。另一方面,促进不同学习者之间形成有效的学习共同体,进而促进知识的协同建构。二是利用知识网络平台优化知识的创生过程,加快知识的转化、流动与共享。在促进学习者完成知识识别与甄选过程中协助建立内部知识体系与外部知识的连接,完成知识内化的同时推动知识外化。三是利用工具沉浸型学习支持系统缓解网络学习认知负荷,促成高效轻松的在线学习。借助知识可视化工具将高度抽象的信息具体化,借助认知负荷分担与支持工具降低认知负荷水平,借助认知留存工具有效地支持高级思维活动,借助网络协作交流工具推动学习共同体的形成。

基于博客的连接交互模型对教学和学习的方式产生了积极的影响,并且提供了一个新的视角来审视教学中使用博客的情况。例如,在基于关联主义设计下的博客中,随着 Web2.0 技术和知识可视化技术的不断发展,教师和学生之间的角色也随之发生了改变,学习者从传统的被动学习转变为博客学习的中心,他们不仅要学会对自己的学习负责,也要对社会化学习网络中的其他学习者的学习负责;而教师在博客这个社会化学习的环境中,从传统学习过程中的中心者转变为学习者的辅助者,帮助他们在社会化的环境下更好地学习,确保网络中的学习者积极地参与到学习活动中。这就表明在关联主义学习模型下,教师和学习者的角色发生了根本性的变化,学习从传统的教学模式和明确的教师与学生之间的关系到在与其他学习者分享、讨论、思考中学习,教师也不再是学习知识的唯一来源,学习者可以利用一切外部环境帮助自己学习,从而持续学习的生态化。

基于 SCCS 的双联通教学设计模型是基于多种学习方式而构建的,它将多种学习方式有效地结合在一起,使新旧学习理念相互作用、相互补充,利用已有的学习理念,得到新的学习方式,满足学习者多方面的需要;该模型注重学习者数字导航素养的培养以及学习活动的设计,如基于 SCCS 的双联通教学设计模型中融入了游戏设计,让学生在情景中学习,加深学生对知识的理解;该模型注重学习目的设计,培养学习者社会联通和知识联通的培养,关联学习强调学习网络的建立,学习者需要学会在各种各样的资源中找到适合自己的资源,并与之建立联系,同时学习者最终要回归现实的学习环境,所以这就要求学习者在虚拟环境中得到的知识能力能够充分地利用在现实环境中;该模型强调学习环境的建立,学习环境决定学习者对所接收知识的思维方式和学习方式,不同的学习环境中的学习者进行相同内容的学习,最终得到的学习结果也是不同的,所以基于 SCCS 的双联通教学设计模型注重学习环境的建立,尽可能地为学习者提供与学习内容相适应的环境,提高学习者的学习效率,加深学习者的学习深度。

双螺旋深度学习模型以活动为主线设计了多维学习行为,能够让学习者进行深度学习。与教学设计模型不同的是:教学设计模型的发展方向是以“教”为中心→以“学”为中心,它过分强调教师的控制作用,忽视和限制了学生学习的积极性与主动性的发挥。而双螺旋深度学习模型则认为学习者和教师在该模型中处于平等地位且可以角色互换,可以大大提高学生在学习过程中的自主性和创新性。并且利用该双螺旋深度学习模型可以使学习者进行深层次、有意义的学习,深层次的学习强调知识意义的构建,需要较多认知投入,如编辑、重构、比较、绘制概念图等,往往组合和序列化多种简单学习行为,如探究、协作等。该模型还设计深度交互的学习活动,使学习者学会在复杂学习环境下处理相关问题,以此来提高学习者深层次认知加工的能力。该模型的学习主旨是利用蕴含在社会人际网络中的集体智慧,形成丰富的认知网络从而构建知识内容,通过创造性学习活动等以及基于活动的知识贡献与创造,构建群体的共享知识空间,达到深度学习的目的,具体的比较分析如表 5-1 所示。

表 5-1　关联学习模型的比较分析

关注点	代表性模型	共性	个性
学习预设	学习结构要素模型	体现了关联主义是混沌、网络、复杂性和自组织理论探索的原则。反映了学习网络被描述为一个节点，它始终是更大网络的一部分。网络由两个或更多节点组成，以便共享资源。节点的大小和强度取决于信息的集中程度和通过特定节点的人数(Downes, 2008)	分析了关联学习环境的构成，节点和交互连接及对于学习生态的重要性
学习过程	教学交互模型/基于博客的连接交互模型/基于学习阶段的经验模型/双联通教学设计模型/双螺旋深度学习模型等		教学行为模型展示了关联学习的连接交互学习行为，而过程性模型则回答了关联学习过程中学习者是如何进行群智汇聚和知识创造的问题
学习产出	面向构建个人学习环境的教学法模型/基于个人学习网络的3P学习模型		体现了关联学习的主旨，例如，如何通过学习构建联通交互的学习环境以及如何构建个人学习网络，通过知识创造和网络连接进行学习，创造社群共享知识库

1）关联学习模型的共性

关联学习模型的共性主要体现在：都从某一个侧面反映了关联学习的典型特征，如自主性、社会性、连接性和创造性，反映了连接主义教学法的核心本质(Siemens, 2005)。例如，通过对学习者节点以及资源节点、KNs 和 SNs 的联通视角来研究关联学习中节点联通的有效性等；基于节点、连接、网络构建的视角阐释关联学习的知识创造本质和特征；基于学习环境创设、社会，认知双网络的联通、学习过程的有效运行以及影响因素等方面，阐释了知识创造的学习主旨，揭示了学习的分布特性以及知识的分布式存储理念。双螺旋深度学习模型则从活动的视角阐释如何通过活动设计达到深度学习；基于博客的连接交互学习模型也从侧面解释了连接交互过程中学习者知识创造的路径与方法，即由学变教，新手到专家的过程等。除此之外，上述模型都认为学习是连接概念网络和社会资本的过程，尽管不同模型对于该理念的提法不一致，例如，有的模型用学习者节点和资源节点的方式进行表述，而有的模型用 KNs 和 SNs 的表述方式，但是其主旨是一样的，即关联学习是双联通进而构建学习网络的过程。

2）关联学习模型的个性

关联主义网络协作学习的要素模型重视学习者之间知识节点的有效连接，其总结得出的相关策略，例如，合理建立网络学习生态环境，有效提升节点的自身价值，发现并培育关键节点，保持信息流的畅通，加强连接和鼓励节点资源的共享等，对于关联学习的有效发生以及群体协作的深入发展具有重要的指导作用和启发意义。而基于 cMOOCs 的结构模型则非常清晰地展示了关联学习的基本要素以及这些要素与 cMOOCs 生态的协同作用和发展动态，对于我们认识关联学习的节点属性、节点之间的连接交互以及由于节点之间的连接互动而形成的学习生态都有重要的作用；基于认知投入的教学理论模型更为清晰地展示了关联环境下学习者的交互行为层级和认知投入程度，为关联学习的连接交互建立了分析框架，而基于博客的连接交互学习模型则展示了社会媒介环境下学习者之间连接交互关系的建立路径和社会互动方式。此外，双联通学习模型更为清晰地展示了如何进行认知联通和社会联通，并且提供了相应的教学设计策略和方法，而基于深度学习的双螺旋模型则为促进认知发展的多维学习活动设计以达到深度学习提供了参考。

2. 启示

自关联学习理论兴起以来，关于其学习现象和规律的探索便应运而生，通过对关联学习模型的研究分析发现，目前的关联学习规律和现象的探索还跟不上关联学习实践的发展。根据开篇构建的关联学习模型分析框架，从预设、过程及学习产出来看，目前的关联学习模型研究还处于起步阶段，对于学习者模型的研究还比较欠缺。例如，在学习预设的研究方面，对于课程特色和学习环境的研究虽有涉及，但是还没有明确的提出关联学习的课程设计模型；在学习过程方面，取得了一定的研究成果，对于关联学习的连接互动规律有了重大进展，但是目前的研究大部分集中于社会媒介环境下，对于专门的学习网站或者资源站点的技术增强型环境下的学习过程及其规律认识还处于起步阶段；而在学习产出部分，目前的研究者提出了深度学习指向和目标取向的关联学习设计思路与方法，但是在学习结果的测评等方面还鲜有研究。

具体来说，网络协作学习要素模型侧重节点之间的相互连接以及实现有效连接的重要因素和条件。网络协作学习节点之间可以实现多种连接，但不一定都是有效的。依据关联主义理论，该模型明确提出了建立有效连接的一些因素，各要素之间有一定的联系，没有工具和平台的助力，就谈不上网络协作的连接，有网络的工具和平台再加上各要素与条件都充分，才可能形成有效的节点连接。

从该模型看出，完成这样的有效连接，可以总结一些网络协作学习的促进策略。这些策略主要包括合理建立网络学习生态环境，有效提升节点的自身价值，发现并培育关键节点，保持信息流的畅通，加强连接和鼓励节点资源的共享等，它们可以进一步完善该模型，促进网络协作学习连接的有效建立。该模型是对关联主义学习理论的重要概括，它的产生一定程度上推进了网络协作学习的进一步发展，为当前时代的学习者带来许多有利影响，也给之后的学习模型的建立提供一些指导作用。

知识创造模型认为知识创造是基于个体与社区以及共同体网络之间的一种对话及协作，是个体观点产生以及与群体观点连接的过程，对话、协作与观点连接促进了知识创造与贡献。这一理论对于关联学习的过程设计具有重要的借鉴作用。

3P 模型强调了 Web2.0 时代的学习理念，首次提出了学习的网络隐喻(即学习就是构建个人学习网络），并就如何构建个人学习网络的要素进行了探讨，如个性化学习、社会化学习以及主动学习；同时该模型还指出学习不仅仅是社会化参与，更重要的是构建知识生态。3P 模型注重学习网络的构建以及学习的生态属性，可以说，代表了社会联通视角关联学习的发展趋势。

　　教学法模型则重点考察了学习者的角色定位，通过对学习支持服务的提供、学习活动的设计以及学习者学习轨迹与路径的研究，明确了在关联学习过程中学习者的角色定位以及如何通过自下而上的学习构建个人学习网络。

　　进一步分析上述各模型，可以看出，知识创造模型以知识创造为学习隐喻，强调知识在共同体空间的传播和创造；而面向学习过程的协同知识建构模型则以学习的参与隐喻为指导，强调个体和群体在关联学习过程中的参与分析及活动设计；面向构建个人学习网络的 3P 模型以学习的网络隐喻为指导，强调连接学习的重要性；基于教学法的学习者角色模型以学习是一种参与和学习是一种创造的学习隐喻为指导。

　　随着关联学习的发展以及网络时代新的学习理论的盛行，学习的创造隐喻和学习的网络联通隐喻逐渐成为关联学习的指导，课程内容与活动的整合设计逐渐成为促进知识内化和深层次学习的思路及方法；同时，在关联学习过程中，重视学习者的角色定位，强调学习者在学习网络中的连接与塑造、知识贡献与创造以及活动参与，以达到自下而上构建个人学习网络的目的是发展趋势之所在。

　　因此，结合对关联学习一般模型的分析以及王志军等(2016)对于关联学习生态的分析，本书初步归纳出重视学习预设、检测学习过程、评估学习生成的基于全学习过程的关联学习设计框架，并基于 SCCS 的环境基础，注重以学习者为中心，以学习的网络联通隐喻和学习的创造隐喻为指导，以自下而上构建个人学习网络的关联学习设计思路与方法(图 5-5)。

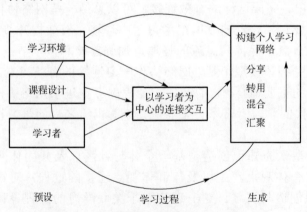

图 5-5　关联学习模型构建的思路与方法

5.2 技术增强关联学习模型的构建依据

5.2.1 技术增强关联学习的要素分析

关联学习是一种基于网络的群体协同进行知识建构和创造的学习，其具有在线社会学习的相关属性，因此在线学习和社会学习的相关研究成果可为其要素分析提供借鉴。其中，典型的研究如李随霞(2012)基于在线学习与社会学习结合的视角初步分解出了在线社会学习的相关要素，即学习者角色、内容单元、交互行为和学习环境，并且通过相关实验验证了这四个要素在社会交互学习过程中的重要作用，这一研究对于技术增强关联学习的要素分析具有重要的借鉴意义。

在技术增强的关联学习环境中，学习内容是以内容单元的形式呈现的，学习行为是基于人-知识-人以及人-人-知识的交互形式而展开的，学习环境是开放性的SKNs 关联学习环境，因此，学习者角色、内容单元、交互行为和学习环境(SKNs)构成了技术增强关联学习的基本要素(图 5-6)。

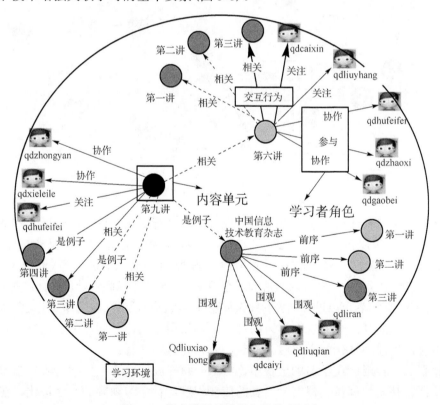

图 5-6 技术增强关联学习的基本要素

1. 节点(内容单元)

在技术增强的关联学习中，内容单元是一种动态、开放的课程单元，由教师和学习者共同开发，具有动态生成的属性。随着学习的进行，相同或者相似主题的内容单元逐渐聚合成为一个学习网络(图 5-7)。

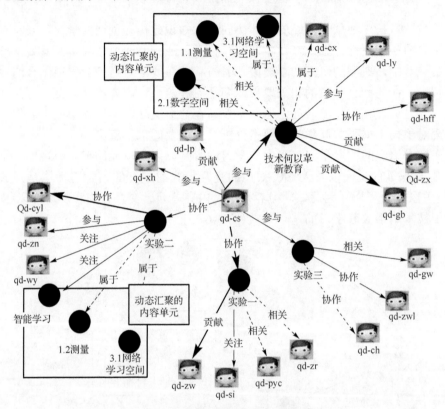

图 5-7　动态汇聚的内容单元

此外，学习者还可以基于网络状的内容单元进行汇聚、混合、转用、推动、分享、创造等(杨现民等，2013)，这些原则对于技术增强关联学习同样具有指导意义。

原则一：汇聚。在 SKNs 中，大部分内容是动态汇集的。通过语义关联技术将具有相同或者相似主题的内容单元聚合成为一个网络，以提供给课程的使用者，这些内容单元是开放的，学习者可以进行相关的知识贡献以及根据自己的兴趣选择要学习的内容。

原则二：混合。学习者在学习的过程中可以根据自己的学习需要进行内容的重组和混合，构建个性化的学习网络，对内容单元进行选择。

原则三：转用。在学习的过程中，SKNs 的开放性允许任何学习者对学习内容进行编撰、补充和创新，根据学习者的信任程度进行学习内容的有序进化，在群智汇聚的情况下，学习者实现了对学习内容的转用。

原则四：推动分享。通过分享推荐、上传资源、同伴评价、资源投票等活动，学习者可以进行知识分享与相关资源的补充。通过社会化的分享行为，产生更多的内容单元，促进内容的群体扩散，引发社会联通和复杂联通的规模学习效应。

最为重要的是，结合技术增强关联学习环境的创造性属性，本书形成了一条新的原则。

原则五：创造。学习者积极地创建学习内容，通过推动知识分享与传播，不断提升学习内容的水平，达到教学水平，并且学习者可以通过教中学的方式促进创造的学习内容的进一步扩散。

在技术增强的关联学习环境下，最初的内容单元将成为知识社区学习的基础，每个学习者通过参与相应的学习活动，进行相应的社会化交互与社区知识的建构、分享和创造，从而促进学习内容的补充和进化。随着学习的进行，个体的知识逐渐外化为社区的知识，基于学习者个体的分散的、无序的知识逐渐凝练成集体的有序的知识，通过群体的不断社会化交互，SKNs 进行螺旋式的演化和发展，最终通过自上而下的知识吸收和内化促进学习者的学习。由此可见，在基于 SKNs 的技术增强学习过程中，知识是共建共享的，初始阶段的内容是知识发展的土壤，活动则是知识扩散和创造的载体，而关联学习正是通过课程、资源和活动整合的方式促进了网络的生态发展。

2. 交互行为

刘永娜等(2015)对交互的研究进行了分析：其一是从交互的心理学视角，主要研究社会存在感；其二是从交互的行为视角，主要研究交互行为。本部分主要基于第二种视角，即研究 SKNs 的交互行为。

SKNs 环境展示了两种交互的过程与具体的操作类型(图 5-8)：其一是个体/群体学习者和学习内容的交互，即学习者对当前的学习内容(基于具体的学习单元)进行批注、编辑之后，其他学习者可以继续评论。也就是说，学习者对于当前学习内容的操作会反馈给其他学习者，而学习者也能及时地看到来自其他学习者对于当前内容的协作创造，因此，这是一种基于人-知识-人的交互方式，重在以内容为媒介的知识交互；其二是学习者与学习者、专家、同伴等之间的交互，基于人与人之间的信息或者邮件交互而获得知识，这是一种基于人-人-知识的交互方式，重在以人为媒介的社会交互。

进一步分析发现：在以内容为媒介的知识交互过程中，学习者可以学习当前的内容单元，基于当前的内容单元进行交流、协商、创造、评论等，通过获取相关的学习内容(社会性分享)—对当前学习内容的编辑、修改等(社会性协作)—对当前知识进行分享与推荐(社会性知识扩散)—社会性创造，在整个学习的过程中，学习者和当前的学习内容以及与此内容相关的学习者进行交流和互动。

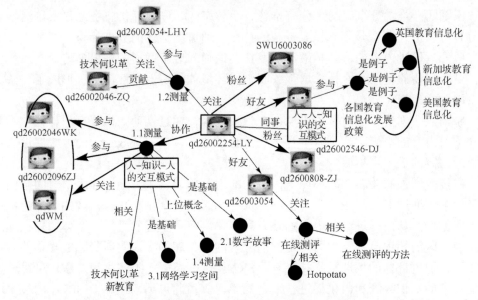

图 5-8　基于单个内容单元的连接交互行为

随着学习者与内容单元的交互，SKNs 会动态实时地生成，学习者可以看到与此内容相关的用户，进而获取更多的与此用户相关的学习资源，并获取相关的用户等，通过不断的连接学习，逐渐形成了更为丰富的学习网络，更多的内容单元与学习者进行了连接，从而保证整个网络的动态发展。

可以看出，在以内容为媒介的知识交互过程中，通过人-知识-人的交互模式将与此内容单元相关的学习者进行了联通，人是学习的内容。而学习者之间的社会交互则是在 SKNs 中，以人-人-知识为交互模式的学习模式，是学习者通过连接相关的学习者以及同伴，进而获取与该同伴或者学习者相关的知识节点的过程，在这种人-人-知识的交互过程中，人是知识的管道和媒介。

基于人-知识-人的交互模式反映了技术增强关联学习的主题聚合特征，正是由于 SKNs 能够将具有共同兴趣的学习者聚合起来，围绕当前的学习主题形成小的社群和开放知识社区，这一特性赋予了关联学习的群体协同的动力和策略。学习者可以进入某一个主题相关的社群进行学习，或者可以同时参与多个类似主题社群的学习，因此，相同或者相似主题的社群聚合为拓展学习的广度奠定了基础。

基于人-人-知识的交互模式反映了 SKNs 的关系聚合特征，学习者在学习的过程中，可以根据个体学习兴趣以及爱好的不同等，选择相应的学习者或者专家作为好友、密友以及粉丝、观众等，从而形成 SNs，这种根据社会化互动的程度以及关系的紧密程度而构建的 SNs 进一步为知识的获得提供了管道和媒介，通过查看好友的学习路径、学习轨迹、学习空间以及学习动态等，可以连接更多的知识单元进行学习。同时，在基于关系聚合的好友社群中，个体表达成为学习者的关键词，这一特点也将成为关联学习中观点连接的关键。

在技术增强环境下，正是由于人-知识-人以及人-人-知识两种交互模式与行为，关联学习得以持续并深入。

3. SKNs 环境

王佑镁和祝智庭(2006)在《从联结主义到联通主义：学习理论的新取向》一文中对于信息时代学习者和学习环境的关系变迁进行了描述，从三代学习理论的变迁(行为主义、认知主义和联通主义)分析了个体和学习环境的交互作用，如图 5-9 所示。

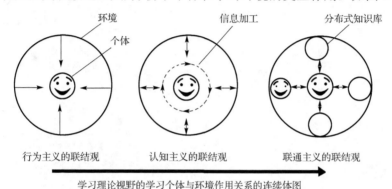

行为主义的联结观　　认知主义的联结观　　联通主义的联结观

学习理论视野的学习个体与环境作用关系的连续体图

图 5-9　三代学习理论的变迁及个体与学习环境联结的演化(王佑镁等，2006)

这一表述充分地考虑了学习发生过程中个体和环境联结的演化，从早期的行为主义联结，到认知主义的信息加工，再到联通主义理论下的分布式认知联结观点，这一个体与环境的变迁充分地考虑了知识的分布性以及学习的社会属性，以及群体认知和共享对于学习的重要性(王佑镁等，2006)。

而基于 SKNs 的学习环境更是一种基于社会性知识分享、传播和创造的复杂、分布式学习，在个体和环境的交互过程中，网络的节点是"人"和"知识"，承载分布式知识库的管道和媒介可以是知识节点或者与此节点相关的社会资本，因此，在这种学习环境中，知识节点通过群体的认知和协同而得到不断的知识扩散、知识传播和知识创造。知识是一个动态变化的发展过程，学习者只要与当前联通知识的媒介(内容单元或者学习者)保持联通，则可以随时获得个人学习网络的生态性。

从知识建构与社区知识创造的角度来看，SKNs 提供了一个生态学属性的开放的网络学习环境(图 5-10)，学习者通过知识的贡献和创造不断促进知识节点的进化，通过学习者的分布式和认知与在关系中学习的方式，保持知识节点的实时更新。随着学习的不断进行，知识社区中的知识逐步增加，从个体层面的知识扩散到集体层面的公共知识，知识通过集体智慧得到了不断的进化(杨现民等，2013)。

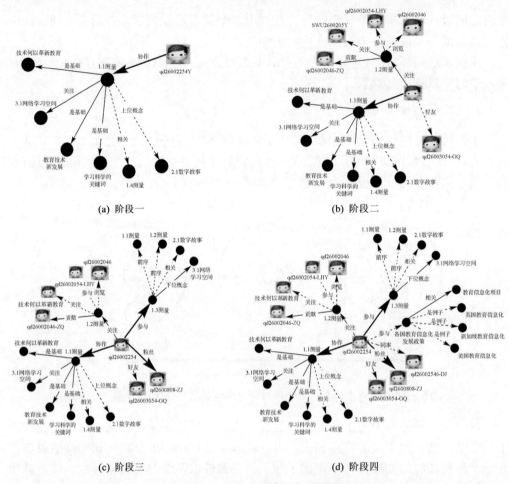

(a) 阶段一　　　　　　　　　　　　(b) 阶段二

(c) 阶段三　　　　　　　　　　　　(d) 阶段四

图 5-10　SKNs 环境的发展演化

　　从本质上来说，基于 SKNs 的学习是一种典型的"分布式认知(distributed cognition)"和"关系中学习(learning by relationships)"的模式(冯锐等，2013)。通过在 KNs 和 SNs 中各种人与知识，知识与知识以及人与人之间的连接关系的建立来促进个人的分布式认知和学习网络的构建。认知不仅仅分布在物化资源的 KNs 中，更为重要的是认知还分布在人力资源即 SNs 中，通过学习者的实时联通来构建个人的学习网络和知识生态。通过各种网络节点连接各种关系，从而为个人的关联学习提供新的管道和媒介，随着学习的不断进行，知识生态网络逐渐得到拓展，一些关键的节点逐渐进入永久连接(always on)的状态。

　　因此，SKNs 学习环境是一个连接学习网络中的用户节点和知识节点，促进知识贡献和创造以塑造新的网络节点的生态环境。

4. 角色

技术的发展以及新的学习理论的兴起促进了学习者角色的转化，传统的关联学习过程中，学习者是在分工明确的小组活动中完成相关任务，这种学习来自自上而下的学习要求和学习进展需求。而在技术增强的关联学习背景下，学习是一种自下而上的学习行为，由此塑造了新型的师生角色。

(1)教师角色：课程促进者、影响者和学习网络的塑造者(王志军等，2014)。

技术增强的关联学习中，教师将成为课程的促进者和引导者，教师由课程的控制者变为组织者，教师的作用是影响或者塑造学习者的学习网络。如乔治·西门思认为，教师应该塑造放大、策展、促进社会化和聚合的角色(李青等，2012)。这一观点对于技术增强关联学习具有同样的借鉴意义，可以说，教师是关联学习中的重要节点，其作用主要体现在以下几个方面。

①放大。在技术增强的关联学习中，学习者通常会关注学习专家和具有较高贡献值的兴趣伙伴，这些人成为学习网络的重要节点，在关联学习的过程中起到标杆和榜样的作用，因此，这些学习者的相关学习行为可能会被放大和深度解读。

②策展。在技术增强的关联学习环境中，基于主动聚合与实时贡献的共享知识库和社会认知网络，学习者的相关学习反思、学习交流会成为重要的策展方式，教师通过与学习者的对话、评论等进行关键概念的分享和深度理解；而学习者通过不断地促进分享对相关概念进行策展。

③促进社会化。社群互动和群体知识扩散与创造成为技术增强关联学习的重要特点，因此，教师最为主要的任务是对学习过程进行实时的监控和把握，促进学习者的社会化。

④聚合。在技术增强的关联学习过程中，教师需要对学习者的网络进行重塑，帮助学习者保持学习管道的联通，并将相关的知识节点向学习者进行聚合输送，促进社群探究和知识共享。

总的来说，教师的角色将更加灵活，围绕学习者的学习连接和知识创造，教师要实时地帮助学习者进行学习网络的塑造，进行相关学习内容的策展和推送等。

(2)学习者角色：连接者、塑造者和创造者。

在技术增强的关联学习环境下，知识存在于不同的网络单元中，学习者通过在不同人群、不同领域、观点和概念之间发现连接、识别范式和创建意义进行学习，通过连接知识节点进行意义识别与知识建构，通过与内容单元的交互进行网络节点的重塑，进而创造新的节点，成为他人连接的管道与媒介。

在基于单个内容单元的关联学习过程中，连接交互促进了网络节点的重塑和进化，保证了单个网络节点的实时更新，而随着学习的进行，与此网络节点联通的其他学习者也能够及时地获取该节点的最新知识状态，从而保持网络中知识节点和人的节点的及时联通。

同时，在技术增强的关联学习环境下，学习不是传输给学生预定的知识，而是通过不断的知识建构逐渐生成新知识的过程，学习的理念由预设走向生成。学习超越了个体的知识分享和传播层面，走向基于群体生成的贡献和创造，同时，学习超越了个体层面的知识接受，走向以创造公共知识社区的集体知识为目标的道路。随着学习的逐步进行，基于内容单元聚合的学习者逐渐增多，在技术增强的关联学习环境下，学习者可以进一步连接知识节点以及相关的社会资本（目的是查看与此内容相关的学习者，以便寻找更多的内容单元），因此，整个学习的过程中，连接与塑造持续进行。

因此，学习者是内容的连接者、学习活动的参与者以及网络节点的塑造者。学习者通过学习内容与其他学习者以及专家进行联通。同时，他们需要和原始节点进行实时联通；为了增进连接，他们还需要进一步对原始节点提供实时反馈，这一特点反映了关联学习的生态特性。

同时，学习者通过连接交互学习活动的参与联通教师和专家，将自己的成果进行分享，或者进行知识的扩散等，学习者的角色将变得多元化，突破了传统知识社区中学习的推进者，意见领袖、观望者等角色。学习者将成为学习网络的连接者和塑造者、学习活动的社会化参与者以及知识内容的贡献者和创造者。

5.2.2　技术增强关联学习的特征

1. 关联学习的特征分析

随着时代的进步，计算机与信息技术不断成熟，人手一部计算机已经成为现实，高度发达的互联网使人与人之间的距离无限接近，使世界变小。通过计算机和网络，人们可以在第一时间看到世界各地发生的各种事情，在网络上，人们可以得到各种各样不同的丰富的资源，在信息爆炸的时代下，人们的学习方式发生了巨大的改变，关联学习就是顺应时代发展要求的一种新的学习方式，相应呈现了新的学习特点，如复杂性，混沌性等。关联学习是一种基于网络的学习，技术对关联学习有着至关重要的意义，先进的技术可以使我们更有效地建立学习网络，更快速地获得有用信息，更高效率地进行知识的消化吸收。例如，RSS 的简易聚合功能可以让我们不需要打开相应网站，就直接使用桌面程序或内置浏览器按照自己的需要接收信息，TrackBack 及一些特定软件用户可以通过提示的友情链接跟踪获取有用的链接信息和其他用户的动态信息(黎静，2011)。所以技术是关联学习重要的一部分，技术增强的关联学习可以让我们更高效地完成学习目标，取得更突出的学习成果。如同关联主义所指出的那样，知识/学习可以存在于非人类的设备上，技术能够为学习提供方便。

在关联学习发展早期，社交网络是关联学习的主要技术环境。通过社交网络，学习者可以更加方便地找到与自己学习内容方向相同的人，与更多的学习者建立联系，获得更多的资源，拥有更多的选择，丰富自己的资源获得通道，学习者的学习更加具有自主性和自发性，进而改变学习的深度。此外，学习型社交网站的兴起也为关联学习提供了良好的学习环境（冯锐等，2013）。总体而言，这一时期的关联学习主要呈现出以下特征。

灵活性：在技术的支持下，学生不需要拘泥于教师和课本，学习者可以通过社交网媒，建立学习网络，寻找学习通道，根据自己的需要和兴趣，吸收接纳不同的知识。同时关联学习没有一个固定的课程结构，每个阶段的课程设计根据当时段学习者的学习进度、接受能力而定，使学习者更容易进入学习(樊文强，2012)。同时社交型的学习环境可以对学习者的学习进度、作业完成情况、测试等活动进行分析并反馈给学习者，学习者可以根据这些反馈，及时调整自己的学习思路，转变适合自己的学习方法。与以前的集体课堂授课的形式不同，学习者不需要迁就大多数人的学习习惯和学习方式，每个人都可以根据自己的具体情况选择适合自己的学习方案。因此每个学习者的能力都能够得到充分的发挥与使用，也可以得到更多的回报。

自主性：关联学习注重培养学习者的自主性，虽然在关联学习中也有管理者和协作者，但他们的作用仅仅是帮助学习者找到更多更恰当的资源，督促学习者构建学习网络，真正对知识的接受和理解都要靠学习者自身的素质。技术的成熟使各种社交工具、学习网站等拥有更丰富、更友好、更强大的功能，学习者获得信息的方式不仅仅是课堂和教师，学习者可以随时随地不受时空限制地在各种网站软件上获取自己想要的信息，接触更多具有共同学习兴趣的人等。这种社交环境为学习者建立学习网络提供了便利，有助于提高学习的自主性和积极性。

社会性：关联学习的一切活动都是在社会交互中进行的，学习者通过社会互动寻找自己需要的信息资源，在寻找资源的过程中与其他学习者进行社会交互，学习者之间共享资源，相互督促和合作讨论，随着社会互动的逐步深入，关联学习也得以持续进行。

连接性：关联学习强调"学习是一个建立、构建学习网络的过程"，根据关联学习的八条原则可知，在关联学习中最重要的不是掌握了多少知识，而是寻找知识的能力。在资源匮乏的时代，掌握知识的多少是学习的目的，而现在学习寻找知识，建立学习通道才是学习的目的。学习者的信息获取方式并不是单一的，而是丰富多样的，学习者可以通过学习网站得到有效信息，可以通过新闻报道得到信息，可以通过资料文献获得信息，甚至可以通过其他学习者获得信息，而学习者通过这些方式获得信息的同时就与各节点建立了联系，构成了一个简单的学习网络，成为学习者大的学习网络中的一部分。

分布性：网络中的学习者分布在世界各地，而网络所提供的信息和资源也呈现出了分布式存储的典型特征。在此背景下，网络中的人和资源实体都成为承载知识的节点，而关联学习则需要学习者联通节点，进行分布式认知。学习者可以通过社交网络联通人的节点获取资源和信息进行学习，也可以通过人寻找更多的知识节点进行学习，体现了学习的分布性。

泛在性：社交型的关联学习使学习者的学习不再需要受时间和空间的限制，学习者可以在任何时间任何地点进行学习，每时每刻都可以是学习的时间，学习者的学习不再是被动地进行，而是主动地探索。这种任何时间，任何地点都可以进行的学习具有学习的泛在性特点，学习者可以学习任何自己想学习的内容，也可以采用任何自己想采用的方式进行学习，大大提升了学习的灵活性。

2. 技术增强关联学习的特征分析

从 KNs 发展到 SNs，以及现在的 SKNs，关联学习研究视角以及学习隐喻发生了变迁，学习特征也呈现出不同的特性（表 5-2），关联学习从分享与协商逐步走向连接和创造，SKNs 不仅仅是技术增强的关联学习环境，也代表了一种全新的学习形态和学习者身份，SKNs 视角的学习不仅强调与已有节点之间的连接，还强调在学习过程中通过知识创造的方式创造新的网络节点，成为他人连接网络的管道和媒介。从关联学习的发展过程看，早期的 KNs 重在知识的获得和重组，生态学理念下的 KNs 重在知识的创造，SNs 的学习过程重在分享、协商与交流，而 SKNs 的学习则强调学习过程中的协作与创造。

表 5-2　关联学习的发展及学习特征比较

维度	KNs	SNs	SKNs
学习活动	重构中学，贡献中学	交流中学	创造中学
学习过程	获得与重组	分享、协商与交流	协作与创造
学习方式	建构学习	协作学习	连接学习

进一步深入分析三种不同网络的学习活动、学习过程以及学习方式发现，SKNs（技术增强的关联学习）呈现出了不同的特征。

知识的碎片与重构："知识的碎片化"是网络时代学习过程中的巨大挑战，虽然一方面丰富了学习资源，给我们提供了更多的知识获取平台，但另一方面也给学习带来了巨大的不便，学习与获取知识比较杂乱，难以形成系统完整的知识体系。碎片化知识大都通过网络手段的分享来获取，缺少网络学习者节点之间的相互交流，技术增强的关联学习理论，不仅强调建立与已有知识节点之间的连接，还强调知识创造网络节点，碎片化知识形成连接，让学习成为一种"模式"，并对碎片化知识进行重构。将碎片化的知识进行有效的整理归纳过程，王竹立（2011a）称其为零存整取的学习策略。零存整取策略是不断地对碎片化知识进行揭示与探索，寻找和发现其中未知的特点与内在的联系，之后重新通过节点将这些知识进行重组，并形成信息流，在节点之间相互交流，完成知识的重构。通过 SKNs 对碎片知识进行节点连接，学习者对碎片知识进行重新组合与调整，并进行知识的再创造，有效完成了对碎片化知识的重构。

节点的联通与塑造：关联学习是基于 SKNs 进行的，SKNs 为节点的联通和塑造提供了土壤和条件。在 SKNs 中节点既可以是学习者、专家等，也可以是各种知识资源等。节点的联通即节点之间的连接，节点的连接大致分为三种，即人与人的连接、人与知识资源的连接以及知识资源之间的连接。人与人的连接包括学习者与其他学习者、专家、教师之间的连接，在关联学习中，人也是获取信息资源的重要途径之一，学习者根据自己的学习目的、兴趣需求寻找其他学习者或专家等，与他们交流、共享信息，同时将自己获得的信息与已有的知识进行联通，创造新知识，寻找对自己有帮助的知识信息，使之成为自己学习网络中的一部分，并与之建立联系，内化，成为自己学习内容的一部分；人与知识资源的连接指的是在连接交互的过程中，人通过与知识资源的交互（协作，编辑，收藏，浏览）等形成了人与知识资源的交互关系；知识资源间的联系，即每个知识点都不是独立存在的，将自己接触到的各种知识联系起来并建立逻辑关系，或将自己学习网络内部的知识与外部的知识连接起来并建立联系，产生新的知识，使每个信息可以发挥更大的作用。只有将各节点有效地联系在一起，才能建立一个完整的学习网络，形成知识流，这样学习网络中的知识才能流动起来，网络中的信息才能够得到及时更新和吸收，这样每个节点的联系更加紧密，相互之间的影响就会更大，那么每个节点间的资源信息就能够得到有效的利用。

交互的复杂与多元：交互是学习主体通过媒介对所指定的对象进行的交互，主要涉及交互的主体、交互的对象和交互的媒介三大要素。其中，交互的主体主要是指人，人通过"人-知识-人""知识-人-知识"的形式进行多维化交互(余胜泉等，2017)；交互的对象是指主体活动所指定的事物；交互的媒介则是指不同类型的工具，即材料工具以及精神工具等(刘大军等，2015)。随着学习者的不断深入探讨，多元交互逐步呈现出复杂交互的特征。关联学习的复杂交互以实现知识创生为目的，强调运用现代 Web2.0 的技术，通过学习主体在媒介环境中进行知识的共享和相互合作，共同开发新知识。在整个过程中，复杂交互和多元交互打破了传统的学习模式，将学习的理论与实践结合，连接各种学习场所，使得师生关系从"单向"走向"双向"，学习者将成为学习的中心，而教师将更多地作为学习者的帮助者。

思维的联通与再造：在技术增强的关联学习语境中，KNs 和 SNs 是协同互动、相互渗透与相互转化的，为个体内部认知网络与外部认知网络的动态联结与转化提供了可能，这是深度学习可持续发展的保证(余胜泉等，2017)。基于 SKNs 的学习是一种连接学习和创造学习，学习者与 KNs 的交互行为重在知识体系的获得、重组和创造，通过 KNs，学习者可以在学习者、教师之间建立动态联系，共享学习过程中的社会资本，满足社会交互的学习需要；通过 SNs，知识节点通过群体的认知和协同得到不断的知识扩散、知识传播和知识创造。学习者只要和当前联通的媒介(内容单元或者学习者)保持联通,就可以随时获得个人学习网络的生态性。在整个学习的过程中,个人通过 KNs 和 SNs 促进思维的联通与再造,促进个体内部认知网络与外部认知网络的连接和转化(余胜泉等,2017)。

5.2.3　技术增强关联学习的属性分析

人的社会属性使得每一个人都成为社会关系网络中的一个节点,每一个人都与他人有着错综复杂的关系连接;学习行为的发生往往是通过这些连接与他人产生各种各样的互动,从而帮助学习目的的达成(Cho et al.,2005)。

从根本上来说,人类的学习是一个社会化的过程而非简单的个体行为,而学习的社会性是从三个方面来体现的,即知识的社会性、学习者的社会性和学习过程的社会性(李随霞,2012)。SKNs 环境的创设为实现知识的社会性、学习过程的社会性以及学习者的社会性提供了可能。

关于知识的社会性,无论科学家在实验室制造出来的知识,还是普通大众在生活中逐步交流、协商、积累起来的知识,得以流传和保存下来的知识归根结底是社会选择与社会性传承的结果。那种编码的、明确的知识,是在一定的社会体制中有意识选择的结果,那些更具民间性的知识,更多的是社会适应和无意识选择的结果。关于知识的社会性,众多学习者进行了强调,如 Polanyi(2009)、Wenger(1998)等,因为对于知识的社会性的认知,知识不可能只存在于物化的学习内容中,知识是分布在社会群体中的。而 Chatti 等(2010)则对于知识的本质进行了明确的界定,一针见血地指出:"知识在本质上是个性化的、社会化的、分布式的、泛在的、动态的、非线性的、流动的和复杂的。"

关于学习者的社会性,教育家杜威的"做中学"理念很好地诠释了这一思想。如同其他众多的学者所认为的那样,个体的学习是一个逐步社会化的过程,每一个社会化的发展阶段都要受到社会文化的制约,正是学习者的社会性差异,才促进了学习者之间的沟通、交流和互动等连接交互学习行为的发生。

关于学习过程的社会性,旨在强调学习过程中不同认知主体的交互和协作对于知识建构的重要作用,学习过程正是有了交流和对话,学习和教学才与传播模式的知识灌输活动区别开来,学习过程的社会性还要求将学习置于一种社会环境中而成为真实的社会实践活动。网络环境中学习的社会性体现在把学习看作一种社会性的行为,在技术丰富的社会中,社会主体经过社会交互、观察、参与从而发生学习的过程。

可以说,学习过程的社会性,旨在强调协商和互动对于意义建构的重要作用,强调群体的学习行为对于学习的深远影响,强调学习的社会情境性以及学习任务的实践指向性等。

在技术增强的关联学习中,知识分布在不同的网络节点中(学习者节点与内容单元节点),基于内容单元将学习者进行聚合与连接,体现了学习者的社会性;而通过学习活动的社会性参与,对当前的内容进行协作与创造,体现了学习过程的社会性;基于内容单元的知识贡献与创造则体现了学习内容的社会性,即社会性联通属性,下面择其要而论。

1. 学习过程的社会性

在学习的网络联通隐喻和学习的创造隐喻下,技术增强的关联学习通过活动进行知识接受、知识分享、知识贡献以及知识创造,在社会化互动中构建群体的知识空间,形成群体的 SKNs 共享知识库,在构建群体共享知识库的系列交互活动中,协作中学、分享中学、交流中学等是社会联通常见的活动形式,而创造中学则是其最高活动层次,也是基于社会性知识贡献、传播、创造而形成共享知识的根本,在技术增强的关联学习视角下,学习者不仅能够通过协同批注等贡献知识,最主要的是可以通过创造数字制品以及创建新的内容单元等形式创建新的网络节点,从而使得创造中学成为可能,实现学习过程的社会性。

2. 学习内容的社会性

创造一词在《辞海》中的解释为"做出前所未有的事情"(辞海编辑委员会,1999),而在行为创造学中,创造的本质是其新颖性(庄寿强,2004)。

新颖性即"前所未有"的意思,而顾名思义知识创造就是"新知识"的出现,是在个人的想法、直觉、经验、灵感的基础上通过显性知识(包括结构化和非结构化知识)和隐性知识之间的相互转化过程,在某种共享环境的影响下,将想法、直觉、经验、灵感等具体化为新知识的过程(樊治平等,2006)。

根据知识创造主体的不同,可以将其分为个人、团队、组织、组织间知识创造四个层次(Nonaka et al.,2007),而在 SKNs 的学习范式下,群体性知识创造显得尤为重要。

在技术增强关联学习的过程中,学习单元能够促进个体的认知、思考和社会化参与,以用户为中心、自下而上的学习方式使得分享、反思、修正与创造知识成为可能。

同时,学习内容是开放的、灵活的、动态的、可重组和聚合的,为用户的社会化参与知识创造提供了可能。而要促进这一知识创造的学习过程的发生,必须要在学习的过程中,通过设置情境性的、个性化的学习任务与活动来完成;通过群体知识建构的形式进行知识的贡献与创造,成员之间的交互与协商、对话与合作是学习过程的关键所在,通过个体知识外化、社会化、群体知识内化,以及共同体知识的扩散与创造构建群体的共享知识库,从而实现了学习内容的社会性来源。

3. 学习者的社会性

随着技术的发展以及关联学习理论的兴起，新技术、新媒介的发展为社会联通和复杂联通提供了新的基础与条件，众多具有不同背景的学习者聚合在一个共享知识空间和共享知识库中，学习者的社会性得到了充分体现。获取知识的管道和媒介由原来的单一的"学习内容"演变为学习内容以及与此内容相关的学习者，通过与此内容相关的学习者的聚类，进而构建连接交互学习共同体。

这是一种联通内容背后的人，构建个人学习网络的过程，由于"人是一切社会关系的综合"，社群共享知识库通过连接学习体现了学习者的社会性，将具有不同文化背景、不同知识储备的学习者连接了起来，构成了一个巨大的社会认知网络，学习者之间由于文化、认知以及其他方面的差异，在学习的时候更容易出现认知冲突，从而促进社会联通和社会知识建构向深度发展。

综上所述，对技术增强关联学习属性进行进一步归纳，从学习过程层面来看，学习者是知识的贡献者和创造者；从学习的活动层面来看，学习者是学习活动的社会化参与者；从学习的形式层面来看，学习者是学习网络的连接者和塑造者。

这三个层面体现了社会联通和复杂联通的典型特点，即学习内容的社会性来源、学习过程的社会性参与以及学习者的社会性属性。具体表现在通过知识贡献与创造的过程性参与，体现学习内容的社会性来源；通过连接交互学习活动，体现了学习的社会性建构过程；通过连接学习，体现了学习者的社会性属性。

5.2.4　技术增强关联学习的交互分析

1. 学习网络的连接与塑造

技术增强环境中学习网络的连接包括知识与知识，知识与人，人与人之间的连接三个方面。其中，人的节点和知识的节点是连接的基础，是连接学习网络和塑造学习网络的核心。

对于学习网络的连接和塑造，余胜泉等(2017)提出双螺旋深度学习模型，这个模型是对技术增强关联学习背景下学习网络连接和塑造的深入解读。该模型认为学习网络的连接与塑造应该包括 KNs 和 SNs 两个方面。在学习的起始阶段，KNs 和 SNs 得以初步构建；随着学习交互的不断深入，SNs 逐步拓展，KNs 逐步形成；在学习的最后阶段，学习者主动塑造和连接网络，通过各种学习活动和知识创造促进 SKNs 的形成与发展。

在技术增强的关联学习语境中，学习管道从单纯的"人"走向"人"与"知识"的双重视角，由此促生了一种新的学习方式，即连接学习。学习的范式将从传统意义上的建构学习走向新关联学习时代的连接学习。在整个学习网络构建过程中，学习网络的节点可以是人或者知识，通过连接拓展与构建个人网络的过程就是促进个体关联学习深度与广度的过程，也是个体内部认知网络与外部认知网络的连接和转化的过程。在学习的过程中，通过 KNs 与 SNs 的双重连接，诠释了在新媒体、新技术与新理论的支持下如何进行"从哪里学"的学习理念。

2. 学习活动的社会化参与

网络节点的数量以及网络节点的层级可以看出知识扩散的路径、连接交互的广度和知识建构与创造程度，因此可以用网络节点的数量和层级来评估技术增强关联学习的广度与深度，若学习者在学习过程中进行了较多的知识贡献，如小组协作、协同编辑、创造数字制品等，则会在 SKNs 中获得更多的节点数量和到达更高的节点层级。相应层次的认知目标能够通过认知层级所对应的学习活动来达成，在线学习中，学习活动及其序列设计，是促进高阶思维发展的桥梁与阶梯。

布鲁姆和安德森提出，不同的认知层次对应不同的外显行为要求，不同的外显行为可以通过不同的在线学习活动设计来实现。技术增强的关联学习可设计不同的认知层次学习活动，以支持学习过程中的深度认知投入（余胜泉等，2017）。在具体的学习过程中，最初的内容单元将成为知识社区学习的基础，每个学习者通过相应的学习活动，进行相应的社会交互以及知识构建、分享与创造，从而促进学习活动社会化参与的持续。

3. 学习内容的贡献与创造

学习内容主要是知识，学习内容的创造即知识的创造。Nonaka 等（2000）认为，知识分为显性知识和隐性知识两种。显性知识是指具体的可以清楚地表示出来的知识；隐性知识是指抽象的由学习者的各种经历得到的会在经验能力等中表现出来的知识。在其提出的知识创造模型中，知识的创造过程有四个阶段，分别是意义化阶段、外化阶段、连接化阶段和内化阶段。在意义化阶段，学习者对其他人的观察学习而得到隐性知识，是隐性知识到隐性知识的阶段；在外化阶段，学习者通过语言手势等将自己的隐性知识表达出来，是隐性知识到显性知识的阶段；在连接化阶段，学习网络中的学习者将每个人外化的显性知识进行处理、整合使之成为一体，是显性知识到显示知识的阶段；在内化阶段，学习者将前一阶段整合的知识分解，各自吸收，使之转化为自己的隐性知识，是显性知识到隐性知识阶段。知识的创造就是显性知识与隐性知识不断作用的过程。

技术增强的关联学习是基于 SKNs 进行的，在这个网络中，我们不能单方面地接收或者提供信息，学习网络中的信息是多向流动的，所以学习内容的贡献与创造是我们对关联学习评价的一个重要因素，学习网络中的每一个人都要积极创造并贡献学习内容，同时不断消化吸收其他学习者的知识信息，与自己已有的知识进行碰撞升华，这样学习网络中的知识才得以不断地流动起来，学习者的学习活动才能更有深度和广度。基于 SKNs 的学习过程是社会化知识的生成、汇聚、分享与扩散的过程，其中用户对于知识的贡献与创造具有至关重要的作用，因此，在基于 SKNs 的学习过程中，对话与协作、连接与创造是其中的关键词，而技术的发展以及 SKNs 学习环境则为连接和创造提供了可能。

5.3　技术增强关联学习的模型构建

结合技术增强关联学习的构建依据，本节进一步分析了技术增强环境的学习要素与模式、学习的(社会性)属性等，基于学习者角色、内容单元、交互行为及 SKNs 环境四个层面对技术增强的学习模式维度、社会性属性维度以及学习评估维度进行阐释，据此初步构建技术增强的关联学习模型，并对其要点进行总结与归纳。

5.3.1　模型概述

基于技术增强关联学习的四个层面(学习者角色、内容单元、交互行为以及 SKNs 环境)和三个维度(学习特征、学习属性和学习评估)的分析，结合前述对于关联学习一般模型的分析框架的借鉴(学习预设、学习过程和学习生成)以及一般模型的分析，以学习者为中心，以自下而上构建个人学习网络与共享知识库为主线，本部分初步构建了技术增强的关联学习模型(图 5-11)。

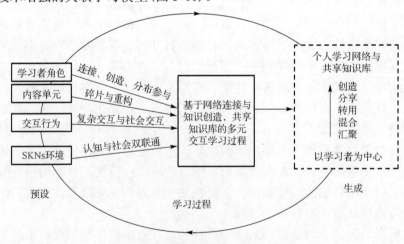

图 5-11　技术增强的关联学习模型

一条设计主线：该模型以学习者共享社群知识、构建学习网络促进关联学习为主线，在技术增强环境中，通过学习者自下而上的学习连接和创造，连接 KNs 与

SNs，分享知识与创造知识，学习者在学习网络构建过程中具有连接和塑造的双重角色。连接意味着联通人以及与此内容相关的人，达到拓展个人学习网络的目的，而塑造意味着通过知识贡献和参与达到塑造网络节点，成为他人进行连接的管道和媒介的作用。

两类学习隐喻：该模型以学习的网络联通隐喻和学习的创造隐喻为指导，强调在学习过程中的连接和创造，网络隐喻意味着在学习过程中基于人与内容的双重连接，而创造隐喻则意味着在学习过程中创造新的网络节点供他人进行连接，成为连接的中介。

三条社会性原则：结合技术增强关联学习的隐喻及学习特征，初步归纳出基于交互活动的社会化参与、基于以用户为中心的知识贡献与创造以及基于认知与社会双联通的学习连接三条原则。

四个核心要素：借鉴在线社会学习的四个基本要素，即学习者角色、内容单元、交互行为和 SKNs 环境（李随霞，2012）；结合技术增强环境的特点，提炼出学习者角色要素、内容单元要素、交互行为要素以及 SKNs 环境要素，这四个要素构成了技术增强关联学习模型的四个分析层面。

三类评估准则：基于技术增强关联学习模型的设计主线、学习隐喻、核心要素等的分析，结合技术增强学习环境的原则与特点，以及技术增强关联学习的生成阶段；个人学习网络构建和共享知识库的相关情况，可进一步对学习模型的评估维度进行界定，提出评估准则，即学习环境方面的连接网络与塑造网络；交互行为方面的高阶学习活动参与和群体协同以及内容单元方面的贡献创造与增加社区知识。通过上述三种途径来连接与构建网络节点，拓展网络节点的层级，因此上述三个层面可以用来评估基于技术增强环境下的关联学习的广度和深度。

5.3.2　技术增强关联学习模型的要义阐释

技术增强关联学习模型包括四个层面、三个维度，其中，四个层面分别指的是学习者角色层面、交互行为层面、内容单元层面以及 SKNs 环境层面；三个维度分别指的是学习特征维度、学习的(社会性)属性维度以及学习评估维度。

在学习要素层面，技术增强关联学习模型强调通过创造中学促进学习者的人-知识-人以及人-人-知识的交互行为，通过知识创造促进内容单元的知识拓展，构建共享知识空间，通过 SKNs 环境促进学习者的学习连接。进一步基于交互行为、内容单元及学习环境对学习者的角色进行了界定，即学习者是知识内容的贡献者和创造者、学习活动的社会化参与者以及学习网络的连接者和塑造者。

通过分析发现，交互行为层面指向学习活动，内容单元层面指向学习的建构过程，SKNs 层面指向学习环境，而学习者角色则是交互行为、内容单元以及 SKNs 环境在学习活动、学习过程、学习环境层面的三个观察视角。

　　从学习特征维度来看，技术增强关联学习模型强调学习交互层面的创造中学、内容单元层面的知识创造以及学习环境层面的连接学习；在学习属性维度，强调通过活动中学实现学习过程的社会性，通过知识创造实现学习内容的社会性以及通过连接学习实现学习者的社会性。

　　从学习的社会性属性维度来看，学习者作为知识的贡献者和创造者反映了知识的社会性，学习者作为学习活动的社会化参与者反映了学习过程的社会性，而学习者作为学习网络的连接和塑造者则反映了学习者的社会性，通过学习者的角色设计可以在一定程度上提高学习的社会性属性。

　　从学习评估的维度来看，技术增强关联学习模型强调交互行为层面的社会化建构以及个体表达和群体协同，内容单元层面的知识创造和增加社区知识以及学习环境层面的连接网络与塑造网络。

　　以上四个层面、三个维度的设计目标是自下而上构建个人学习网络，进一步分析发现，该模型可以简单概括为一条设计主线、两类学习隐喻、三条基本原则、四个核心要素和三类评估准则。其中，一条设计主线指的是以学习者构建个人学习网络提高学习的社会性属性为主线；两类学习隐喻指的是学习的网络联通隐喻和学习的创造隐喻；三条基本原则指的是基于社会化参与的个人学习网络构建、以用户为中心自下而上的知识贡献和创造、基于 KNs 与 SNs 双重视角的学习连接；四个核心要素指的是学习者角色、内容单元、交互行为和 SKNs 环境；三类评估准则指的是学习环境层面的连接网络与塑造网络，交互行为层面的高阶学习活动参与、个体和群体的参与率与群体协同，以及内容单元层面的知识贡献和创造及增加社区知识。

　　其中，在四个核心要素中，学习者角色是关键要素，因此在前述研究的基础之上，以学习的网络联通隐喻和学习的创造隐喻为学习观指导，结合关联学习一般模型的启示(即以构建个人学习网络为主线)，对学习者角色进行界定，在内容单元维度，学习者是知识内容的贡献者和创造者；在交互行为维度，学习者是学习活动的社会化参与者(基于 SKNs 的知识观，即分布式知识理论的原则提出)；在学习环境维度，学习者是学习网络的连接者和塑造者。

　　在内容单元层面：基于 SKNs 的学习过程是社会化知识的生成、汇聚、分享与扩散的过程，其中用户对于知识的贡献与创生具有至关重要的作用，而这一过程的发生大致要经历从个体建构到群体建构，再到群体创生的阶段。其中，个体的知识建构包括基于单个内容单元的接受学习以及基于多个内容单元(知识群)的建构学习，建构关于整个知识体系的意义；而个体和社群其他成员的交互与协商、对话与合作则是关联学习的关键所在，这是群体层面的知识建构，在此基础上，个体知识外化、社会化、群体知识内化，以及共同体知识的扩散与创生过程发生，这是典型的群体创生阶段。

在交互行为层面：KNs 的关联学习重在知识体系的获得、重组和创造，学习的形式是通过查找知识来进行学习的，也就是重在了解"谁知道什么"，典型的活动形式如重构中学，通过在知识系统(网络)之间建立联系以及重组和重构学习者的知识结构来进行学习；作为知识生态的一部分，通过知识的贡献和创造保持生态系统向前发展；SNs 的关联学习则重在通过分享、协商与交流等促进群体的参与和网络的构建，重在研究"谁知道谁"，通过连接学习者来获取更多的内容，因此，讨论与交流成为重要的学习方式；而 SKNs 的学习则通过连接和创造进行学习，这种连接学习者和学习内容的整合学习方式，更好地促进了协作与创造的学习活动和社会化交互的深入。

在 SKNs 环境层面：连接学习(learning by connecting)成为主要的学习方式(Siemens，2005)，而基于 KNs 与 SNs 的知识连接与转换，是连接学习的核心。联通学习理论把学习情境视野放在了网络社会结构的变迁当中，认为学习是在学习网络结构中一种节点和关系的重构与建立，即"学习是一个网络节点联结的过程"(陈君贤，2007)。

可以说，技术增强的关联学习充分体现了连接学习的理念，认为学习就是"网络联结和网络创造物"。它睿智地给出了一些学习者在数字时代成功学习所需的学习技能与学习任务的见解(刘菊等，2011)。

在整个关联学习的过程中，学习网络的节点可以是人或者知识，通过连接拓建和构建个人 SKNs 的过程就是促进个体关联学习深度与广度的过程，也是个体内部认知网络与外部认知网络的连接和转化过程。在学习的过程中，通过 KNs 与 SNs，即认知与社会的双重连接，诠释了在新媒体、新技术与新理论的支持下如何进行"从哪里学"的学习理念。

5.4　技术增强关联学习的评估

5.4.1　个人学习网络的广度和深度

网络节点的数量：随着关联主义学习者学习进程的不断深入与扩展，学习者不断地与其周围的知识节点和社会资本建立联系，并通过节点连接更多、更广阔的知识领域。从技术增强的关联学习视角来看，网络节点的形式可以分为两种：一种是知识节点，另一种是社会资本节点。学习者构建的学习网络越庞大，则其中的知识节点越多，也说明该学习者有很强的自我学习能力，能够较为自主地建立适合自己的学习计划。同时说明该学习者在较多的领域都有浓厚的学习兴趣。倘若学习者的知识节点很少，则说明该学习者的兴趣较为单一，自我制定的学习任务较为简单。从知识节点数量方面对学习网络进行分析，可观察该学习者学习兴趣是否浓厚，也可了解该学习者感兴趣的领域。社会资本节点的数量可间接地看成好友数量或是专家数量等。根据联通主义学习者所在网络中建立节点的数量和类型不同，可判断学习者之间、学习者与知识之间建立联系以及塑造与连接网络节点的数量，直观地反映知识扩散的路径和连接交互的深度。

网络节点的质量：通过学习网络节点的质量，我们可以分析用户与用户、用户与知识节点的关系(徐刘杰等，2017)，了解用户感兴趣的知识点，通过网络节点的数量和质量，我们也可以了解到学习者在此学习知识群中所进行的交互(与哪些知识节点进行交互以及与哪些学习用户进行交互)和知识建构的程度，从而可以推断出不同学习者的学习参与深度。同时，学习者节点所在网络的位置也是评估网络节点质量的重要手段，如在具体的学习过程中，处于网络中心位置的学习者懂得利用创造的学习资源来吸引更多的学习者发表评论和补充新知识(徐刘杰等，2017)，同时他们也会积极地参与讨论、交互，由此所产生的节点数较多；相比之下，处于边缘位置的学习者参与度较少，所对应的节点数较少。

5.4.2　基于共享知识库的社群探究与知识创造

在技术增强的关联学习环境中，在群体智慧汇聚和知识创造的过程中，群体知识库的构建非常重要，会成为后续社群交互和持续学习的基石。而具体到关联学习的课程设计方面，我们可以发现，作为连接主义的教学法，关联学习在一定程度上依赖于社会化媒体，因此基于 SNs 的话题聚合是其主要的学习形式，这也反映了连接交互的社群学习特征。同时，以知识库为基础，通过逐步探究和序列学习的方式将达成学习目标与知识库的持续开发。

不少研究者认为通过学习者的社群交互和共同体探究，可有效重构社群知识，进而有效改善教学和学习。例如，Choi(2006)认为通过积极的互动创造知识并获得社会和文化礼仪是实践社区的重要议题，而共享和创造真实的社区知识更是其核心任务。Scardamalia 等(1994，1996)的知识建构模型中，学生以书面笔记的形式用概念制品构建知识库，学生共同研究这些知识制品，从而实现认知目标，如知识进步、理念改进，以及问题的深度理解(Tarchi et al.，2013)。在进一步探索中，研究者让学生使用协作构建的知识库作为定期改进驾驶问题的基础，并重新评估模仿科学研究团体实践的假设(Muukkonen et al.，1999)。

最近，随着语义技术的进一步应用，知识单元之间、学习者之间以及学习者与知识单元之间主动建立关联，从而动态聚合成为一个网络，为基于网络连接和知识创造的共享知识库课程设计提供了新的可能(段金菊等，2019)。研究者金青等(2013)提出应该将知识库与课程开发相结合，通过构建课程"知识库"的教学实践，为课程开发提供全新的思路与视角。这一全新的知识创造与课程开发理念，对于关联学习具有诸多启发。例如，社群交互过程中，学习者与他人观点连接并分享自身知识，通过探究、观点与信息共享的迭代过程构建知识库(Brown，1997)，将 KNs 与 SNs 相融合进而构建 SKNs。可以看出，在学习者社区开发一个集中式的、可访问的知识库有助于促进知识共同体构建与知识创生过程。作为社区中可见和明确的资源，知识库为学习者评估个人和集体知识增长提供了一条途径(Bielaczyc et al.，1999)并激发了进一步的连接交互。关联学习是通过建立连接来组织个人学习网络的，这种由个人到网络再到组织之间的知识发展周期能够让学习者的知识库通过网络连接而处在不断更新的动态过程中(张秀梅，2012)。因此，建立动态的共享知识库有利于促进共享学习、共享智慧，对提升关联学习质量有潜在效益。

5.4.3　评估细则分析

结合技术增强关联学习汇聚所提供的学习可能以及知识观与学习观，基于对技术增强关联模型的学习要素、学习特征、(社会化)学习属性等的分析，本书进一步分析了关联学习模型的评估准则，基于交互行为层面(学习活动)、内容单元层面(学习过程)、SKNs 环境层面(学习方式)以及学习者角色层面，结合技术增强关联学习的特点(重在联通 SKNs 的节点，其中网络节点之间是节点之间的联通，而对于具体的节点则是零存整取式的意义建构)，进一步细化并提炼出 SKNs 关联学习的评估细则。

SKNs 环境层面：即学习网络的连接和塑造程度，例如，在进行知识接受等交互过程中，通过调用知识节点，浏览和观摩与当前学习主题相关的知识单元，整合课程(包括对当前课程的评论、讨论以及反思等)，学习者进行节点(内容单元)的连接，通过交互活动过程中的知识贡献与创造，学习者成为学习网络和社群知识库的节点，从而成为学习网络的塑造者。

交互活动层面：即学习活动的社会化参与，基于课程、资源与活动整合的学习方式促进了学习者的活动中学，而基于 SKNs 视角的活动设计为关联学习活动的参与提供了可能，例如，在活动层面，通过群体的浏览、分享、讨论、协同和批注以及创造数字制品等形式来促进学习活动的社会化参与，在 SKNs 的学习设计中，学习超越了个体层面的浏览等学习行为，走上了基于群体互动的复杂关联学习活动层面。

内容单元层面：即知识内容的贡献和创造，学习者在 SKNs 的学习环境下，不仅仅是进行相关学习知识分享与浏览，更主要的是进行知识贡献与创造，通过不断的知识贡献与创造来塑造与拓展个人学习网络，在 SKNs 环境下，具体的知识贡献活动如投票、评论、讨论、反思与协同批注等，而具体的知识创造行为如创造新的数字制品(数码故事、概念图以及微视频课程)等。

学习者角色层面：即学习网络的连接和塑造，学习活动的社会化参与以及知识内容的贡献和创造。

总的来说，可以概括为三类评估准则，即学习方式方面的连接网络与塑造网络；

学习活动方面的社会化建构和整合重组以及学习过程方面的贡献创造与增加社区知识，进一步对相关的准则进行分析，如下所述。

学习超越了对内容单元的简单调用：在技术增强的关联学习中，基于分布式的学习网络，学习者进行知识的社会性生产、社会性传播以及社会性贡献和创造，而在社会性知识的整个生产流程中，连接开放知识社区的内容单元是其中至关重要的一个环节，超越了对当前内容单元的简单调用，进行了深度连接（如参与评论、讨论等）。

基于单个内容单元的社会性建构，贡献与创造了社区知识：在基于技术增强的关联学习环境下，学习不是传输给学生预定的知识，而是通过不断的知识建构逐渐生成新知识的过程，学习的理念由预设走向生成。学习超越了个体层面的知识接受，走向了以创造公共知识社区的集体知识为目标的道路。

交互建构过程超越了个体表达，走向群体协同：学习超越了个体的知识分享和传播层面，走向了基于群体生成的贡献和创造，如同 Scardamalia 等（1994）指出的那样，在具体的学习过程中，教师应该重视每个学生的观点表达，重视每个学生的活动参与。可以说，教学对话是知识建构的主要途径和策略，通过不断的观点表达和话语分享从而达到认知的深度发展。然而，技术增强的学习环境为关联学习提供的可能之一就是个体表达与群体协同，因此，考察学习者在关联学习过程中的学习是停留在个体表达阶段还是在此基础上有群体协同而使认知走向新的阶段，这是其中最为关键的一个环节。

多个知识节点的连接学习，整合与重组了个人 KNs：在技术增强的关联学习语境中，基于主题聚合的 KNs 以及由此而形成的 SKNs 共享知识库为学习者进行基于多个知识节点的学习提供了基础，基于人与内容双重考虑的学习管道和媒介成为连接学习的关键，因此也成为评估关联学习的关键。随着学习的进行，学习者通过聚合知识节点，并与知识节点的内容进行不断的联通，整合与重组基于主题的个人KNs，因此，连接网络节点、调用网络节点的情况成为衡量标准之一。

基于群体协同，创造了数字制品，构建了共享知识空间：基于个体表达和群体协同，社区的知识需要不断的进化和建构，社群网络和共享知识库得到不断的拓展，因此，为了进一步促进个体知识的外化和群体知识的协同，在共享知识空间中还应该通过数字制品的创造来促进社区知识的产生和共享，而创造的数字制品业将成为社区知识的基础，成为社群共同体后续学习的脚手架。

基于人与知识的深度交互，塑造了学习网络节点：在进行学习的过程中，学习者不仅可以对相关的网络节点（学习元或者知识群）进行收藏、浏览、评论和创造等；学习者还可以通过与当前节点内容的深度互动产生学习标签，进而使得连接的网络节点与学习者建立联系，从而促进学习者成为网络的节点之一，起到塑造学习网络的作用。基于学习者的贡献和社会知识建构程度而连接到当前社群网络的学习者身份（即成为网络节点）便成为评估的标准之一。

第 6 章　技术增强的关联学习设计

基于设计的研究最早由 Brown(1992)和 Collins(1992)提出，随后这一研究方法得到了众多的实践应用，尤其是在过去的十余年，众多的研究者相继应用这种方法来探索教学的相关问题。

本章采用基于设计的研究范式对技术增强的关联学习原则进行提炼，聚焦于技术增强关联学习的实施、修正与评估，通过分析关联学习的实践设计方法，进而探讨关联学习实施的关键环节；在此基础上，基于问卷调查的方式对学习者的学习满意度、学习方式等进行调查，进一步了解技术增强 SKNs 关联学习的满意度以及学习深度，认知易用性与认知有用性等。

6.1　背景介绍

6.1.1　技术增强关联学习的设计进展

目前关于关联学习的研究中，如何进行学习设计的研究较少，且已有研究大部分集中在理论探究阶段，和具体的实践应用结合得不是很紧密，究其原因，我们可以发现，以关联主义学习的实践形态 cMOOCs 为例，其对学习的技术应用及人际互联依赖性较高(王志军等，2015b)。但是目前关联学习设计的研究视角还缺乏技术支持下的学习设计这一领域，如何将新理论、新技术与新方法融入关联学习的设计中，以便更好地体现关联学习的开放性、大规模、自组织、实时性、动态生成、创造性和社会性等特征便显得尤为重要。

鉴于此，在技术支持的关联学习设计领域中，前面章节已经介绍了 SKNs 这种关联学习的技术架构和生态环境，并且论证了辅助关联学习设计的可能性以及未来趋势，理论演绎了 SKNs 整合关联学习设计的可能性，本章在此基础上，将进一步探讨基于 SKNs 的关联学习设计思路与方法。

6.1.2　项目背景

近年来，北京师范大学现代教育技术研究所依托学习元平台对基础教育跨越式发展项目区的骨干教师进行了多次大规模培训，并取得了良好的效果。在此期间，作者连续两年对来自全国项目区的骨干教师进行了三次大规模的"小课题研究与教学论文写作"课程指导与培训，为本章的设计性实验奠定了基础。

"小课题研究与教学论文写作"网络课程的学习目标是：①了解小课题研究的思路与方法；②掌握教学论文写作的策略与要领；③能够进行小课题选题并编写设计方案。

这一课程的学习在最近两年的培训中连续进行，采用面对面培训和在线培训相结合的方式进行，即将"网上虚拟空间的交流与互动"和"面对面的真实交流与互动"有机结合，采用"混合式学习"的方式，而据此进行学习模型的设计与实施，因此，本项目也具有混合式学习的相关特点，可以称为混合式学习项目实践。在具体的实施过程中，每轮课程的面对面培训持续时间大约为一周(会安排相关的面对面交流与讨论等)，完成部分内容的学习以及为后续的网络学习打下基础，而在线学习大致持续了两个月的时间，在线学习开始之初，培训师对学习者进行学习要求、思路、方法及活动参与等的指导。

为了充分调动"人"的因素，本课程设计了丰富多样的学习活动，以促进学习者的在线深度交互和复杂交互，设计研究的思路与方法如图 6-1 所示。

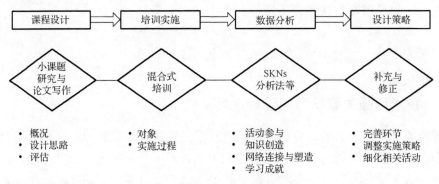

图 6-1　设计研究的思路与方法

6.1.3　技术增强关联学习的多维交互行为设计

学习元平台提供了多种连接学习的支持服务，如基于学习元的连接学习(将当前的学习内容和与此内容相关的学习者群体连接起来)、基于知识群的连接学习(基于学习元节点和内容之间的联通)以及基于社会关系的连接学习(通过接受和贡献相关信息)等，通过多种形式的学习连接与专家同伴及知识单元建立连接，由此提供了学习者多样化的操作交互支持，如学习者可以进行基于内容的人际互动以及人与人之间的社会交流等，具体包括人-知识-人和人-人-知识的交互，如表 6-1 所示。

在基于内容的人际互动(即人-知识-人的模式)中，学习者可以通过参与相应的学习活动，如浏览中学、分享中学、协作中学、反思中学以及创造中学等与他人互动，具体的操作行为包括收藏、订阅、接受推荐等；通过与学习内容的互动，将学习者及与此内容相关的学习者群体连接起来；同时，学习者除过和与此内容相关的学习者群体建立相关联系、针对学习内容进行关联学习之外，还可以和学习者群体进行社会化交流(即人-人-知识的模式),及时获取其他学习者或好友的信息与学习动态,这为关联学习过程中的观摩学习提供了帮助,在一定程度上对群体学习的氛围营造和群体动力激发起到了比较好的作用。

表 6-1　技术增强关联学习的交互设计

类别				解释说明
基于学习元的连接学习,知识节点的更新与进化(人-知识-人的交互模式)	获取知识	浏览中学	浏览	浏览批注、浏览评论、浏览学习空间、浏览学习进展等
	分享知识	分享中学	推荐	收藏、订阅、推荐(引用),上传学习资源等
	贡献知识	交流中学	评论讨论	通过学习对象关联到专家、协作者、学习者,构建与学习内容密切相关的 SKNs,在交流中充分吸收他人的智慧
		协作中学	协同编辑批注	学习者在交流、协同编辑的过程中,恰恰能经常性地切换"教"与"学"的角色,通过学生帮助教师完成学习元的创建和补充工作
		反思中学	反思整合	对编辑、批注的内容进行整合,生成新的内容单元,学习者不仅能学习当前的内容,而且能看到一个内容单元生长和建构的历史轨迹,在这一过程性的情境中反思知识演化的内在逻辑
	创造知识	创造中学	创造	学习者在综合、重组、反思、交流的基础上,形成结构化的表达,主动的贡献智慧,创建新的知识内容
基于知识群(节点内容之间的联通)的连接学习(人-知识-人的交互模式)	获取知识	浏览中学	浏览	浏览知识群
	分享知识	分享中学	分享收藏	分享知识群,订阅知识群,引入学习元,引入知识群,收藏知识群,上传学习资源等
	贡献知识	交流中学	评论	评论知识群
		协作中学	批注	协同批注
		反思中学	添加	添加知识类,添加知识属性,添加实例,添加/回复帖子,添加/回答问题
	创造知识	创造中学	新建	新建知识群
基于社会关系的连接学习(人-人-知识的交互模式)	获取知识贡献知识等	交流中学,分享中学,协作中学等	获取好友信息	获取好友(创建学习元、收藏学习元,参加学习活动,评论学习元的好友提醒、提问、回答)提醒;收到短信、邮件等,基于此获取更多的内容单元与知识,进行评论与交流等
			回复好友信息	回复好友的邮件、短信等,基于此,提供好友更多的内容单元与知识,进行评论与交流等

6.2　过程性实施及数据分析

6.2.1　过程性学习设计与实施

1. 内容单元及学习活动设计

我们给学习者提供一门为期 2 年的在线培训课程,根据学习主题的不同,共设计 6 个课程单元，采用内容+资源+活动整合的形式设计课程的相应单元，每个单元时长控制在 10～15min，课程设计聚合了 SKNs 以及学习活动等综合性的信息。

在课程学习之前，由教师和助教根据培训需求、教科书、参考书及教学大纲等设计"学科小课题研究与教学论文写作"网络课程，划分具体的内容单元，建立基于小课题研究与教学论文写作的知识群课程，其中包括基于该主题聚合的相关内容单元、与此内容相关的论文写作与小课题研究知识群、基于该课程学习的导学单等。本课程采用学习内容、学习资源与学习活动整合的设计模式，例如，在学习内容层面根据学习需要设计相应的内容单元，在学习资源层面根据学习需要设计相应的课程资源网络，在学习活动层面则是针对单个内容单元进行相应的多元化活动设计。

在具体的学习过程中，根据学习内容以及目标的不同采用做中学的形式，据此设计相关的学习活动，包括讨论、反思、协同批注和创作数字制品等。

技术增强的关联学习课程并非全部是事先定义的，而是通过群体的学习逐渐生成的，并随着学习的深入不断进行扩展。因此，随着学习的进行，相关的课程单元开始聚合成为一个动态的 SKNs，而教师需要做的就是向学习者推送相关的课程网络，和学习者一道建立起知识模块之间的联系，帮助学习者进行学习管道的联通。

2. 实施过程及支持性策略

具体的实施过程如图 6-2 所示。

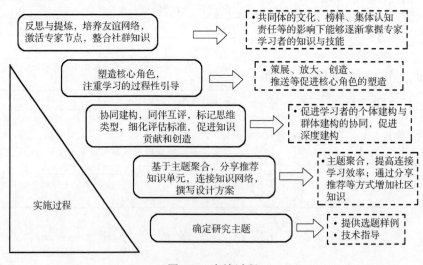

图 6-2　实施过程

确定研究主题：学习者在进行浏览和观摩的过程中，对于自己的研究主题建立初步的设想，在此基础上，通过提供英语学科选题列表的形式供学习者进行选题参考。

基于主题聚合，分享推荐知识单元，连接知识网络，撰写设计方案：提倡知识单元的推荐与分享，注重内容单元的主题聚合和关系聚合，拓展群体的共享知识库，促进关联学习的有效进行。

协同建构，同伴互评，标记思维类型，细化评估标准，促进知识贡献与创造：对于群体协同建构的过程进行了细化设计，注重在协同过程中的个体观点表达与群体观点协同，通过学习活动层面的标记思维类型以及知识贡献层面的评估标准细化来促进协作交互的深入发展。经过过程性观察发现，标记思维类型的方式能够促进学习者的方案设计与修订，更多地关注其他学习者的意见和观点，促进协同；而依据深度互动和浅层互动的评价指标，这种细化评估标准的方式，提高了学习者进行知识贡献与创造的质量，从而促进更深入的协同批注和交流。

塑造核心角色，注重学习的过程性引导：对学习进行过程性的引导，通过塑造核心角色等方式促进学习者与当前内容的交互，本书设计了微观、关注、参与、协作、贡献与创新等学习者角色，引导学习者通过知识内容的贡献和创造、学习活动的社会化参与以及学习网络的节点塑造来进行学习。

根据分享中学、浏览中学、反思中学、贡献中学、创造中学和交流中学等活动类型，进行基于当前学习活动的整合设计，如基于观摩-协作-交流的学习活动，基于分享-贡献与创造的学习活动等，按照知识建构的层级将连接交互学习镶嵌在一定的高阶学习活动中，以活动为载体来促进社会联通和复杂联通的发展。同时，注重发挥教师对于学习的过程性引导，因为这种学习是一种自下而上的学习，所以对于习惯自上而下推送学习资源的学习者来说，需要转变他们的学习观念，引导教师成为学习者学习网络的塑造者和学习的过程性引导者。

反思与提炼，培养友谊网络，激活专家节点，整合社群知识：旨在促进学习者的反思提炼，采用的策略如培养友谊网络、激活专家节点等以促进社群知识的整合和观点的提炼。在培养友谊网络、激活专家节点的过程中，引导学习者通过人与内容的深度交互，逐步从外围走向核心，从新手过渡到专家，从围观者、关注者走向协作者和贡献者。同时，引导学习者进行专家节点的激活，主动和学习专家建立联系，查阅专家的学习路径和轨迹等，促进学习者通过观察、模仿等形式进行连接交互，促进学习者进入圈子的核心(贾义敏等，2011)。

学习过程中，针对每一个具体的内容单元，助教和培训师都制定了相关的评价标准和权重，如完成学习所需要的学习时间和学习活动绩效等。并且同时设定了合格分数用来判断学习者的学习进展，如学习者达到了相关的合格分数，意味着学习的完成；如果没有达到相关的合格分数，则说明学习活动正在进行；而当学习者的分数为零时，则表明学习没有发生，换句话说，学习者没有开始学习。同时，在社会意识、学习引导以及技术支持三个方面进行相应的学习设计，培养学习者通过技术增强的关联学习环境查看群体贡献的意识；采用分组策略，进行小组学习的引导和学习过程的实时监督；给予学习者实时的技术支持等。除此之外，还提供了诸多支持协作与创造的关联学习策略、工具与资源的支持，为技术增强的过程性关联学习提供条件，具体如下。

技术培训，方法指导：培训重在对技术增强关联学习环境的相关高阶功能，如SKNs、同伴互评、社会化批阅、六项思考帽等功能进行了解，这些功能的掌握对于后续的关联学习至关重要。

明确进度，奖励机制：在培训之初，通过明确进度、奖励机制等方式保证学习进展，如向各位学习者明确参与学习的核心任务，并推出相应的研究方案和奖励机制，如采用实时电子黑板的形式进行学习进展的播报，以此来促进学习者的参与积极性，以保证学习的持续、深入及有效进行；除此之外，还可以充分利用奖励积分机制、好友动态以及本月之星策略促进学习者的群体动力。在整个学习的过程中，学习者可以动态实时地查看其他学习者的知识贡献，本月之星在一定程度上表明了学习者的参与度和投入程度，而好友动态则实时提供了其他学习者的学习进展以及学习参与情况，便于及时了解学习同伴的学习进展及需要，提供了基于人-人-知识交互的管道和媒介，因此成为关联学习的重要促进策略。

促进关联学习的工具与资源：在学习资源方面，提供辅助学习者进行主题检索的知识群与知识云，这种网络化的知识编排方式可为学习者提供强大的知识检索来源。此外，在整个学习的过程中，构建学习网络应该注重主题聚合以及关系聚合，注重个体表达和群体协同，以促进关联学习向深度发展。

6.2.2　数据收集与分析方法

1. 基于学习路径与轨迹的 SKNs 分析方法

在本书中，以动态形成的 SKNs 作为群体及个体关联学习的路径与轨迹，通过分析 SKNs 中连接节点的数量以及连接程度，进一步了解基于 SKNs 的学习网络连接和塑造、内容单元层面(基于单个网络节点)的知识贡献和创造、交互行为层面(基于单个网络节点)的社会化活动参与等，进而了解连接学习方式、交互建构过程以及学习活动情况，并进一步了解每轮设计性实验的学习表现差异以及不同绩效学习者的学习表现差异。

将群体的 SKNs 作为可视化分析的工具与手段，以动态形成的 SKNs 作为群体学习的路径和轨迹，通过相关数据的采集、加工与统计，分析连接网络节点的数量(学习元、知识群及好友等)以及连接程度(知识贡献度值与贡献度标签以及好友类型和标签等)，了解学习网络的连接和塑造、知识内容的贡献和创造、学习活动的社会化参与情况，据此了解连接学习方式、知识建构过程以及交互活动类型，通过对 SKNs 的标签类型与数量分析，探究了如何通过 SKNs 的结构与功能进一步分析和预测学习者的学习成就等，具体如图 6-3 所示。

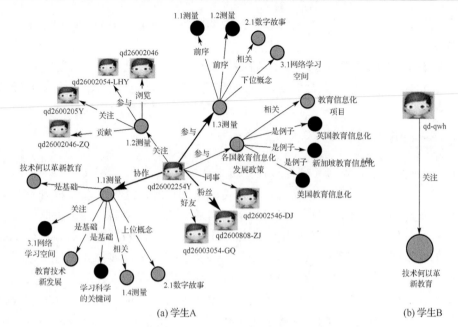

(a) 学生A　　　　　　　　　　　　　　　(b) 学生B

图 6-3　高/低绩效学习者的 SKNs

在本书中,技术增强的关联学习聚焦在社会联通和复杂联通的范畴(即关注人与人之间的互动,谁浏览了谁的帖子,谁回应了谁的帖子等;以及人与知识的交互,谁贡献了知识,谁建构了知识等),因此,将区分不同学习者的行为表现,例如,基于人-知识-人以及人-人-知识的交互方面具有卓越的表现或者只是聚焦于个体学习及呈现出在线的只读参与状态,没有或者很少与他人进行互动,并且基于内容的互动也比较少等。根据学者 Shaw(2012)的观点,我们将按照学习绩效,将(在关联学习过程中)学习成就前 50%的学习者定位为高成就的学习者,将后 50%定位为低成就的学习者,考察两类群体的学习表现差异。

对于高成就的学习者来说,如图 6-3(a)学生 A 所示,基于过程性交互而动态形成的个人网络比较密集,动态聚合了更多的内容单元以及与此内容单元相关的学习者。进一步分析发现该学习者学习了四个内容单元,产生了四个内容标签,其中,一个为关注者标签,两个为参与者标签,还有一个为协作者标签,说明学习者与内容单元进行了较为深入的交互;随着学习的进行,与当前四个内容单元相关的学习者也逐步聚合成为基于话题(主题)的小社群,由此可以看到,该学习者的 SKNs 基于话题聚合的形式形成了五个子社群(三个知识社群、两个友谊网络社群),这其中学习者与学习者以及专家之间形成了两个友谊网络,该学习者有三个好友,三个社会标签标注了学习者的社会关系。

对于低绩效学习者而言,如图 6-3(b)学生 B 所示,同样是进行一门课程六个内容单元的学习,由于该学习者的学习基本停留在浏览、分享等浅层次的学习阶段,在个人的 SKNs 中，只有一个内容标签，说明学习者对于其中的一个内容单元进行了浅层次的学习。

可以看出,高成就学习者的网络结构(内容标签以及社会标签)和疏密程度(学习的内容单元数目以及由此聚合的学习者数量)与低绩效学习者相比,两者均有较大差异。低绩效学习者的 SKNs 标签更少,在疏密程度上显得更为稀疏。

2. 基于 SKNs 图的交互数据分析法

1) 基于内容单元的交互建构过程分析方法

关联学习中,通过学习交互进行知识贡献与创造等,这一交互过程既有学习者与内容交互建构的层面,也有学习者与学习者的社会交流层面,关于关联学习的交互建构过程分析层面,比较有借鉴性的如 Garrison 模型(1992)以及 Gunawardena 等(1997)的知识建构模型等;然而,关联学习涉及的交互不仅涉及知识建构领域,还包括非知识建构领域,如其他的一些社会性的对话等,因此,在综合考虑关联学习相关特点的基础上,进一步分析相关的交互过程模型,发现 Ke 等(2009)的分类模型最具有代表性,也被广大的研究者所肯定,其将交互分为社会交互和内容交互(即知识分享和知识建构两个层面),同时还包括管理层面的交互等,例如,关于课程与技术方面,以及自我导向学习等学习管理层面的交互,这种交互分类较为全面,能够在一定程度上揭示关联学习的交互建构过程。

在以上交互模型的基础之上,结合 Gunawardena 等(1997)以及郭炯等(2014)的相关研究,将 Ke 等的分类框架进一步细化,例如,对知识建构的四个阶段进行了详细的阐述,将社会化交互的层次进行了细分,并进一步对管理类的交互进行分类,进一步细化交互建构的分类框架与编码参考,进一步采用内容分析法研究交互与建构的具体层级。

(1)分析样本的选取。

内容分析法实际上是以预先设计的类目表格为依据,以系统、客观和量化的方式,对信息内容加以归类统计,并根据类别项目的统计数字,做出叙述性的说明(邱均平等,2004)。

样本主要来源为在连接交互过程中参加学习活动而产生的相关帖子(包括评论、讨论、协同编辑、撰写反思等),这些帖子都是关于知识贡献方面的,以及在知识创造方面的(创造数字制品,如概念图等)。在编码的过程中,根据相应的编码标准将帖子拆分为相关意义单元。

根据本书的分类框架将意义单元归纳为相应的类型,针对社会交互和管理维度的分类相对比较容易,在知识建构的四个层级方面,进一步细化分类准则并进行编码处理,剔除相关无效数据,例如,由于技术或者平台原因而发布的多条重复信息以及无效信息。

需要特别说明的是，协同编辑是一种比较复杂的操作，在学习元平台中，具体的操作还涉及修改格式、添加内容、更换内容等不同形式的学习活动，在本书中，针对协同编辑重点关注的是否是社会化的互动过程，并且按照观点的分享、连接、深化和提炼四个知识建构的角度进行了严格的区分。

(2)确定内容编码体系。

在确定分析样本之后，需要确定内容分析框架，并根据框架确定具体的编码体系。在进行转述和编码时，除了作者本人之外，还邀请了两位研究者对编码表进行共同的讨论，该研究者对在线学习和在线培训比较熟悉，并具有较为丰富的实践经验。三位研究者首先结合分析模型和研究内容形成一致的编码意见，在此基础上，进行独立编码，汇总后发现不一致处，针对不一致处进行协商和意见统一，最终确定了内容编码体系。

(3)编码一致性检验。

为了保证编码的一致性，按照编码表的设计，邀请专家采用背靠背的方式。两位研究者独立进行编码后，对分析的结果采用百分比一致性的方法进行分析(百分比一致性是最简单、最普遍的信度系数，计算编码者编码一致的数量和编码总数量之间的比值，若比值越高，则一致性越高)，得出编码的一致性。结果发现，三次活动的编码一致性分别为 80.1%、82.9%、88.3%，因此，说明本编码体系在三次编码的过程中都具有较高的一致性。

2) 基于内容单元的关联学习活动分析方法

如同关联学习的众多学者指出的那样，连接交互就是关联学习的生命线，因此，通过研究关联学习中的交互活动，尤其是社会化交互活动和知识创造活动对于理解社会联通和复杂联通的关联学习来说至关重要。而学习元平台提供了多种类型的学习活动(余胜泉，2011)，本书根据关联学习的相关特点，将平台中对应的关联学习活动类别进一步进行了划分，划分方法如表 6-2 所示。

在具体的学习过程中，学习者的操作以及活动频次会被系统所记录，因此，本书按照表 6-2 的分类对关联学习活动的操作频次以及参与情况进行进一步的比较和分析。

表 6-2　社会联通和复杂联通学习活动及操作

类别		解释说明
关联学习活动	浏览中学　浏览	浏览好友的学习元，浏览好友的学习空间，浏览好友的学习进展，浏览好友的批注以及反思笔记等
	分享中学　推荐分享	推荐(引用)学习元给其他的学习者或者知识群，分享知识群，引入知识群，收藏知识群，浏览知识群，订阅知识群，引入学习元等；上传学习资源等
	交流中学　交流信息	讨论以及评论等
	协作中学　协同编辑批注	学习者在交流、协同编辑的过程中，恰恰能经常性地切换"教"与"学"的角色，通过学生帮助教师完成学习元的创建和补充工作，编辑学习元关系，编辑知识群关系

续表

类别		解释说明
关联学习活动	反思中学 反思添加整合	对编辑、批注的内容进行整合，生成新的内容单元，学习者不仅能学习当前的内容，而且能看到一个内容单元生长和建构的历史轨迹，在这一过程性的情境中反思知识演化的内在逻辑，添加知识类，添加知识属性，添加实例，添加/回复帖子，添加/回答问题；撰写反思笔记等
	创造中学 创造	学习者在综合、重组、反思、交流的基础上，形成结构化的表达，主动的贡献智慧，创建新的知识内容，新建知识群并添加内容以及发布数字制品等

3）基于多个内容单元的连接学习分析方法

在关联学习过程中，通过连接 KNs 中的知识节点，进行个体认知；通过连接 SNs 中的社会资本，进行基于人之间的分享与交流，进行群体认知；通过这种社会性互动引发群体知识的扩散和汇聚。因此，借助基于学习过程而动态生成的 SKNs 来了解学习者的学习方式，从学习者是学习网络的连接者和塑造者两个角色进行分析；作为学习网络的连接者，主要是指个体连接 SKNs 的知识节点(学习元)数目，而作为学习网络的塑造者，是指学习者通过与内容单元(学习元)的交互而获得的社会身份(如围观者、关注者、参与者、协作者等，进而成为他人获取知识的管道与媒介，以达到拓展 SKNs 的目的)。

3. 专家访谈与问卷调查法

此外，结合数据收集与分析需要，可综合采用专家访谈与问卷分析法，多角互证，进行技术增强关联学习的设计效果分析。

1）前、后测问卷

在课程开始之前，对于学习者的初始知识储备进行测试，着重关注小课题研究与论文写作的相关知识，围绕本课程的学习目标设置相关评估指标，并编写前、后测问卷，前测问卷总共 9 道题，检测学习者对于该课程的初始知识储备，后测评估围绕小课题研究的最终成果——教学论文，从前测的几个测试方面进一步对学习者的课程掌握程度进行分析，是对学习者的学习所获(制定相关的评价标准，如科学性、可行性、重要性等，根据评价维度的不同设定相应的权重分数)的进一步细化和深入，和前测相比，后测的难度更大。前、后测的满分均为 100 分，在课程结束之后由三位教师(授课者、助教和一名在线学习的课程专家)进行一致性检验，Kappa 检验结果发现 Kappa=0.78>0.75 说明具有较高的内部一致性。

2）学习方式、满意度、认知易用性及有用性调查

本书设计了调查问卷，一方面可以进一步了解学习者对 SKNs 学习方式的满意度，另外一方面是了解学习者对 SKNs 的易用性和有用性的看法；在此基础上进一步分析学习者的学习是否采用了深度学习的方式。

因此，本问卷主要分为以下三个部分。

第一部分是学习方式的调查，主要从学习动机、持续性、理解、害怕失败以及获取证书的学习目的等角度设计相关调查问题。该问卷来源于 Kember 等(2004)的学习过程问卷，Chan 等(2011)进行了改编，以评估学生的学习方式。采用李克特 5 点量表的形式进行(5＝非常同意，4＝同意，3＝一般，4＝不同意，1＝非常不同意)，学习者进行每个条目的选择。总共包括 22 个题目，用来区别学习者的深度学习方式和浅层学习方式，每一种学习方式具体细分为四个维度。

深度学习方式的表述如"我几乎对所有的学习内容都感兴趣"以及"为了解决相关的疑问，我会不断地探索新知"等；而浅层学习方式的问题如"我学习的相关内容都和教师的要求相关"和"只要能够通过学习认证，我就不会再学习相关的内容了"。

第二部分是学生对 SKNs 学习方式的满意度调查，目的是调查学生对该学习方式的看法和态度。问卷改编自 Hwang 等(2011)，总共有 7 道题目，采用李克特 7 点量表的形式(7＝强烈赞同，6＝中等赞同，5＝轻微赞同，4＝中性，3＝轻微不赞同，2＝中等不赞同，1＝强烈不赞同)，克隆巴赫系数为 0.85，表明具有较好的内部一致性。

第三部分是针对学习系统的易用性和有用性，调查学习者的学习感受与学习体验。关于学习系统易用性和有用性的调查问卷，改编自 Cadima 等(2010)，主要聚焦在 SKNs 在学习动机和社会性意识激发方面的作用及效果；总共包括 11 个题目，采用李克特 5 点量表的形式 (1＝强烈不同意，2＝不同意，3＝同意/不同意，4＝同意，5＝强烈同意)，学习者进行每个条目的选择。其中题目 1 和题目 2 是系统的效果调查(如"我需要花费很大的工夫才能够理解 SKNs 的相关信息")，题目 3～题目 6 是学习系统对学习者社会意识和知识整合能力的作用调查(如"SKNs 能够帮助我更快地找到相关资源")，题目 7～题目 11 聚焦于系统对学习者学习动机以及关联学习方面的效果调查 (如"我对自己的在线学习表示满意"等)。

针对关联学习的相关特点，本次问卷采用在线调查的形式，学习者熟悉相关作答过程。对于题目的理解，在作答前由教师和研究者共同解释存在疑问的题目其含义，帮助学生理解问卷的主要内容。

3) 教师问卷

课程结束之后，对于全程参与学习指导的教师(助教)进行调查，该问卷主要调查教师对于技术增强关联学习设计及其实施的主要看法。问卷改编自 Li 等(2012)的相关研究，克隆巴赫系数为 0.87。

6.3　设计性学习的迭代与修正

6.3.1　技术增强关联学习的核心设计环节

通过面对面培训和在线学习的混合学习实践，根据实时观察以及对在线互动的实时追踪发现，学习者对于这种关联学习设计有比较高的热情，对于这种学习模式有比较高的认可，在具体的学习过程中，学习者能够踊跃参与其中并积极完成多种学习活动。

本次实验设计在技术支持、学习引导与社会意识三个方面提供了实时支持，设计了相应的活动任务以促进信息分享和社会知识建构，结果发现，总体获得了比较好的学习效果。

在连接交互的活动参与方面，个体学习者的参与度比较高，学习者能够进行相关讨论主题的浏览及协同批注，说明他们已经具有比较好的关联学习意识，学习已经超越了简单的个体学习；同时，在协作中学、讨论中学以及反思中学等方面也有比较好的表现，说明学习者之间有比较多的群体互动；另外，也说明学习者对于学习活动表现出了比较高的热情，多种类型的学习活动对于调动学习者的活动参与度是比较有效的。而群体的操作频次保持在一个比较高的水平，说明技术增强关联学习的活动设计有效，能够促进复杂交互和高阶活动参与。

在知识内容的贡献和创造方面，本次活动的交互建构基本停留在浅层次状态，社会性交流和关于管理、环境等方面的发帖数量较多，在知识建构方面，学习者的知识建构停留在第一层和第二层，重在观点的分享与表达；同时，结合活动的参与情况发现，每个学习者都有比较积极的知识建构意识和行为，乐于表达不一致，群体协商、群体协同建构的意识正在逐步形成，说明针对关联学习的具体实施，开放的内容单元设计思路与方法促进了知识的社会性来源，初步证明基于开放内容单元的设计思路可行。

在学习网络的连接与塑造方面，针对课程要求的三个学习元的学习任务而言，本次实验的连接学习情况较为理想，连接学习元以及知识群的数量远远超过三个，因此拓展了学习的广度；同时，在学习过程中，由学习者和内容交互(学习者与内容的交互贡献程度达到一定的比值则以可视化标签的形式显示)而形成的社会性标签表明该学习者已经成为学习网络的塑造者(成为他们进行联通的管道与媒介)，学习者在学习网络的塑造过程中扮演了围观者、关注者、参与者和贡献者等角色，这在一定程度上拓展了学习的广度(由此延伸了 SKNs 的节点)，说明设计实现了学习者的社会性这一目标，学习者通过深度交互成为网络节点的塑造者和连接者，学习者的社会性来源得以实现。

　　总的来说，第一轮实验初步验证了课程设计的有效性，以及学习实施策略与步骤的可行性，说明技术增强关联学习的相关要素(内容单元、交互行为以及 SKNs 环境)的设计基本有效，通过统计分析也发现，学习者的学习活动、连接学习以及知识创造达到了初步的预期。

　　通过对技术增强关联学习的实施发现，在具体的学习过程中，为了体现内容单元层面的知识创造，应该注重以教师为中心的内容单元整合设计；为了促进活动中学，应该注重以学生为中心的学习活动设计；为了促进基于 SKNs 的连接学习，应该注重融合人与知识的 SKNs 环境设计，因此，针对第一轮设计性实施，本书初步归纳出技术增强关联学习的三个核心设计环节。

　　1) 以教师为中心的内容单元整合设计

　　通过本次设计性实验发现，基于内容单元的整合设计思路有效，根据具体的实施过程以及策略，将相关的实施要领总结归纳如下。

　　其一是在内容单元编排方面，应该充分考量知识的属性，根据"是什么""为什么"以及"怎么做"的知识特征，按照课程、资源和学习活动整合的思路与模式进行相应的设计，即内容单元是"学习内容+学习活动+学习资源"的综合体。

　　其二是在内容单元的课程形式方面，遵循技术增强关联学习环境的知识生态和分布式知识特性以及碎片化时代的学习需求，将内容单元设计成微课程的形式，时长一般设定在 15~30min，便于学习者进行知识的重组和再造。

　　其三是在内容单元的设计方面，结合关联学习共享社群知识和开发知识库的需求，初始的课程单元由教师和助教共同开发，而随着学习的进行，允许社群学习者对相关单元进行内容贡献、补充与完善，群智汇聚促进共同体知识的创造，体现技术增强关联学习课程的动态生成与学习的知识创造特性。

　　其四是根据每个内容单元的学习内容以及目标，教师以及助教制定相应的评价方案(包括学习时间、活动绩效以及相应权重等)，基于学习网络的连接和塑造以及知识节点的联通与建构等对学习者进行基于全学习过程的精准评估。

　　2) 以学习者为中心的多元交互学习过程设计

　　为了更好地实施技术增强的关联学习，促进知识的创造和联通，应该充分考虑到技术增强关联学习环境(SKNs)的学习特点，以"分布式认知(distributed cognition)"和"关系中学习(learning by relationships)"等理念为依据，考虑学习者的学习需求，按照每一种学习活动所需要的心智努力程度不同，从知识接受、知识分享、知识贡献以及知识创造层面对学习者的联通交互学习行为进行分级，并据此设计多维交互学习活动。在具体的实施过程中，根据每一种交互行为所对应的学习活动，将相关交互操作进行分类，如基于知识创造的学习可以设计为学习者对于单个学习元的协作、交流、连接与观点的深化等，而对于知识群来说，则可以设计为创建学习元，以便其他学习者进行相关的学习等。

在具体操作上，学习者通过操作交互基于 SKNs 创建学习网络，所有学习者用户形成一种关联和共享学习环境；在学习的寻径交互过程中，学习用户可以在学习课程单元中查看预制的相关知识信息，既可在信息中寻找知识，也可在课程单元中查看 SKNs，还可通过学习者来寻找知识，两者相互发展、依存，形成初层次的学习交互寻径；在学习意会阶段，学习者可以通过聚合与分享、同伴互评、讨论与协商、反思与总结、政策制定等方式展开集体的模式识别和信息(知识)搜寻；在创造交互阶段，学习者可以通过创造学习制品推动交互向深层次发展。

3) 融合人与知识的 SKNs 创新应用设计

技术增强的关联学习环境提供了 SKNs(学习者在学习的过程中能够实时查看 SKNs，了解个体和群体的学习进展与贡献程度，同时通过 SKNs 连接更多的内容单元和专家等，以便进行分布式学习)；需要说明的一点是，SKNs 是随着学习的进行而逐渐形成的，具有动态发展的特性；随着学习的不断深入，学习者可进行连接学习的内容和人也越来越多，从而构建了一个巨大的连接支架和共享知识库，为了更好地促进技术增强关联学习的效果，应该注重关联学习环境以下几个方面的具体应用。

首先，在 SKNs 中，学习元的颜色可以表明相应的学习进展，例如，绿色节点表明学习已经完成；红色节点表明学习正在进行；蓝色节点表示用户创造的学习元等；而没有学习的学习元则不在个人 SKNs 中显示，这样学习者在学习过程中，可以通过实时观察学习元的节点颜色来了解自己的学习进展，这种动态呈现的可视化的学习状态在一定程度上能够促进学习的社会化。

其次，在人与内容交互以及人与人交互的过程中，根据 SKNs 本身提供的学习可能(如提供了基于人-人-知识和人-知识-人的连接学习方式)，在连接学习过程中，人-知识-人的连接学习容易发生，而人-人-知识的连接学习则较难发生，学习者容易连接更多的学习者进行共同学习，但是很少通过其他学习者节点查找与此学习者相关的其他内容单元，因此，在设计方面，还应该对此功能进一步改进，如将学习者和其他学习者的好友关系进行标注，一改单纯的基于社会关系聚合而标注学习者好友的方式，采用基于关系聚合与主题聚合的整合标注模式(例如，将对相同或者相似主题的关注度达到一定程度的学习者进行关系标注和内容推送，鼓励添加好友并进入学习者的网络进行连接学习等)。可根据共同关注的学习节点数量以及友谊网络中的朋友数目不同，设置不同的社会标签类型等。

6.3.2 促进多元交互和社会知识建构的协作与认知发展支架

虽然本次设计性的实验促进了社会联通和复杂联通，说明初步实施比较有效，但是也发现了一些问题，这将成为下一轮实施方案的改进方向。

设计基于知识接受、知识分享、知识贡献和知识创造行为的社会化交互活动，然而通过实验发现，在活动参与度方面，分享中学和创造中学比较薄弱，说明学习者进行分享与推荐以促进群体知识积累的意识还不够，创造中学在关联学习中非常关键，然而在这一个环节，创造中学没有得到充分的体现，因此，在后续进行活动设计的时候，应该多引导学习者进行信息分享和贡献，引导学习者多进行数字制品的发布。除此之外，通过对学习活动的参与率分析发现，越高阶的学习活动，学习者的参与率越低，所以后续需要采用相关策略来提升学习者高阶活动的参与率。

为了促进知识的社会性，本书设计了基于任务的协同建构活动，然而通过对协同知识建构四个阶段的分析发现，群体知识建构的第二阶段(观点的连接)尚不理想，因此在以后的活动中应该采用合适的策略来促进同伴之间的观点交流和碰撞(促进同伴互动)，进行更多的观点连接，促进知识建构广度；学习基本停留在协同建构的第三个阶段，这说明协同建构在深度上需要进一步加强，后续需要采用合适的策略以促进知识建构的广度和深度。

为了促进学习者的社会性交互，本书设计了基于内容交互而动态生成的 SKNs 学习环境，以实现学习者的社会性来源，然而通过实验发现，大部分用户都塑造了网络节点，和当前的学习网络建立了连接，达到了通过学习实现学习者的社会性来源的目的。但是在对节点角色的进一步分析中发现，大部分学习者的角色还停留在围观者和关注者层面，协作者与参与者的角色相对较少，说明学习者的社会意识和集体认知责任较为匮乏。

因此，为了促进所有学习者在本次关联学习过程中的协商、互动与知识建构，在第二轮具体实施的过程中考虑了学习者的认知水平，设计四个不同的协作与认知发展支架(So et al.，2010)，以促进群体协同的交互建构。

水平 1：观点的产生。围绕开放性的学习主题，提供给学习者相应的课程学习资源，辅助相应的脚手架，促进学习者在进行基于当前学习主题的广度连接和深度连接的基础之上对于当前主题产生更多的观点和想法。

水平 2：观点的连接。这是一种典型的群体协同阶段，采用逐步推进的方式促进协同向前发展，从组内协同开始，逐步过渡到组间协同，最后在更大范围内进行协同，这样有助于学习者将自己的观点和见解逐步建立在他人以及群体智慧的基础之上，以更好地促进学习者的观点连接。

水平 3：观点的深化。这个阶段以撰写反思为主，在组内协同和组间协同的基础之上，基于当前讨论主题形成了新的单元版本，因此，每个成员可以在此浏览和查看关于当前主题的讨论，基于对当前知识内容的整合重组与反思，从更高的层面建构对当前主题的认识，将个体知识进一步外化为社群知识，拓展群体的共享知识空间。

水平 4：观点的提炼。在观点产生、观点连接、观点深化的基础之上，逐步提供相应的学习脚手架和设计合适的学习活动，促进学习者通过数字制品等形式进行观点的提炼。

6.3.3　促进社群探究与知识创造的学习者角色设计

在技术增强的关联学习设计中，开放性、大规模、自组织、实时性、动态生成、创造性和社会性的技术环境作为重要的学习推动力量，将人作为社会知识建构和智慧学习的重要媒介，将寻找管道、联通及持续联通作为关联学习设计的出发点，依托 SKNs 的技术架构和认知路径，及其所提供的认知和社会双联通管道进行学习，重中之重是进行促进社群探究与知识创造的学习者角色设计，以便充分发挥学习者在汇聚、混合、转用、分享和知识创造等方面的作用。

在具体的实施过程中，根据学习者社会知识建构与连接交互的不同，进行学习者的角色塑造(图 6-4)，如培养"学习领袖"以及"兴趣专家"，将与当前核心学习主题关注度最高以及贡献度最大的学习者进行标注，以树立榜样的作用等，将人与人之间以及人与知识之间的关系进行标注，并且赋予学习者不同的参与角色，如根据学习者的关联程度以及知识贡献差异，构建基于围观者、关注者、参与者、协作者、贡献者等多重角色的学习网络，对于社群探究与知识创造的关联学习具有较大的促进作用。

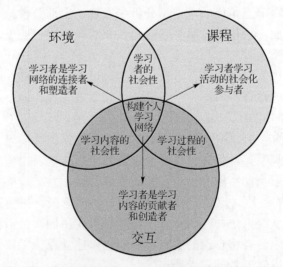

图 6-4　促进社群探究与知识创造的学习者角色设计

6.4　技术增强关联学习的设计原则

6.4.1　技术增强关联学习的活动参与、交互过程与知识建构

三个阶段的设计性实验结束之后,对于全体 101 名学习者(第一轮实验的 35 名,第二轮实验的 34 名,第三轮实验共计 32 名参与者)的个体 SKNs 进一步分析,以了解学习交互建构过程、学习活动、学习方式和个体学习成就的关系。

1. 三轮关联学习的比较分析

1) 学习活动的社会化参与

比较三次关联学习实验的频率可以发现,第一轮实验产生 934 条活动记录,第二轮实验产生 1008 条实验记录,而第三轮实验则产生 1178 条实验记录。说明在三轮设计性实验中,实验的频次逐步增加,学习投入逐步增加。

依照具体的实验类别进行分析发现,第一轮实验中进行了比较多的协作学习和分享学习,浏览中学的频次较低,也就是说对于同伴帖子的浏览和关注比较少,第二轮实验则进行了较多的浏览中学和协作中学,说明学习者之间的互动进一步增强;而第三轮实验则在分享、交流、协作和创造各个方面的实验频次要高于第二轮实验,说明学习者进行了较为深入的互动和交流。

在参与率方面(表 6-3),第一轮实验中,浏览中学的参与率较低,而交流、协作的学习者较多,反思学习的参与者较少,说明学习者比较习惯关联学习的协同学习和讨论、交流,对于更为高阶的反思中学,则参与者较低。而第二轮实验则在浏览中学以及反思中学方面表现出较高的参与度。第三轮实验在反思和创造的高阶学习实验阶段就表现出了较高的参与度。

表 6-3　学习活动的参与率统计(三次对比)

浏览中学	分享中学	交流中学	协作中学	反思中学	创造中学
30(85.7%)	16(45.7%)	33(94.2%)	34(97.1%)	26(74.2%)	26(74.2%)
32(94.1%)	15(44.1%)	34(100%)	34(100%)	30(88.2%)	26(76.4%)
32(100%)	16(50%)	30(93.7%)	32(100%)	32(100%)	27(84.3%)

结合参与频率,可以看出,在第二轮实验中,浏览中学的频率最高,而和第三轮实验相比,参与率较低,说明学习者个体对于当前内容有比较多的浏览和学习。

2) 知识内容的贡献与创造

通过比较三次学习过程中的知识接受、知识分享、知识贡献和知识创造,发现

第一阶段的学习主要聚焦于知识接受和知识贡献，第二阶段则主要聚焦于知识共享和知识创造，而第三阶段则在知识共享和知识贡献方面达到了比较理想的效果。其中在知识创造方面，由于在三轮设计性学习的过程中，要求学习者提交数字作品（概念图），是一人一份数字作品的要求，在三轮实验的知识创造方面，我们可以看到总数趋于稳定，结合三轮实验的实际参加人数，进一步发现，第二轮和第三轮实验的知识创造更多。

在上述操作频率的基础之上，进一步对于知识分享、知识贡献和知识创造的交互建构过程进行比较(图 6-5)，分析帖子数目，划分意义单元。比较三个阶段的交互建构过程发现，在社会交互方面，第一个阶段和第三个阶段表现出了较多的社会交互，在管理方面，第一阶段表现出了较多的关于课程以及技术与学习环境的交互，这说明在第一轮关联学习过程中，学习者通过社会交互建立友谊网络的意向。而在第二轮和第三轮的实验中，学习者在知识建构方面表现出了较高的发帖量，同时，进一步比较第二阶段和第三阶段的知识建构发现：第二阶段的知识建构停留在较为浅层次的拓展知识建构广度的阶段，而第三阶段则在知识建构的深度上有所提高。

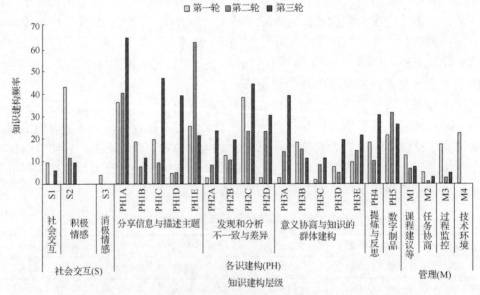

图 6-5　三轮实验的知识建构过程比较

3）学习网络的连接与塑造分析

（1）连接知识节点的情况分析。

和传统的关联学习不同，在连接知识节点方面，技术增强的学习环境为学习者提供了众多拓展学习广度和深度的学习网络，学习者通过连接学习网络以及塑造学习网络的形式进行学习。在拓展学习的广度方面，第一轮学习实验进行的连接交互学习行为更少，而第二轮则进行了较多的连接交互学习行为，但是在第二轮的连接学习实验中，更多的连接集中在对于学习元以及知识群的调用(收藏、已经学习)、整合(评论学习元、知识群)方面，而第三轮则在创造方面有比较高的行为，说明第三轮学习实验中学习者不仅连接学习网络拓展自己学习的广度，而且对于当前的知识节点进行重塑和创造，创建了学习网络中的新节点，以便其他学习者进行连接(表 6-4)。

表 6-4　学习者连接知识节点的数量统计(三轮对比)

类别	收藏		已经学习		评论		创建	
	学习元	知识群	学习元	知识群	学习元	知识群	学习元	知识群
第一轮	35	70	35	70	35	35	7	1.75
第二轮	102	102	102	102	102	68	10.2	5.17
第三轮	64	96	128	32	96	64	64	19.2

(2)塑造学习网络的情况分析。

在关联学习的过程中，根据每位学习者社会知识建构的贡献值可赋予相应的协同知识建构角色(如围观者、关注者、参与者、协作者、贡献者和创新者等)。第一轮实验中，学习者角色为围观者和关注者的标签数目较多，而在第二轮实验中，关注者和围观者、参与者增多，第三轮实验则贡献者增多，说明随着三轮设计性实验的开展，学习者对于当前的学习内容的交互逐步从浅层交互走向深度交互，从简单的浏览、收藏走向深层次的协作和贡献(表 6-5)。

表 6-5　学习者群体的相关数量以及群体的身份(三轮对比的视角)

类别	围观者	关注者	参与者	协作者	贡献者	创新者
第一轮	13	7	4	5	1	0
第二轮	34	17	7	4	1	
第三轮	20	13	9	2	2	0

2. 实验对象、学科以及活动年限等对学习的影响作用

通过研究发现，学科对于关联学习的成就影响不大，活动年限和学习投入(学习者登录平台的次数)对于关联学习有比较大的影响作用。

从实验对象的本身特点来看，第一轮实验对象具有英语学科背景，第二轮实验对象具有语文学科背景，第三轮实验对象具有英语学科背景。在进行培训选拔时，一般是按照优秀程度从高到低依次选拔的，因此，就同学科而言，第一轮实验的教师专业功底更为深厚，在学习过程中的学习绩效应该最好；第二轮实验的教师次之，依次类推，然而通过本设计实验发现，随着三轮实验研究的进行，第二轮、第三轮实验依次比前一轮实验有更为优异的学习表现，这说明随着对于设计的修正与逐步

完善，关联学习的效果越来越显著。

此外，参与关联学习的时间长短和学习投入对学习效果确实存在很大的影响，而其主要的原因在于，年轻的教师由于在线学习的时间尚短，缺乏在线学习的相关经验，在基于学习元平台的相关学习活动中，经常会遇到各种各样的技术问题，如果这些问题不能及时得到解决，将影响学习的持续性，这也是为什么经过相关研究发现，在整个在线学习的过程中，有不少辍学者的主要原因，因此，给予学习者适当的学习支持是非常关键的。同时，应该注重相关策略的应用，以促进学习者积极参与，例如，在三次大型的关联学习实验中，设计了新手到专家的认知学徒制策略，以发挥教师的学习领袖作用等。事实证明，这些举措都有比较好的效果。

这进一步说明，随着学习时间的增加，学习者的社会化交互逐渐深入，这从侧面说明在关联学习的过程中，前友谊网络的培养非常重要，只有具备一定的友谊网络，学习者才愿意和其他同伴进行更为广泛和深入的交流；同时，学习成就和学习投入有较强的正相关，正如学者所言，社会联通和复杂联通就是社会化交互与社会化投入，学习投入在一定程度上能够促进学习成就，而本书也证明了这一点。

通过对学习者的在线参与进行观察发现，学习者在刚开始进行学习的时候，往往难以适应，学习者的角色转变是一个很主要的原因。学习者从传统的自上而下的学习转变到自下而上的学习需要一个过程和时间段，学习的过程性引导非常重要。因此，教师要在学生的学习过程中担任个体学习网络的塑造者、学习节点的连通者以及学习路径与轨迹的校正者等角色；除教师对于学习过程的引导之外，充分发挥学习社群中的学习领袖和突出的知识贡献者的作用，使得其他学习者通过潜移默化的影响，积极持久地投入连接交互的学习过程中。同时，通过适度的奖惩策略以及建立良好的社区氛围等促进学习向前发展也是非常必要的。

3. 学习成就与 SKNs 的关系分析

根据技术增强关联学习的评估，其网络疏密程度可以用知识单元的数量和好友的数目进行衡量。网络结构可以用交互标签的类型和交互程度来表述，即内容标签的类型、知识贡献程度（系统自动统计）和友谊网络的标签类型以及信息（邮件）的数量。

结果发现，学习成就和个人 SKNs 的疏密程度与结构有很大的正相关，$r(101)=0.324，279，p<0.01$，也就意味着学习成就比较高的学生获得的个人 SKNs 的密度较高，学习了更多的学习元和知识群。这一发现和 Dawson（2010）以及 Casquero 等（2015）的研究结论相吻合。

同样，研究发现网络结构和学习成就存在较强的正相关（网络结构用学习者与学习内容的交互程度以及学习者之间的信息及邮件数量进行表示）。

在交互程度方面，$r(101)=0.229，p<0.01$，意味着学习成就比较高的学习者在学

习过程中进行了更深层次的交互，有较多的好友关系的友谊网络($r(101)=0.370$，$p<0.01$)；根据评估部分的描述可知，只有标记为好友或者密友的学习者才能显示在学习者的好友列表中，并且共同关注的学习元数量在 16 以上，才能互相添加至好友列表，进而进行邮件及信息交互。

总的来说，个体的 SKNs 结构和疏密程度能够显示个体学习者的学习效果，因此，技术增强环境下的关联学习可以通过可视化的形式表明学习者的学习成就。也就是说，学习成就比较高的学习者拥有的 SKNs 比较密集，并且人与人之间以及人与知识之间的交互程度更深，也代表该学习者的连接交互水平越高。由此可见，在个体学习构建学习网络的过程中，学习是一种连通，通过连接相应的知识节点与学习者节点，并且通过连接学习的程度(学习者和学习内容的交互与贡献以及学习者之间的社会交流程度等)来决定学习效果。

4. 不同绩效学习者的学习表现差异

为了对高成就学习者和低绩效学习者的关联学习行为以及学习模式进行进一步分析，学习活动结束之后，对后期的学习成就进行测量，按照 50%的标准进行取值和分类，将学生分为高绩效组和低绩效组。

对两组学生的前测成绩进行独立样本 t 检验，结果发现均值和标准差是 76.22 和 6.001(高绩效组，$N=50$)，而对于低绩效组($N=51$)，均值和标准差是 74.61 和 7.839，$p>0.05$，并且 $t=1.159$，结果表明高、低绩效的学习者之间在初始的知识储备方面没有差异，表明他们具有同样的知识基础，也就是说，后测成绩能够表明是通过学习所获得的相关成就。

通过前述的相关研究发现，学习成就和学习网络(知识群)存在显著相关，和单个学习元也有显著差异，通过对两组学习者的知识群与学习元的已学状况调查发现在独立样本 t 检验中，两组学习者的知识群的学习数量达到显著差异水平，而学习元的数量也达到显著差异，进一步对两组学习者的交互程度进行分析发现，高成就学习者和低绩效学习者存在显著差异。其中，在内容交互(贡献)方面，高分组的均值和标准差是 120.14 和 150.709(高成就组)，而对于低绩效组，均值和标准差是 36.63 和 39.990，$p<0.001$，并且 $t=3.823$，说明高低绩效学习者在知识贡献方面有显著差异。

在社会交互方面，高分组的均值和标准差是 3.54 和 1.98，低分组为 1.593 和 1.903，$p<0.001$，并且 $t=4.462$。结合前述关于社会交互的评估标准，即社会交互主要是基于学习者与好友的好友关系以及社会交流程度而确定的，即社会交互在一定程度上表明兴趣以及友谊网络的社会交往程度(因为只有共同关注的学习元或者知识群数量达到一定程度，才能认为是好友关系)。

这一数据分析的结果也进一步验证了学习者的连接交互学习行为超越了人与学习

内容之间的分享以及学习者之间简单的社会交流，具有更深层次的知识交互、贡献行为，形成了相应的友谊网络。两组学习者的社会标签和内容标签的数目存在显著性差异，可以发现，内容标签标注的是学习者和学习内容的深度互动关系，只有知识贡献达到一定的程度，学习者和内容之间的交互才以可视化标签的形式显示，通过对这些深度交互的标签类别进一步分析发现，在按照知识的贡献程度分级的围观、关注、参与、协作、贡献与创新的六个分类标签中，围观者的标签在两组之间不存在显著差异，贡献者与创新者的标签不存在显著性差异，因为两组学习者还没有完全达到很高程度的知识贡献，所以在贡献与创新两个层次没有显著差异，而两组学习者在学习的过程中都超越了简单的浏览和观摩，面对当前的内容进行了参与和协作等。因此，学习者在围观这一标签类别上没有显著差异，而在知识贡献程度较高的关注者、参与者、协作者三个层面均表现出了较大的差异水平。这一研究进一步说明，知识贡献是技术增强关联学习的重要主旨，贡献的程度越高，学习者与当前内容交互的标签级别越高，学习成就越好。

在社会标签方面，两组学习者在社会标签的数目以及交互程度方面也表现出了较大的差异，具体为：在好友数目方面，高分组的学习者的好友数目明显高于低分组，呈现出显著差异性水平；对好友的关系进一步进行分析，因为本实验的好友交互只有好友关系和协作关系两种类型，进一步对两种关系的比较发现，在好友关系方面，高分组的学习者具有好友关系的友谊网络更多，而两组在协作关系层面的好友数目不存在显著性差异。这一结果表明：对于高成就的学习者来说，深度互动的友谊网络更为重要，而对于低绩效学习者来说，连接好友进行协作与提供学习帮助具有较为重要的意义和作用，两组学习者在关联学习过程中的友谊网络和社会资本的需求与定位存在显著性差异。

5. 学习者以及教师的问卷调查

课程结束之后，对于学习者进行后测，进一步了解学习者对于当前这种学习方式的满意度和对课程学习的效果等，调查的学习者数量为 33 名(32 名课程学习者和1 名随同课程的助教，该助教进行课程的学习)，年龄跨度在 22~35 周岁，平均年龄为 25.6 周岁。

1) 学习方式调查

首先进行学习方式的相关调查，学习方式量表旨在调查学习者的在线学习方式是处于浅层水平还是深层水平，其中，深度学习方式主要包括内部动机、学习的持续性、理论与实践的连接、基于理解四个维度，浅层水平学习方式主要包括害怕失败、获取证书、缩小学习范围以及记忆的学习目的四个维度。结果发现学习者在学习的内部动机、学习的持续性、观点的连接以及促进理解的学习过程方面表现比较显著。因此，学习者在学习的过程中采用了深度学习的方式。关于浅层的学习方式，以害怕失败和获取证书为目的的学习导致了少数浅层学习者的诞生，而学习者在记忆和缩小学习范围方面没有明显的倾向性，这说明为了促进少数学习者从浅层学习向深度学习迈进，在在线学习的过程中，应该对学习者进行鼓励，将外部学习动机（获取证书）更多地转化为内部学习动机。

2) 学习满意度调查

在学习策略的满意度方面，根据李克特 7 点量表的调查结果发现（表 6-6），学习者的满意度总体是比较高的，学习者对于 SKNs 的学习表现出了极大的兴趣，绝大部分学习者希望以后继续用这种方式进行学习，平均分值为 5.21，并且希望能够推荐这种方式给其他同学；对于技术增强的关联学习，87%的学习者表现出极大的兴致，80%以上的学习者认为可以通过技术增强的关联学习环境获得更多的学习资源与内容，研究结果同样表明，SKNs 给学习者提供了一种新的联通交互视角，这对于提升课程学习的满意度来说是非常重要的。通过后续的访谈进一步得知，学习者建议扩大技术增强学习的使用范围，以便让更多的教师可以看到其他学习者的学习动向，进行更好的资源查找和具有共同兴趣的学习伙伴的寻找。学习者建议将 SKNs 作为交流和资源共享的桥梁与媒介。但是在如何更好地利用技术增强的学习环境方面，有个别学习者表示要进一步培训，以便让他们学会熟练准确地解读这种联通交互学习环境所提供的相关信息。

表 6-6　学习满意度调查

项目/选项	强烈赞同 7	中等赞同 6	轻微赞同 5	中性 4	轻微不赞同 3	中等不赞同 2	强烈不赞同 1	平均分
1. 使用这种方式进行学习，我觉得比以前的学习更有趣味性	36.36%	51.52%	3.03%	9.09%	0%	0%	0%	5.15
2. 使用这种方式进行学习，可以帮助我发现新的内容	39.39%	39.39%	12.13%	9.09%	0%	0%	0%	5.09
3. 使用这种方式进行学习，能让我用新的角度看待学习内容	51.52%	21.21%	18.18%	9.09%	0%	0%	0%	5.15
4. 我喜欢用这种方式学习	33.33%	45.45%	12.13%	9.09%	0%	0%	0%	5.03
5. 希望其他的课程也可以通过这种方式进行学习	39.39%	36.36%	9.09%	15.16%	0%	0%	0%	5
6. 我希望以后有机会可以用这种方式学习	48.48%	33.34%	9.09%	9.09%	0%	0%	0%	5.21
7.我会推荐这种学习方式给其他同学	48.48%	30.30%	9.09%	12.13%	0%	0%	0%	5.15

3) 易用性和有用性调查

课程结束后，进一步对易用性和有用性进行分析（表 6-7），结果发现，在有用性方面，得分前三项的分别是：通过本次学习，更有动力帮助他人（3.24）、更容易向他人请教问题（3.24）以及 SKNs 在学习过程中起到了积极作用（3.24）。这说明

SKNs 在学习过程中的有用性程度比较高。其次学习者普遍认为 SKNs 促进了学习者之间的互动(3.12)以及更容易培养自己的贡献意识与集体责任(3.12)等。在易用性方面,学习者认为理解技术增强的关联学习环境的全部信息尚有一定的难度,因此,在以后的学习过程中加强培训,进一步改进学习环境的界面,让其简单易懂。

表6-7　学习系统的易用性和有用性调查

项目/选项	非常同意 5	同意 4	一般 3	不同意 2	非常 不同意 1	平均分
1. 我需要花费很大的工夫才能够理解 SKNs 的相关信息	30.3%	39.40%	30.3%	0%	0%	3
2. 我能够理解 SKNs 提供的所有信息	9.09%	27.27%	54.55%	6.06%	3.03%	2.33
3. SKNs 能够让我更容易地意识到自己和他人的交互情况以及在协作学习中的角色	15.15%	51.52%	33.33%	0%	0%	2.82
4. SKNs 能够帮助我更快地找到相关资源	24.24%	48.49%	27.27%	0%	0%	2.97
5. SKNs 让我更容易意识到他人的贡献和互动	33.33%	45.46%	21.21%	0%	0%	3.12
6. SKNs 促进了我和其他成员的互动	33.33%	48.49%	15.15%	3.03%	0%	3.12
7. 通过本次学习,让我更有信心和其他人互动学习	39.39%	42.42%	18.19%	0%	0%	3.21
8. 通过本次学习,让我更有动力帮助他人	39.39%	45.46%	15.15%	0%	0%	3.24
9. 通过本次学习,让我更容易向他人请教问题	36.36%	51.51%	12.13%	0%	0%	3.24
10. SKNs 对我的在线学习起到了积极作用	42.42%	39.39%	18.19%	0%	0%	3.24
11. 我对自己的在线参与表示满意	33.33%	45.46%	21.21%	0%	0%	3.12

　　总的来说,技术增强的关联学习环境从社会关系的角度提供了同伴帮助和专家导航功能,有利于社会资本的获得,在促进关联学习方面具有重要的作用和意义。通过使用 SKNs 及其对关联学习的设计,学习者之间能够交换信息、推荐资源、访问同伴或者专家的个人学习空间,了解其学习轨迹,为进一步的关联学习提供了便利。

　　很显然,学习者通过学习意识社会关系对于寻找合适的学习伙伴有比较重大的意义。在技术增强的关联学习中,网络节点,尤其是知识节点在促进学习者的协作、建立协作关系方面具有举足轻重的作用,可以说,知识节点是学习者之间进行联通的管道和媒介,同时是促进和加强人际互动的源泉。社会知识生态通过这种方式促进和增强连接交互的学习过程。通过访谈还发现,学习者强烈赞同社会知识生态在强化学习与参与角色而促进关联学习方面的重要作用。此外,学习者还提出 SKNs 图的灵活性问题,希望能够显示更多的学习者层次和学习内容层级，并且能够增强实时交互功能和相关社会化小工具的支持。

　　4）教师问卷调查

　　课程结束之后，同样对于参与学习指导的教师进行了问卷调查，以便进一步了解教师角度的学习及其有用性，多角互证以便对该学习形成全面的了解。通过对相关问题的整理与归纳，从积极的观点、消极的观点以及其他观点三个方面进行归纳与总结(表 6-8)，结果发现，大部分教师认为技术增强的关联学习能够提升学习者的学习兴趣，促进群体互动，利于学习的协同和知识分享与协作等；但是有少量的教师通过观察发现，有少数的学习者仍然存在只读参与的情况；同时，有个别学习者为了获得社会标签以及内容标签，存在重复操作的行为，另外，根据教师反映，学习者的学习时间可以再长些，以便让群体互动学习成为习惯。再者，在教师角色方面，这种模式下的学习对于教师的要求更高，教师在很多方面要独当一面，能够成为学习过程的指导者、参与者等，对于学习者的帮助不仅包括技术层面，还应该包括学习内容本身以及学习策略方面。

表 6-8　教师(助教)调查问卷　(N=18)

	条目	人数	比例/%	代表性观点
积极的观点	对学生学习带来的好处	17	94.4	提高了学生的群体学习水平，提升了学习兴趣和计算机技能，以及协作学习能力
	群体的交互程度帮助性	14	77.7	促进了学习者的交互广度和深度，聚合共同兴趣的学习者为一个小的主题社群
	技术优势	15	83.3	学习者可以进行非正式学习，方便了学习者的协同浏览、分享与批注等
	专家网络与学习者社群	17	94.4	激发了学习者的学习动机，学习者能够从其他专家与学习者社群中学习他们分享的内容
消极的观点	群体学习的投入	3	16.7	有的学习者，尤其是高成就的学习者存在只读参与的情况
	学习的时间	8	44.4	在线的学习实践感觉不够用，希望能够将这种学习从线上拓展到线下
	技术方面的问题	4	22.2	有些学习者为了得到社会化标签，重复进行相关内容的操作，以提高贡献度
其他	教师的角色	11	61.1	教师在学习过程中的角色多元化，学习的技术支持和学习的引导同样重要
	学习的适用性	3	16.7	有的学习内容与主题对于学习者来说没有足够的兴致进行群体讨论，开放的主题空间对于关联学习很关键
	学习的策略与方法	4	22.2	如何构建个人的学习网络，如何进行自我导向的学习，学习的策略引导和自主学习能力的培养很关键

　　最后，在学习的策略以及学习的适用性方面，开放的主题更适合这种群体互动，同时，这种模式对于学习者的自主学习能力有一定的要求，因此，教师建议应该进一步培养学习者的自主学习能力。

6.4.2　技术增强关联学习的过程性设计框架与策略

1. 过程性设计框架

在进行技术增强关联学习的设计过程中，紧紧围绕三个核心问题进行阶段性的学习设计(图 6-6)。其一是充分考虑哪些要素对于 SKNs 关联学习的设计至关重要？其二是进一步对 SKNs 支持的社群交互和协同探究进行深入分析。其三是如何利用 SKNs 提供认知与社会双联通的认知支架与交互路径。

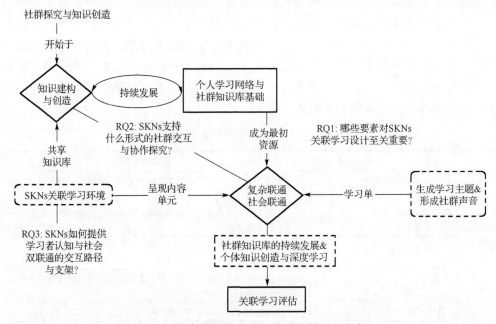

图 6-6　技术增强关联学习的过程性设计框架

围绕上述三个核心问题，在具体的过程性设计中，在初始阶段，基于社群探究与知识创造理念设计相关的内容单元，基于内容、资源与活动整合的形式促进复杂交互和社会交互的多维交互学习活动的设计；其次，以学习者为中心的复杂联通与社会联通阶段，通过联通交互实现知识接受、知识分享、知识贡献和知识创造，基于交互活动的学习过程帮助学习者建构内容单元之间的关系以及拓展基于内容单元的知识空间和创建新的知识单元，达到创造知识的目的，而基于知识交互的协同建构则起到了塑造学习网络的作用，学习者逐步成为学习网络的节点，便于他人连接学习。

在整个关联学习的过程中，学习者连接 SKNs 关联学习共享知识库，进行联通交互，通过活动的知识贡献与创造扩展群体的共享知识库，持续拓展个人学习网络和群体知识库的持续开发，促进个体的知识创造和深度学习。

2. 过程性设计策略

基于三个核心设计问题以及技术增强的关联学习要素(内容单元、交互行为、学习者角色以及 SKNs 环境)的分析,进一步对过程性设计策略进行归纳与总结,研究成果构成了对技术增强关联学习实施的实践指导。

(1)学习网络的连接与塑造层面:①培养学习网络的连接与塑造意识,强调友谊网络的培养,学习者通过激活网络节点,进而进行更好的连接学习以达到深度塑造学习网络的目的;②发挥教师对学习网络的重塑作用,注重学习的过程性引导;③激活专家节点,塑造学习网络的核心角色,强调在 SKNs 强关系中建立紧密的社会关系以及注重对"学习领袖"节点的培养,通过激活强关系纽带来促进相关学习者的参与意识和角色塑造意识,重视培养"学习领袖"以及"兴趣专家"。

(2)学习活动的社会化参与层面:①进一步加强同伴的分享推荐作用,扩大群体的知识空间,提高连接效率,通过学习者自下而上的知识分享与推荐扩大群体的知识空间,以便进行更好的连接学习;②通过同伴互评促进关联学习的互动广度,形成紧密的社会关系;③提供必要的技术支持与实时指导。

(3)知识内容的贡献与创造层面:①提高群体的社会动力和知识贡献意识,促进协同知识建构向深度发展;②密切关注与当前主题相关的学习子群,通过加入以及关注小群体学习的方式促进学习向深度发展;③在整个关联学习的过程中,学习网络的构建应该注重主题聚合与社会关系的整合,在知识贡献和创造层面应该聚焦个体表达与群体协同,从而促进学习向深度发展。

总的来说,通过过程性设计与学习实施发现,交互活动维度(旨在促进复杂联通与社会联通)的同伴互评和标记思维类型、内容单元维度的分享贡献和细化评估标准,以及 SKNs 维度的培养友谊网络与激活专家节点策略是促进关联学习有效实施的基本设计策略。

6.4.3　技术增强关联学习的过程性设计原则

本书进一步实践了技术增强关联学习的设计,明确了技术增强背景下关联学习的过程性设计思路与框架,并提炼了技术增强的关联学习设计原则,具体可以归纳为以下三个方面。

1) 基于 KNs 与 SNs 双重视角的学习连接

关联学习理论认为学习是学习网络中关系和节点的重构与建立,学习就是建立联结的过程(王佑镁等,2006)。以关联学习理论为代表的诸多学习理论为基于 SKNs 的连接学习提供了更好的理论支撑。

在技术增强的关联学习环境下,学习者不仅可以通过当前的内容进行学习,还可以查看与此内容相关的学习者群体,通过学习者群体,查看更多的学习内容,所以学习者群体成为一种重要的学习管道和媒介。学习管道从单纯的"人"走向"人"与"知识"的双重视角，由此促生了一种新的学习方式，即连接学习，"人"依然是学习的重要管道和媒介，学习者通过对共同关注的学习内容进行社会化参与和贡献。

学习者作为学习的管道和媒介反映了以学习者为中心的连接学习模式，教师和专家在学习过程中起到了引导的作用，但是并不对学习进行真正意义上的深度参与，目的是促进学习者逐渐从共同体的外围走向核心，逐步从新手成为专家。

关于关联学习的另外一层含义，即基于人-内容-人的学习形式，单个的知识节点构成了学习者的当前学习内容，而与此节点相关的 KNs 则展示了知识节点（单元）之间的关系，提供了关于当前主题的知识图谱，因此，在基于单个知识节点的学习中，学习者群体通过社会化参与和社会化创造的形式进行学习；而在知识节点之间，学习者则通过连接与此节点相关的学习者节点等社会化的连接行为进行学习。

总的来说，在技术增强的关联学习背景下，通过连接学习内容以及与此内容相关的人，关联学习得以发生，学习者基于连接交互和知识建构而逐步形成社群网络。

可以说，通过人-内容-人以及人-人-内容的方式，学习者进行知识的分享、协作、反思和贡献。人-内容-人的形式是一种典型的基于 KNs 的学习形式。而人-人-内容的形式是一种典型的基于 SNs 的学习形式；通过这两种连接学习促进了 KNs 和 SNs 的整合与发展，促进认知与社会的双联通以及内部认知网络和外部认知网络的连接及转化。

在基于分享-协作-反思与贡献的关联学习中，学习者也可以通过观察他人学习的方式进行学习，同时这些观察信息会进一步反馈给学习者。因此，在这种连接学习的方式中，学习者要成为积极的学习者（Garcia et al.，2015）。

2) 以用户为中心的社群探究与知识创造

在技术增强的关联学习语境下，知识分布在网络的节点之中，学习者通过知识贡献和创造等深度交互进行学习的连接和节点的塑造，进而构建群体知识空间并促进知识扩散。

阶段 1：个体知识的外化和共享。在此阶段，个体知识的外化和共享以发表观点、分享推荐等为主，是一个隐性知识显性化的过程。通过个体知识的外化和共享，逐步形成群体的共享知识库。

阶段 2：个体知识的进化。在此阶段中，个体通过学习、借鉴群体的知识，完成对已有知识的持续建构和进化。在个体知识进化的过程中，有的知识只是对学习者个体知识数量的补充（同化），而有的知识则是对学习者已有的知识结构进行的调整和知识系统的深化（顺应）。

阶段 3：群体知识的进化。在个体知识进化的基础之上，伴随着学习者对内容单元的不断修订、批注及协作编辑等，随着学习的进行，知识单元得到了不断的进化和内容补充，共享知识库得到了相应的演化，学习者群体进一步聚合，使得社群知识和个人学习网络不断得到发展。

3) 基于社会联通和深度交互构建个人学习网络与创造共享知识库

关联学习就是社会联通和深度交互，需要依托关联学习活动，让群体动起来。在 SKNs 中，学习内容、学习活动和学习资源的整合设计思路为基于活动的群体协同互动提供了良好的条件。

学习者通过参与多种类型的学习活动进行群体分享、协作、交流与创造，从而更好地促进个体知识的内化和群体知识的协同，达到通过构建个人学习网络进行学习的目的。

学习就是创建网络(Siemens，2005)。网络的节点可以是人或者物，网络环境下，除了传统的学习资源外，人作为知识传播和学习内容来源的管道，也是一种非常重要的学习资源（余胜泉等，2009；杨现民等，2013）。

在技术增强的关联学习过程中，通过基于知识接受、知识分享、知识贡献与知识创造的学习活动，提供给学习者参与简单活动到复杂活动的脚手架，使得学习者的活动层级逐步上升，通过群体的社会化参与促进知识建构和知识创造，进而进行个人学习网络的扩张与构建。

在学习之初，每个学习者都是一个孤立的个体，进行相关内容单元的活动参与等，逐步形成了具有相同或相似兴趣的学习者，由于初始阶段基于单个内容单元聚合的用户毕竟有限，因此形成的 SKNs 是多对一(多名用户编辑同样的内容单元)的，此阶段网络的生态性主要体现在单个内容节点的知识更新；随着学习的进行，学习的进展超越了单个内容单元，基于主题聚合的语义联系，相应的内容单元得到了不断关联和进化；同时，与此内容单元相关联的用户也得到了更好的联结，因此，此阶段的网络生态主要体现为网络节点与节点的连接和贯通。随着学习的进行，基于该门课程的个人 SKNs 逐步形成，这是一种基于深度知识交互以及复杂活动参与而动态扩展的学习网络和共享知识库，这种学习网络和共享知识库是随着高阶活动的参与而动态演化、不断向前发展的。

鉴于此，本章形成了技术增强的关联学习的系统理论，即技术增强的关联学习以连接学习为主要的学习方式，以知识贡献和创造为主要的知识建构过程，以社会联通和深度交互(促进创造中学)为最高层级的关联学习交互。

第 7 章　技术增强关联学习的课程开发与共享知识库[①]

网络时代的学习——走向联通，而贯彻这一学习理念的重要举措之一，就是设计与关联学习相契合的在线课程。基于这一设计理念，以 cMOOCs 实践形态为个案构建的关联学习课程设计框架模型，结合了关联学习特点，充分体现了知识社区与探究(knowledge community and inquiry，KCI)模型的相关思路与方法。该教学法实践的结果表明：可动态生成基于共享知识库的关联学习课程生态，体现了学习者的知识创造、网络连接等关联学习的典型特征，并且基于群体知识创造动态生成的共享知识库，具有认知复杂性和认知科学性等特点，学习者的学习满意度较高。因此，该设计框架模型有望为技术增强的关联学习以及大规模在线开放课程的开发提供新思路。

7.1　关联学习课程设计概述

7.1.1　技术增强关联学习课程的困境与问题

教育变革总是与时代发展息息相关，工业时代的教育侧重于培养学习者"具有知识"，信息时代的教育则更强调学习过程中的"知识创新"（查尔斯·赖格卢特等，2015）。随着技术的进步以及学习理念的更新，网络时代的学习逐步走向联通和知识创造。以联通交互为核心的关联学习理论，正是这一时代的产物，其发展及其践行扩展了在线学习的内涵与外延，提供了诠释在线学习的新视角，不断推进在线教育进入大规模在线教育的新阶段。

作为关联学习实践形态的 cMOOCs，体现了关联主义教学法的基本思想，强调学习的网络化联结和社会交往，认为学习是创造、自治和学习社群的构建过程（刘菊，2014）。这种以学习者为中心、强调社交化学习和知识创造的范式，是关联主义落实在网络教学实践中的直接产物，代表着"正在兴起的在线教学新方法"（许涛，2016）。和工业时代培养学习者"具有知识"的在线学习范式相比，推进知识创造与社群交互的关联学习，不再是师生之间的内容传输和知识的复制过程，而是学习者、教师共同参与课程内容的过程，是在观点碰撞、知识迭代的互动中不断完善和重构，进

[①] 本章内容发表于《远程教育杂志》，2019 年 1 期，详见：段金菊，郑玲. 2019. 基于知识社区与探究（KCI）、共享知识库的课程设计——关联学习的实证研究与应用分析. 远程教育杂志，(1)：72-84.

行知识创造的过程。因此，在高等教育领域，体现网络联通与知识创造的 cMOOCs，正在成为全球众多高等教育机构进行大规模在线教学实践的先驱(许涛，2016)，也因此成为众多研究关注的焦点。如许涛(2016)等学者对英、美国家的相关研究发现，新的学习理念和方式的确对高等教育领域的教学创新及其效果提升具有显著的作用和影响。

然而，目前关联学习在课程设计、开发和实施过程中仍然存在诸多问题，如当前从教师的角度研究 MOOC 教学实践和经验的文献还很有限，在 MOOC 教学中学习者之间的社交活动和课程参与度，以及技术在支持 MOOC 学习中的作用等方面的研究更是匮乏(许涛，2016)。

如何弥补新的教学理念与教学法实践的鸿沟，进行更好的关联课程设计，对于技术增强语境下的课程设计和教学实证，以及高等教育领域在线教学质量的提升都非常重要(Wang et al.，2018)。本章将从教师和教学实践者的视角，综合考量关联学习及其实践形态的课程特点，借鉴 KCI 的课程开发与学习模型，探索 KCI 模型与关联学习课程的有机结合点，来建立课程共享知识库。继而基于技术增强的学习语境，以 cMOOCs 为实践案例，对高等教育领域的课程设计进行研究，并通过应用实践验证其学习效果。

7.1.2　技术增强关联学习课程的设计趋势

随着在线课程的不断发展，基于新媒体、新技术的在线学习环境逐步成熟，促生了新的学习理念，强调网络连接与知识创造的关联学习应运而生，并逐步成为主要的在线学习形式。开展与关联主义相契合的在线课程设计及实践，成为关联学习领域的重要议题。

其一，从技术环境来看，典型的关联学习课程的教学活动，不是在单一场所或者环境下进行，而是分布在网络上(许涛，2016)。这种开放和分布式的在线学习环境，强调课程对学习者社群互动的支持(许涛，2016)，以及技术增强的学习环境和课程的整合(马秀芳，2015)，例如，通过技术环境与课程整合，促进共同体的社群交互和知识创造(曹传东等，2016)。

其二，从课程的设计策略来看，不少研究者认为，通过学习者的社群交互和共同体探究不断重构社群知识，可有效改善教学和学习。例如，通过积极的互动创造知识来获得社会和文化礼仪，是实践社区的重要议题，而共享和创造真实的社区知识更是其核心任务(Choi，2006)。在 Scardamalia 等(1994，1996)的知识建构模型中，学生以书面笔记的形式用概念制品构建知识库，学生共同研究这些知识制品，从而实现认知目标，诸如知识进步、理念改进，以及问题的深度理解(Tarchi et al.，2013)。而在其进一步探索中，该研究提出了让学生使用协作构建的知识库，作为定期改进驾驶问题的基础，并重新评估模仿科学研究团体实践的假设(Muukkonen et al.，1999)。

最近，随着语义技术的进一步应用，知识单元之间、学习者之间以及学习者与知识单元之间主动建立关联，从而动态聚合成为一个社会认知网络整体，为基于网络连接和知识创造的共享知识库课程设计提供了新的可能(段金菊等，2016a)。有研究者提出，应该将知识库与课程开发相结合，通过构建课程"知识库"的教学法实践，为课程开发提供全新的思路与视角(金青等，2013)。这一全新的知识创造与课程开发理念，为关联学习课程的设计，提供了诸多启发。例如，在社群交互过程中，学习者与他人，通过探究、观点与信息共享的迭代过程构建知识库(Brown，1997)，将 KNs 与 SNs 相融合，进而构建 SKNs(段金菊等，2016b)。

可以看出，在学习者社区开发一个集中式的、可访问的知识库，有助于促进知识共同体的构建与社区知识创造。作为社区中明确可见的资源，知识库为学习者评估个人和集体知识增长提供了途径(Bielaczyc et al.，1999)，并成为进一步连接交互的推动力量。关联学习是通过建立连接来发展学习网络的，这种由个人到网络再到组织之间的知识发展周期，能够让学习者的知识库通过网络联结，而处在不断的更新之中(张秀梅，2012)。因此，建立动态的共享知识库，有利于促进共享学习、共享智慧，这对提升关联学习课程的质量具有潜在效益。

其三，从课程设计的核心思想来看，社会知识建构与创造、社群交互、学习者自我驱动和认知责任(Zhang et al.，2018)是关联学习课程的设计核心(王萍，2013；Zhang et al.，2018)。以典型的 cMOOCs 实践形态为例，研究发现：在 cMOOCs 中，教师提供的资源是进行知识探究的出发点。基于多种社交媒体，学习者自发地交流、协作、创造、建立连接、构建学习网络。学习主要依赖于学习者的自我调控和认知责任，因此，关联学习的课程设计，应该突出学习者知识创造的主体地位，构建学习共同体，理清知识源与社群共享知识的关系，提升课程的逻辑性以及促进社群交互，加强社区知识共享与探究等。

其四，从课程的设计趋势来看，在线课程的设计和开发，将从基于资源的"共享学习"走向基于智慧的"共生跃迁"(赵丽，2016)。具体来说，就是注重课程内容的交互生成与创造(尹睿等，2015)，将学习者纳入课程设计的范畴中，激发学习者基于共享知识库的共享学习和共享智慧。cMOOCs 作为关联学习的在线课程形态，自然也会受到这一趋势的影响。

总体而言，虽然目前关联学习领域本身对其课程设计较为重视，相关研究对于关联学习的课程设计有较大的启发作用，但是这些研究更多关注的是课程设计的某一个方面，缺乏总体的理论架构和模型指导，实践层面也较为匮乏。而 KCI 模型是加拿大 Slotta 等(2013)提出的，通过共同体探究与知识创造，生成课程的学习模型和课程设计框架。这一模型与网络时代的学习理念，尤其是关联主义学习有诸多共通之处。例如，KCI 模型可促进网络连接和共享知识库的生成，对关联学习的课程开发，具有重要的理论价值和实践指导。再如，两者都主张社群交互和共同体探究，要求学习者积极主动地参与学习过程并生成课程；都强调知识资源不仅仅来源于教师和相关材料，也包括学习者共享的知识、创建的知识，强调教师通过提供资源、发起话题、组织活动和搭建脚手架等，开展对学习过程的引导作用等。因此，KCI 模型的出现，有望为关联学习的课程设计提供全新而系统的设计思路和方法。

7.2　基于 KCI 模型的关联学习课程设计

7.2.1　KCI 模型简介

KCI 模型是通过共享知识库、社群交互和共同体探究(以中学科学课程设计为例)，促进学习和课程生成的教学法模型和课程设计框架(图 7-1)。

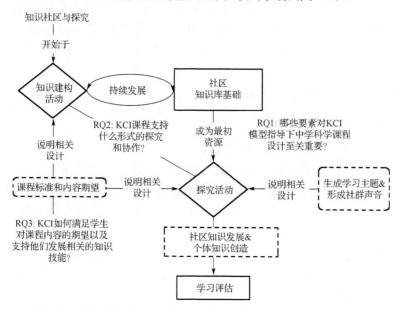

图 7-1　面向知识共同体与社群探究的教学法模型及课程设计框架(Peters，2010)

从该模型诞生至今，已经有了众多研究，早期的研究主要聚焦于中小学的科学课程学习领域(图 7-1)；而后期，多体现在高中及以上年级的课程开发与学习设计方面(Slotta et al.，2013)，并且逐步凸显了大数据、数据挖掘、智慧学习环境等技术增强的深度学习语境对该模型的支持作用(Tissenbaum，2014)。随着该模型的深度实践应用，研究者总结出了其核心特征和设计原则，主要有以下三点。

1. 基于 KCI 模型的学习特征

该模型强调群体的协同创造与课程的动态生成，且具有三个显著的学习特征：

一是可根据课程目标设计序列的探究学习活动，强调基于活动的学习以及学习者的知识分享与学习共享；二是强调学习者创建数字制品，构建社群共享的知识库，以此作为后续学习的基础；三是随着社群交互和学习的迭代深入，共享的课程知识库将逐步形成。因此，通过学习者的网络连接与知识创造以及共享学习，形成了基于共享知识库的课程生态。

2. 基于 KCI 模型的学习要素

KCI 模型的关键学习要素有三个，即分布式认知责任、共享知识库基础以及教学与技术的脚手架。其中，分布式认知责任是指在群体探究的过程中，每个学习者对于自己的贡献和课程目标以及学习目标，有着非常清晰的认识，并且愿意投身其中为群体知识库的构建尽心尽力。这避免了传统在线学习的"搭便车"现象，因此，分布式认知责任重在促进学习者的集体认知责任，培养学习者的贡献意识和行动力。而共享知识库则是社群交互和共同体探究的前提与基础，同时也是群体智慧的结晶。因此在学习初始，需要围绕科学问题而建立共享知识库基础，这是群体进行后续连接互动和知识创造的关键。此外，教学与技术的脚手架促进学习者持续探究，发展高阶认知能力，深度理解关键主题。

3. 基于 KCI 模型的课程设计原则

在具体的学习过程中，要充分利用多种手段，创设技术增强的学习环境，搭建形式多样的脚手架，促进社群交互和知识创造。因此，为了保证上述学习的顺利进行、课程生成和目标达成，Najafi 等(2010)提出了 5 个 KCI 的课程设计原则，即建立共享知识库基础、协作探究、持续开发课程知识库、搭建技术脚手架以及课程的评估与再设计。概言之，能够促进学习者通过基于教学与技术的支架辅助，进行数字制品的协同制作，以此作为共享学习和智慧分享的知识基础(知识库)。此外，为了保证共享知识库中初始知识的相关性，需要设计系列的探究任务和学习支架，并对课程进行再设计。

7.2.2　KCI 模型对关联学习课程设计的启示

自诞生之日起，KCI 模型就在教育领域取得了很大的成功，但是很少有研究者将其核心思想用于关联学习的课程设计。而我们进一步分析发现，作为一种整合的在线课程设计与学习模型(Najafi et al.，2010)，KCI 的核心思想与关联学习有诸多共通之处，例如，两者都主张基于话题的学习与深度理解、强调以学习者为中心的社群交互和知识创造、重视课程的实时生成等。因此，KCI 模型能够为关联学习的课程设计，提供全新的思路和方法。

首先，在 KCI 模型中，知识以共享知识库的形式存在，基于课程目标的相关知识序列化为课程活动或任务,而完成这些课程任务和活动的过程,就是知识创造和课程生成的过程。因此,学习者的初始知识构成了社群共享的知识库基础。而通过社群交互和共同体探究所创造的知识,则构成了社群学习的知识库生态,学习就是在不断的连接社群学习者和社群知识库的过程中进行的。这一理念对于关联学习情境及其课程开发来说,也同样具有启发作用。如关联主义认为,学习发生在学习者联结到学习社区及分享信息的过程中(Siemens,2005;Siemens,2008)。以关联学习的实践形态 cMOOCs 为例,学习社区是网络的"节点",是更大的学习网络的一部分,由两个或两个以上的"节点"构成的网络,促进着资源的分享和连接的建立,其中,"节点"的大小和强度,对于学习具有重要的作用(Downes,2010)。而 KCI 模型指导下的连接社群知识库、共同体探究和知识创造,以及学习者最初创造的知识,也将成为其他学习者进行交互连接的基础和条件,这与关联学习的主旨是一样的。

其次,在 KCI 模型中,协同创造知识既而生成课程,既是学习的过程性表现,也是学习的最终成果和课程目标,这一过程可通过课程与序列学习活动的整合设计来实现。而在关联学习中,学习者是学习活动的社会化参与者、学习网络的连接者以及知识的创造者(段金菊等,2016a),学习者通过话题聚合进行连接互动和深度学习,并促进课程内容的实时生成。此外,和 KCI 的社区共享知识库不同的是,在关联学习中,其知识以网络状的形式散落在社群、用户、情境以及相关的技术媒介中,这些分布式知识构成了群体的共享知识库。学习不仅是从内容中获取知识,更主要的是从与此内容相关的人当中去获取。这一过程也说明,学习者是学习网络的连接者和塑造者,也从另外一方面揭示了在技术增强的环境下,KCI 模型对学习的指导可以从社区走向学习网络,可促进更大规模课程共享知识库的开发和学习。

最后,在 KCI 模型中,学习是一种自下而上的知识生成过程,这充分体现了学习的认知责任和自组织等相关特点。在类似于社群共享知识库的知识生态中,学习者之间是一种松散的耦合关系,学习者之间也不存在绝对的意见领袖或知识权威,课程知识生态的发展依赖于群体协同和每个个体的知识创造,而这一点对于关联学习而言同样重要。

可见,KCI 模型旨在通过课程与学习活动整合的设计方式,促进社群交互和知识创造,进而促进课程的动态生成。虽然该模型的早期应用是在中小学的科学探究课程领域,然而,其强调课程的动态生成、共享知识库与共享学习,体现了群智汇聚和对科学问题的深度理解,并需要依赖于技术增强的连接互动环境而进行。因此,它和关联学习及其课程设计具有共通之处,有望对以 cMOOCs 为典型形态的关联学习课程提供理论指导和设计参考。

7.2.3 基于 KCI 模型的关联学习课程设计框架

KCI 模型向我们展示了群体共创的课程设计理念与流程,结合技术增强语境下关联学习的课程要素,我们进一步提炼了基于共享知识库的关联学习课程设计要点,并构建了基于网络连接与知识创造的课程动态设计框架和生成模型。

1. 技术增强语境下关联学习的课程要素分析

已有研究认为,在线开放课程的基本要素,包括师生角色、媒介、交互以及评价等(余亮等,2013)。关联主义课程作为在线开放课程的重要代表,自然也可以从这四个方面,对其课程要素进行分析。

(1)在师生角色方面,学习者是积极主动的连接者、是课程内容的创造者、是课程活动的社会化参与者,以及课程知识库生态的塑造者。同时,以学习者为交互中心,强调知识的汇聚、混合、转用以及推动分享和创造等,是关联学习的典型特征。因此,在具体的实践过程中,教师需要事先准备课程议题,以及促进与此议题相关的资源与知识汇聚,以推动内容的重组和混合、转用、分享和创造等。

(2)从课程媒介的视角看,技术环境为学习者提供了连接和创造的管道与平台,这是关联学习得以实施的基础和前提。技术手段对课程的流程、课程的呈现方式以及课程的终端显示形式等,具有重要的变革作用。同时,对课程学习的支架搭建以及学习评价等起到了重要作用,它是关联学习及其课程设计的条件和土壤。

(3)从交互层面来看,学习过程也是生成课程的过程。学习者通过社群交互和协同探究,学习的过程也是课程生成与优化的过程、贡献资源以及知识创造与生成的过程。这种学习形式能够满足不同学习者的多样化学习需求,增强学习的积极性与参与热情(王志军,2017)。在此基础上,学习者基于话题聚合和知识聚合的形式,进行人与人、人与知识之间的多重互动,它是一种节点和关系重构的过程。

(4)从课程评价来看,关联学习的资源由无数知识点构成,知识节点越多,与之衔接的信息源也越广,知识管道的质量决定了教学资源的质量与教学效果(陈沙沙,2016)。由于关联学习强调学习过程中课程内容的实时生成,其课程设计应该遵循生成性的设计理念与方法,与此相对应的评价方式也应该多元化。例如,基于集体认知责任与知识创造所体现的认知复杂性、认知科学性的评价等。

2. 基于 KCI 模型的关联学习课程设计框架分析

结合关联学习的课程要素及其典型特征,融合 KCI 模型的课程开发原则和步骤,我们构建了 KCI、共享知识库的课程设计框架,如图 7-2 所示。

1)预设话题,分享资源,建立共享的社群知识库基础

KCI 模型启发我们,在群体智慧汇聚和知识创造的过程中,共享知识库的构建非常重要,它是后续社群交互和知识创造的基础。而具体到关联学习的课程设计方面,我们可以发现,作为连接主义的教学法,关联学习在一定程度上依赖于社会化媒体。因此,基于社群关系的话题聚合是其主要的学习形式,这也反映了连接交互

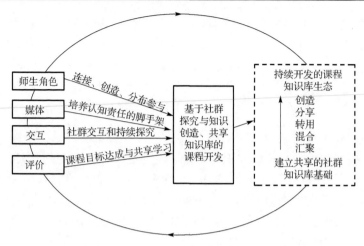

图 7-2 面向知识共同体与社群探究的教学法模型及课程设计框架

的社群学习特征，其中最为重要的就是话题的设计。因此，在具体的课程设计过程中，需要课程设计者事先拟定相应的课程学习主题，并制订相应的课程学习计划。例如，为了适应关联学习的课程特点，设计 6 周左右的课程，每周安排一个主题，促使学习者围绕该主题进行社群探究和连接互动，从而促进学习者对相关议题的深度理解。

关联学习理论强调两个重要的学习能力：一是寻找当前信息的能力；二是过滤非重要、无关信息的能力(许涛，2016)。因此，在基于话题的互动过程中，应该引导学习者进行相关主题的资源查找，并进行社区知识共享，通过查找信息和过滤信息，将与当前主题最为契合的资源，筛选成为社区共享知识库，以便成为后续活动的基础和条件。在此过程中，学习者可以通过资源查找、链接、分享、提炼与整合，以及创造数字制品等形式构建共享知识库。虽然学习者开发知识库的结构层次有所不同，但都需要遵循一个基本的原则，即所有学习者的贡献，必须被社区评估为推动知识增长的资源(Scardamalia et al.，2006)。

2) 搭建技术增强的学习脚手架，促进社群交互和共同体探究的深入发展

根据 KCI 模型，脚手架是探究学习的重要支柱，在序列的课程活动推进过程中，学习者需要依赖于教学与技术脚手架，持续深入地完成相关学习活动。例如，在学习过程中，教师针对相关科学问题提供的照片、图片、图表以及网址等课程材料，以及促进学习者知识建构的心智工具，如概念图等；又如，促进学习者对自身学习过程和交互行为进行反思的可视化图表等，以及将群体的零散知识，逐步提炼、整理成系统知识的知识可视化工具等。这些脚手架，在一定程度上促进了学习者的高阶认知发展，弥补了已知和未知之间的鸿沟，降低了学习困难，这正是关联学习课程设计所需借鉴之处。

目前的关联学习主要分布于各大社交媒体，因此，学习具有分布式的相关特点，而基于话题的学习，对于学习者的自我导向学习技能以及学习者的信息素养等，都提出了很高的要求。这也在一定程度上挫伤了学习者的积极性，造成了参与度低和学习效果不佳等问题。根据 KCI 模型，在关联学习的课程设计中，有效地依赖于技术增强的学习支架，可在一定程度上避免上述问题的发生。

3）明确认知责任，通过协同创造生成基于共享知识库的课程生态

在 KCI 模型中，学习者以知识库基础，通过逐步探究和序列学习等方式，逐步达成学习目标，并促进知识库的持续开发。其中，基于活动的序列探究活动是关键，分布式的认知责任则是促进序列活动持续进行的关键，可以说认知责任是促进群体协同探究的内在动力和机制。正是这种认知责任，使得群体的知识分享、提炼、创造得以持续进行，最终达成课程目标。

在具体的课程设计中，教师依赖于采用技术增强的学习语境与脚手架，来促进学习者认知责任的培养，例如，通过知识图谱等方法，构建学习者的学习轨迹；采用标签云等形式，归类相同主题的知识点；利用知识可视化技术等，展示每一个学习者对于群体知识的贡献程度等。这些举措，都能够提升学习者的责任感和归属感以及参与意识，促进学习的持续进行，对于共享知识库的课程开发，具有重要的作用和意义。

4）基于课程目标和共享学习的课程评估及再设计

在基于主题的关联学习过程中，学习是一个创设主题、提炼主题、创造知识、提炼知识的过程，而如何更好地进行主题和课程内容提炼，涉及课程目标达成度的评估问题。在学习者基于主题的互动探究协同建构和知识创造的过程中，不可避免会造成课程内容和知识生成的杂乱无章现象。为了更好地创造群体知识并达成课程目标，就需要教师在进行课程主题设计时，进行把握和引领。例如，教师通过将课程目标逐步分解为子目标，并通过序列活动等引导学习者进行深度理解，倡导转用、汇聚、分享以及其他方式的知识提炼和建构，从而促进课程生态的形成，以及课程的再设计。其中，教师的资源提供、话题发起、活动组织等，都对课程目标的达成和学习促进起到了重要的引领作用。

7.3　实施策略与方法

7.3.1　实施概述

1. 研究问题

这里我们将通过 cMOOCs 的应用实践，综合对该模型设计思路和应用效果进行

评估，具体围绕以下几个问题来展开：①该模型的应用能否实现课程知识库的持续开发，其质量如何(所体现的认知复杂性和认知科学性方面)？②学习者的交互程度和分布式集体责任如何？③学习者的知识创造和学习绩效的关系如何，是否促进了学习绩效的提升？

2. 课程选择

我们以具有代表性的泛在式大规模开放在线课程教育系统(ubiquitous-massive open online course system，U-MOOCs)学习元平台(余胜泉等，2009)为支撑环境。在课程设计方面，虽然 cMOOCs 一般限制在 6～8 周，且其初衷是面向大规模群体的学习者。但是也有研究显示，在高等教育领域，开发面向任务的、基于小规模的 cMOOCs 也是可行的，并且可以更好地服务于高等院校的教与学(Mackness et al.，2013)。因此，本节构建了面向高等教育领域的小规模、任务式的"信息技术与课程整合的理论与方法"课程，并根据大学生的学习特点和课程要求等，将学习时长限定为 18 周。本节设计了基于该主题的主课程界面和 6 个学科课程界面，对于相关科学问题进行了提炼，引导学习者根据导航，进行协同建构和知识创造。由于学习元平台的后台数据库会自动记录学习者的所有操作行为，这就为后续的数据收集和分析提供了便利(郭晓珊等，2015)。

3. 样本来源、数据收集及分析

1) 样本来源

在本节关于 cMOOCs 设计的探索性实验中，课程的学习对象初步限定为高等教育领域具有教育技术学专业背景的 42 名大学生。在 18 周的学习中，每两周进行一次协作讨论。从整体来看，在课程实施的过程中，42 名大学生均进行了持续学习，他们的在线交互较为活跃(即不仅浏览课程内容，还参与课程创建，完成相关学习活动)，学习的时间段也相对集中。因此，本节的主要数据来源为某大学 42 名大三本科生，这些学习者在计算机操作以及 cMOOCs 参与方面，没有任何的技术问题。由于 2 名学习者是潜水者(只读参与者)，中途辍学，没有相关的学习行为及平台操作记录，所以，实验收集的样本数据来源于 40 名大学生。

值得一提的是，虽然课程开发的主要群体是大学生，但是学习元平台可以通过开放课程权限的形式，接纳不同学习背景、不同学习需求、具有共同爱好的学习者进行学习。因此，自 2017 年 8 月 31 日课程上线至 2018 年 9 月，累计已有 2445 人浏览，86 人收藏，被引用的课程单元总数为 2。在相关学习者群体中，中小学教师占较大比重，因此，该课程有望在后续继续为基础教育以及高等教育领域的学习者服务。

2) 数据收集与分析

本节的分析数据，主要来自平台中分享知识和创造知识的数量及质量。其中，数量部分包括学习者对于课程主界面的编辑、分享、评论以发布数字制品等情况，以及基于学科专题课程界面的学习创造和编辑等（平台系统会自动记录学习行为及其操作，并可通过提取交互日志而获得数据）；而在质量方面，基于内容编码的形式，本节进一步分析了学习者知识建构的层级以及知识建构过程中的协作互动与集体认知责任，旨在探索学习者创造知识所体现的认知科学性和认知复杂性以及学习过程中的协作和责任分担。

(1)众多学者应用知识整合框架调查学习者的协同知识建构情况，并用来评估知识所体现出的认知科学性和认知复杂性(Lee et al.，2010；Cheng，2008)。在此基础上，学者进一步开发了知识整合编码方法(Slotta，2007)。本节正是基于上述研究的基础，结合学科信息技术与课程的整合主题以及 cMOOCs 中基于主题的讨论式学习等特点进行改编(表 7-1)。其中更高的整合分数代表了更复杂的想法或更多的科学内容。在开发和应用这种编码方案时，针对"信息技术与课程整合"课程界面下面的小标题和学科课程界面，聚焦于学科认知工具、整合模式、方法等核心术语，进行内容编码。

表 7-1　　知识整合层级描述(问卷改编自 Slotta，2007)

层次	水平	描述
0	没有整合	观点和目前的主题以及学习情境没有关联
1	局部的知识整合	观点是个人的观点或者经验、孤立的事实、能识别基本的概念或观点，但是没有进一步的解释
2	有限的知识整合	和主题相关的内容，提供了上位或者下位的概念或解释，但是没有进一步做出说明或阐释
3	复杂的知识整合	对和主题相关的上位和下位概念或观点之间的关系进行了详尽的描述，提及了其他主要相关的概念或观点，提供了证据或进行了论述

(2)为了调查学习者在协同创作知识过程中的合作程度，即学习过程中的协作和责任分担(Najafi et al.，2010)，除关注学习者的参与模式之外，Van Aalst 等(2007)建议，研究人员还应研究学习者的参与情况和协作活动对共同建构与创造的知识质量的影响。基于上述研究，这部分主要分析了学习者对动态创建内容的各种操作。基于知识创造的视角将学习者的操作聚类为对初始操作、自我编辑和编辑他人内容以及增加新内容四个方面。并调查共同设计的课程在促进分布式参与协作方面的作用，旨在研究共同构建的认知复杂性知识。将课程初始创建的主界面和随后各学习小组创建的分学科课程界面的相关操作作为研究对象，根据学习平台的历史记录功能，最大限度地了解学习者的知识共建过程，并形成编码表(表 7-2)。

表 7-2　学科课程页面参与模式编码(问卷改编自 Slotta et al.，2009；Najafi et al.，2010)

类别	子类别和定义特征
初始	内容：基于初始标题或者模板第一次添加内容
编辑	自我编辑：对自我添加的内容进行编辑，包括对词语、句子和段落的编辑 编辑他人内容：编辑其他同伴添加的内容
增加	增加内容：基于标题下方已有的内容，进行关于段落、文本以及表格的添加

7.3.2　实施流程与方法

本次课程围绕信息技术与学科课程整合而展开，事先将 EDX 平台中的 cMOOCs 课程 "TEACHING WITH TIPS"，以及北京师范大学学习元平台的开放课程 "教育技术新发展" 等相关资源进行整合、重组和重构，以资源列表和拓展资源的形式，与当前课程主题进行链接，以提供社区资源分享的案例，并辅助以序列性的学习活动设计以及讨论区、学习社群、SKNs 等技术增强的学习环境。

实验开始之前，我们通过播放短视频等方式提出研究问题：什么是信息技术与课程整合？在中小学领域信息技术可整合的学科都有哪些？在视频观摩的基础上，要求学习者对以上问题进行思考，并查找相关的学习资源，链接至当前的课程学习主界面，进行知识分享与提炼。在此基础上开展了两轮基于设计的实验。

第一轮实验以学科数字布鲁姆为研究主题，将学习者按照学科划分为 6 个小组，学习持续 2 周。实验要求各小组通过资料分享与协作讨论，进一步分析技术整合的学科数字布鲁姆的思路与方法，通过学科教学法与数字布鲁姆的紧密结合，制作学科数字布鲁姆制品，并对其进行深入阐释。

第一轮实验结束之后，我们对课程设计的可行性进行了分析，并与部分学习者进行了交流。结果发现：学习者的参与度较高，如产生了 12 个主课程版本，累计 155 条课程动态(包括编辑、协同、批注等，其中发表评论 57 条)，分享资源 15 条，并形成了 6 个特定学科(中学语文、数学、英语、美术、体育以及信息技术)的数字制品。这期间，两名学科专家对课程生成质量进行了初步评估，发现在内容的科学性、关联性、准确性和创新性方面表现较好，学习兴致较高，但是也存在 "搭便车"、个别资料收集过于混合、整体学习步调不一致、小组过度竞争等情况。因此，在第二轮实验中，我们注重培养学习者的集体认知责任，采用协作脚本等形式辅助学习者的认知和学习，旨在明确每一个学习者的贡献对于后续学习以及群体学习进展的重要性。

第二轮实验是各小组对该学科数字布鲁姆的深度研讨，包括理论、技术及方法等层面。在整个学习过程中，我们以学习单和语义网络等形式，提供学习支架(资源支架、认知工具支架以及专家群体支架等)，要求学习者进行小组协同，并参与相关活动，本课程总体的实施步骤如下。

1）预设话题，建立社群的共享知识库

在课程伊始，围绕课程目标，基于任课教师和两名学科专家拟定课程的总体目标和核心问题，并设计相应的课程模块。活动及任务均遵循 cMOOCs 的创造性、协作互动以及社会化交互等特性，以建构主义学习理论、联通学习理论以及生成性学习理论等为指导，引导学习者进行资源分享、知识协同和创造。在学习元平台中，学习者围绕信息技术与课程整合的主题，查找与此相关的资料，并上传与此主题相关的资源，基于群体智慧，师生协同选出与课程紧密关联、将能够引导后续深度学习与知识创造的单元作为知识库。

在群体互动的过程中，学习元平台会通过语义关联技术，将学习者分享的与课题主题相关或相似的内容聚合成为一个知识库，辅助学习者初步构建社区知识库基础(这一共享知识库，通过"学习元"平台的标签云服务得以显示)。在资源贡献、知识建构和深入讨论的基础上，随着学习者对当前主题认识的逐步深入，我们逐步提炼筛选出了数字布鲁姆和教学法轮[①]，作为课程后续学习的共享知识库基础。该共享知识库作为学习社区中的资源基础，为激发学习者的连接交互，促进个人知识和集体智慧的增长，提供了明确可见的路径。

2）拓展学习主题，创造数字制品，持续开发课程知识库

在本次课程的进行过程中，学习者基于数字布鲁姆和教学法轮的相关启示，进一步研究开发具体学科(如语文、数学、英语、政治等学科)的数字布鲁姆。

首先，学习者对各学科数字布鲁姆的相关主题进行了解；其次，具有相同兴趣的学习者进行合作，构建小组，开发学科数字布鲁姆；最后，各小组将围绕学科数字布鲁姆，进行技术与学科课程整合的深度探究。在学习者围绕主题建立共同知识库的基础上，各个学科小组以知识库为基础持续开发，进而形成学科课程知识库。不同学科的探究小组将形成更小的学科社区，而这些小的学科社区又从属于大的学习社群。后续各小组将围绕具体学科的整合工具和模式，以及应用场景和方法等，通过数字故事和微课等形式，展示自己的理解和学习收获。由此，促进学科课程知识库的持续开发。

3）搭建脚手架，培养集体认知责任，促进社群交互和共同体探究的持续、深入

在关联学习的过程中，创设技术增强的脚手架是促进其学习持续深入的重要条件，也是促进群体交互有效进行的重要手段之一。由于在 cMOOCs 教学中的信息分享，必须考虑到技术中介(技术应用)和社交中介(人)的作用，充分考量技术的重要性以及技术对学习者交流的影响(郭晓珊等，2015)，具体的设计过程中，应结合

---

① 图片来源：https://designingoutcomes.com/assets/PadWheelV5/PW_ENG_V5.0_Android_SCREEN.pdf.

学习元平台所提供的技术环境和培养集体认知责任的脚手架，充分考虑话题聚合的 SNs 和知识聚合的 KNs 的重要性。例如，提供了基于知识创造的社群网络，以实时动态地展示其连接交互和社群参与。学习者通过该可视化的动态表征，除了观察自己的学习投入外，还可以看到同伴的贡献、发现领域专家、挖掘学习者的学习路径和兴趣热点，进而更好地提升学习者的学习参与度和参与效果，培养他们的认知责任和贡献意识，以促进交互的持续、深入。

4）课程再设计：形成基于共享知识库的课程生态

依赖于学习元平台所提供的技术增强的学习环境，学习者在该泛在学习平台的关联学习，遵循着"由学变教"的角色转变。一开始，学习者针对课程主页面和学科课程界面，进行资料的查找、资源和知识的分享以及主题知识的聚合和提炼。随着学习的深度进行，学习者创造的数字制品和开发的学科课程页面逐步达到教学水平，可以通过开放课程权限的方式供他人学习。由此，学习者变成了教学者。而由各个小组所创建的学科课程页面即单个"学习元"，也基于主题聚合的方式，逐步形成动态的课程知识库生态。这其中任何学习者的编辑、修改、补充和贡献行为，都可促进该"学习元"的动态更新，帮助学习者连接到最新的知识动态，由此，形成了动态发展的课程知识库(图 7-3)。

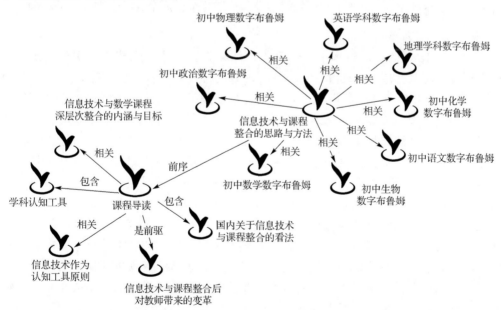

图 7-3　学习元平台中基于主题生成的课程知识库生态

在具体学习过程中，学习者的课程内容逐步由刚开始的数字布鲁姆知识库，丰富为学科数字布鲁姆知识库，并由此形成基于每个学科数字布鲁姆的系列课程，即基于协同探究与创造的课程生态逐步形成。在课程结束后，教师可以对课程进行再设计和细化扩展。此外，根据 cMOOCs 所具有的灵活性、开放性、自组织学习等特性，后续学习者也可通过自定义学习目标、表达观点、协同创建和分享知识，不断发展知识库以及继续修正课程。

7.4　基于共享知识库的关联学习课程开发策略

课程结束之后，通过对学习元平台中关于学习者行为和相关操作的数据记录，以及学习者反思笔记的分析、收集的多方访谈数据等，来了解课程知识库的开发以及课程学习效果。

7.4.1　课程知识库的开发

本节对课程知识库的开发情况进行了剖析，主要分析了学习者基于学习元平台分享知识和创造知识的数量以及质量。其中数量部分的相关统计，来源于课程主界面和学科课程界面两部分。例如，归纳了学习者对于课程主界面的编辑、分享、评论、发布数字制品等情况，以及基于学科专题课程界面的学习元创造和编辑等情况；而在质量方面，着重从学习者创造知识所体现的认知科学性和认知复杂性两个层面，进行分析。

1) 数量层面

在为期 18 周的学习过程中，学习者共分享了 76 个与课程学习相关的资源，课程主页面编辑共生成了 171 个版本，课程内容的修订与完善，也围绕 35 个关键词而展开，并发布 78 个与学科课程主题相关的数字制品，并且 6 个学科小组共创建了 18 个主题课程单元，即基于学习者的共建共享以及持续开发，本课程总共形成了 18 个基于语义关联的课程生态。我们进一步分析发现，这 18 个课程单元主要聚焦于 6 个讨论主题，具体包括信息技术与课程整合的学科数字布鲁姆、学科认知工具及其应用、学科教学设计方案、学科课程平台的搭建、学科微课程以及学科在线学习的测试及评价等模块。发现学习者创建了各个学科的信息技术与课程整合课程单元，并且对每个学科课程整理的理论、技术及应用等进行了较多探讨。每个"学习元"都有大量的操作和知识创造行为，相关主题也生成了较多的版本数，这其中编辑次数、评论数目、批注等发帖数量均较多。当然，各小组的贡献也存在学科差异，如学科六是体育学科，由于体育学科技术的整合应用较为局限，知识创造和交互相较于其他组而言比较少。根据学习元平台中关于知识创造和建构、分享的记录，创建课程单元意味着创建学科课程学习界面；而分享、批注、编辑和发布，则意味着小组协同对该学科课程单元的内容进行修改、补充、完善以及创造数字制品等。进一步对 6 个主题所形成的数据进行统计发现，在所有的操作中，进行较多的是协同批注，其次是分享课程资源和协同编辑课程内容。

2）质量层面

共建知识的科学复杂性对 KCI 很重要，也是衡量知识质量的重要指标。因此，在对课程知识库进行总体分析的基础上，本节进一步分析了持续开发的知识库在认知科学性和认知复杂性方面的表现。如前述，本节对基于该主题产生的知识库中的相关内容，进行了内容编码分析。其中，整合分数的高低代表了想法的复杂程度与内容的科学性程度。结果发现，学习者共建知识的科学复杂性较好，其中，不同学科的探究小组知识在整合程度上，呈现出一定的差异。总体而言，没有整合的知识比例相对较低；而局部整合的知识占据比例最高。此外，各个学科还呈现出了有限整合和复杂整合，这说明学习者的知识创造，体现出了认知复杂性和认知科学性。

7.4.2　共同体知识创造过程中的分布式参与

我们通过对共同体知识创造过程中的分布式参与调查发现，小组的协同知识创造呈现出值得注意的新特征。不同学科的知识创造，在分布式参与方面虽然存在一些差异，但学习者的分布式参与行为，总体表现出了增加新内容的趋势。而自我编辑这类操作较少，与说明和补充他人观点以及修正自己的见解相比，学习者更愿意增加新内容。具体分析每个小组的交互行为和知识创造发现，在四种类型的编辑操作中，学习者对于自我内容的修订略有不足，他们更倾向于在教师提供的模板下添加内容、查阅与修订他们的内容以及补充新内容。这在一定程度上说明，在共同体知识创造的过程中，教师的作用非常重要，教师对学习者的分布式参与和贡献行为，有明显的促进作用。

课程结束后，我们进一步对学习者的知识创造行为与学习绩效进行相关性分析，发现学习绩效与知识创造行为具有较强的相关性。

为了进一步探究学习者的知识创造行为与学习绩效之间存在怎样的相关关系，论证通过学习者的知识创造行为是否能够预测其学习绩效，一元线性回归分析发现：知识创造行为与学习绩效的回归方程为学习绩效=0.076×知识创造行为+77.797 或者学习绩效=0.613×知识创造行为，且论证了学习者的知识创造行为显著影响学习绩效。残差符合正态分布，也就是说用上述回归方程来拟合知识创造行为与学习绩效之间的关系能够较为准确地反映两者的真实关系。或者说，通过学习者的知识创造行为能够预测其学习绩效，预测学习绩效的计算方程即得到的回归方程。这从另一角度也启示着我们可以通过提高学习者的知识创造行为来提高课程学习绩效。

此外，通过结构性访谈发现绝大多数学习者对于这种课程设计方式给予了高度评价，认为通过这种新的学习尝试，对于以后的学习有重要的影响作用。现将相关访谈列举一二如下。

访谈一：这种课程组织方式是一种能帮助自己发散思维的设计模式，通过关键知识点及知识点的关联与相互注释，可以帮助我们从多方面多角度地理解主要的知识点，同时人际交互也是很好的学习方式，并且对知识有很好的整合作用，评论的模式也让各种理解与观点变得易于查询与学习。

访谈二：通过自己创建知识共同体和社群关系的形式，针对一些知识点进行研讨，通过多个知识点之间的联系达到多角度理解的目的。同时知识共同体中的讨论区可以让所有学生一起讨论，在辩论中擦出思维的火花，达到"1+1>2"的效果，同时社区小组还可以进行小组内的交流，可以进行组间 PK，这种课程学习虽然开放，但绝不随便；虽然自由，但绝不混乱。每份资源都有其存在的相应模块及主要针对对象，学习者可以通过在线资源、交流讨论、进度查询等多种方式进行学习。这就需要学习者在学习时有明确的目标和责任感，选择最适合自己的进度进行深入研究，使学习更加高效，也极大地拓展了知识面。

7.4.3　基于 KCI 模型的关联学习课程设计与开发策略

2015 年 4 月《教育部关于加强高等学校在线开放课程建设应用与管理的意见》出台，标志着"在线课程融入"成为未来高校课程教学改革的一大战略方向(刘华，2016)，作为创新教学法的关联学习课程更有望成为其推动力量。本节通过借鉴 KCI 课程设计与学习模型以及其所体现的共享知识库理念，结合学习的连接和创造特性，以关联学习为理论指导，以 cMOOCs 为实践案例，进一步细化分析了其课程设计的思路与方法。结果发现：通过创建共享知识库、搭建技术增强的学习脚手架，培养集体认知责任以及持续建构与知识创造等方式可以有效生成关联学习的课程，较好地体现了联结、互动的社群探究与知识创造特征，更好地促进关联学习的认知科学性和认知复杂性。基于 cMOOCs 的实证分析也发现学习者在学习过程中表现出了较高的参与度和满意度。

网络时代的学习——走向联通和创造，而共享知识、共享学习不仅应该成为学习的理念，更应该成为在线学习和课程开发的重要策略，尤其是面对大规模群体学习者，群体智慧的汇聚更是非常重要。因此，这种课程开发思路与模式不仅仅是对关联主义学习理念的践行，以及对其实践形态 CMOOCs 的课程设计改进，更有望为在线课程开发提供思路与策略指导。

因此，关联学习强调社群交互和连接创造，在 KCI 模型指导关联学习课程开发的过程中，在学习初始，学习者将围绕学习主题构建共享的知识库基础，作为共享学习和智慧分享的知识储备。随着学习的持续深入，在社群交互和知识创造的过程中将逐步形成以知识库为基础的共享课程生态。因此，初始知识库是学习者学习的起点，而通过社群交互和协同探究所创造的知识则是建立课程生态的关键所在，其中，基于共享知识库的课程学习就是在连接社群学习者、社群知识库的迭代过程中进行的。另外，这种课程生态共享的不仅仅是知识，更是智慧，整个课程生成的过程呈现出了"星星之火，可以燎原"之势。随着学习者的大规模以及持续探究推进，共享课程将在广度和深度上进一步扩展，促进了共享智慧和共享学习，有望在大规模情境中进行实践，而共享知识库和共享课程库有望成为网络时代在线课程开发的新策略。

第 8 章　技术增强关联学习的联通交互与社会知识建构

技术增强的关联学习带来的教育革命有两个关键词，即以学习者为中心和个性化学习，强调学习过程中的复杂交互和社会联通，进而进行深层建构和深度学习。本章对技术增强关联学习的联通交互和社会知识建构过程及模式进行分析，旨在探索不同绩效学习者的交互行为与模式特征，分析技术增强环境下关联学习的社会知识建构过程和特点，并对联通交互、社会知识建构与学习绩效的交互作用进行研究，分析相关影响因素和多元联动的规律，为促进关联学习的智慧联通和社会交互提供参考。

8.1　技术增强关联学习的联通交互行为[①]

8.1.1　技术增强关联学习的联通交互概述

1. 背景介绍

目前，缺乏交互以及学习活动设计成为影响关联学习的最大问题。研究发现，基于讨论及活动参与的大规模在线课程，其学员反映良好，学习者认为在线讨论等相关活动的开展使得学习更具有交互性，有助于学习者对相关主题的深入理解以及技能的获得。因此，在线交互的设计将成为解决此类问题的主要策略之一。与此同时，社会建构主义理论(Vygotsky, 1978)认为，学习是在一定的社会文化情境中，通过与其他学习者的社会性交互而进行的意义建构，认为心智的发展是借助与他人的心智交互得以实现的。因此，有效的学习环境应该促进学习者之间的社会性参与和交互，通过构筑学习共同体促进知识的社会建构，让学生在一定的认知支架帮助下，共同跨越最近发展区，从而顺利进入认知发展的新阶段。随着关联学习理论的兴起，以及关联学习与社会文化的日益融合，在线开放课程将逐步实现开放环境中的联通式学习。学者认为其具有发展为"知识建构社区"的潜力，即将以往的学习共同体变革为知识共同体，并将知识提高到更高的社会层次，从而提高学习的质和量。而在线学习社区存在明显的在线社交网络特征，学习者在在线学习社区中必须

---

① 本节部分内容发表于《电化教育研究》2016 年 11 期。参见：段金菊, 汪晓凤. 2016.在线开放课程背景下高低绩效学习者的社会化交互行为及参与模式研究[J]. 电化教育研究, (11)：43-50.

建立社交关系，进行交互、交流沟通，分享知识和确立情感关系，这将有利于他们形成较好的学习氛围并提升学习绩效。进一步强化在线开放课程教与学过程中社会性交互的数量和质量，突破行为主义导向的教学模式变得非常必要，而在线开放课程因为学习者规模巨大，交互媒体种类丰富，成为社会性交互支持下的学习实现的有利环境。对于社会性交互数量和交互质量关系的研究将有助于促进学习者之间的社会交互，进而改进学习质量。

2. 技术增强关联学习的联通交互分类方法

1）高低绩效学习者

基于对关联学习的相关分析，本节中的联通交互范畴，即关注人与人之间的交互、谁浏览了谁的帖子、谁回应了谁的帖子等，以及人与知识的交互、谁贡献了知识、谁分享了知识等。由此，将区分高绩效与低绩效关联学习者。根据学者Shaw(2012)的观点，我们将按照学习绩效，将前 50%的学习者定位为高绩效学习者，将后 50%的学习者定位为低绩效学习者，考察两个群体的交互行为、活动参与等方面的表现差异。本实验对学习者的初始知识储备和后期的学习绩效进行测量，以此作为前测和后测成绩(培训初始提交的教学设计方案作为前测，培训结束后的微课程作为后测)，通过专家(教师和培训师)背靠背打分，Kappa 检验发现Kappa=0.795>0.75，证明了信度和效度。

2）联通交互行为及其分类

本节结合在线关联学习的交互行为特征，对浏览中学、分享中学、交流中学、协作中学、反思中学及创造中学等按照知识贡献程度进行分类，其中，浏览中学、分享中学重在知识获得，协作中学、反思中学重在知识贡献，而创造中学重在知识创造，这些活动由低阶到高阶所需要的心智努力(mental effect)不同。同时，根据联通交互的类型，将基于邮件和信息的人际交流等归纳为基于人际的社会交互，而将浏览中学、分享中学、协作中学、反思中学及创造中学等活动按照知识分享、知识浏览、知识反思、知识贡献、知识协作以及知识创造的程度进行划分。在联通交互的内容分析层面，本节重点参考了 Gunawardena 等(1997)的交互知识建构模型，在此基础上，借用了最具代表性且被广大研究者所熟知的在线交互学习分类框架(Ke et al.，2009)进行编码。在进行联通交互学习活动的分析过程中，学习者的所有对话内容及在操作系统的行为动作都将被系统一一记录下来，以便事后分析之用。

3. 技术增强关联学习的实施流程与数据采集

学习流程与数据采集如图 8-1 所示。

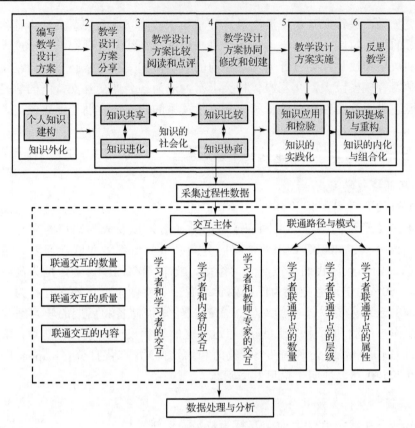

图 8-1 学习流程与数据采集

在学习开始之前，先进行该学习系统的讲解，确认每位学习者都了解如何参与相关操作及活动，事先由助教将课程按照理论、工具及应用的知识模块提供给学习者，并且制定相应的学习单，要求每位学习者进行自主学习，并参与相关活动。每月每位学习者必须研究与这个专题相关的课程设计方案与视频案例等。在课程学习期间，我们提供了形成性评价并使用各种真实任务中的多种评价方法来评价学生，主要关注学习过程。在该学习系统中，学习者可以选择相应的主题单元，参与相应的活动，通过观摩视频、评论、投票、批注、协作、分享以及创造数字制品等完成相应的学习任务，同时，还可以和与此内容相关的有共同兴趣的学习者(好友)进行交流。

在本设计中，学生首先观摩课程视频，并且多角度展开讨论，撰写反思笔记并进行协同批注。基于这些讨论，他们必须形成自己的观点并提交教学设计方案。继而，学生要评价该教学设计方案对学习和教学的作用与意义。我们鼓励学生查阅课程所推荐的阅读文献，并探索相关案例以满足学习的需要，在此基础上结合教学设计方案制作微视频课程(即数字制品)。

学习结束后进行后测，同时结合平台中的交互数据分析联通交互学习和学习结果的相关情况。

研究对象为中小学学科教师，共有 125 名，其中男教师 32 名，女教师 93 名；语文学科 70 名，英语学科 46 名，其他学科 9 名。在前期的培训背景调查方面，有两年培训经验的教师 48 名，有一年培训经验的教师 57 名，另外 20 名有半年的培训经历。开设"基于创新技术的教学设计"课程，学习目标是通过创新教学的理论、技术及方法学习，能够将创新技术综合应用到教学设计实践中。课程的学习时长共 18 周，学习对象为大学生，依托师范生教学能力提升的实际需求而展开，每个学习者只有完成相关的学习活动才能取得学分。具体实验流程包括平台注册，进行前测和课程以及平台介绍，随后进行在线协同学习和数据采集。

8.1.2　技术增强关联学习的联通交互与学习绩效分析

1. 学习绩效与社会交互的关系研究

学习结束之后，对内容交互、社会交互与学习绩效的关系进行分析，结果发现，学习绩效和社会化交互程度有显著正相关。内容交互方面，$r(125)=0.396$，$p<0.01$；社会交互方面，$r(125)=0.257$，$p<0.05$；这就意味着学习绩效比较高的学生其社会化交互程度更高，学习了更多的学习单元，有更多的好友数量，这一发现和 Dawson (2010) 以及 Casquero 等 (2015) 的研究结论相吻合。在交互程度方面：$r(125)=0.292$，$p<0.01$，意味着学习绩效比较高的学习者在学习过程中进行了更高层次的交互（学习者的内容贡献程度是以知识的创造、贡献、协作、分享等为依据，从高到低赋予一定的权重，通过一定的后台计算而得到的分数，总体反映的是知识的创造理念）。在学习绩效与信息（邮件）交互方面也存在显著的正相关，$r(125)=0.225$，$p<0.05$，表明高绩效学习者容易拥有更多的好友之间的信息以及邮件交互（在该培训平台中，只有标记为好友或者密友的学习者才能显示在学习者的好友列表中，并且共同关注的学习单元数量在 16 以上，才能互相添加至好友列表，进而进行邮件及信息交互，交互程度即互发邮件的数量）。此外，本节也调查了个体学习者的小圈子数目对学习的影响，结果表明，学习绩效与学习社区呈现明显的正相关，$r(125)=0.01$，$p<0.01$，这一统计结果意味着学习者加入的社区网络（小群体社群）越多，学习效果越好。

2. 不同绩效学习者的交互表现差异

为了进一步分析高低绩效学习者的学习行为以及学习模式，本实验对学习者的初始知识储备和后期的学习绩效进行了测量，以此作为前测和后测成绩（培训初始的教学设计方案和学习结束提交的微课程）。通过后测成绩的测量，按照 50%的标准进行取值和分类，将学生分为高绩效组和低绩效组。对两组学生的前测成绩进行了

独立样本 T 检验，结果发现均值和标准差是 75.95 和 6.965(高绩效组)，而对于低绩效组，均值和标准差是 74.56 和 6.662，$p>0.05$，并且 t =1.145，说明高低绩效学习者之间在初始知识储备方面没有显著差异，也就是说，后测成绩是通过学习所获得的。进一步对两组学习者的个体活动(浏览中学)和群体的学习活动(分享中学、浏览中学、反思中学、协作中学、贡献中学和创造中学)进行独立样本 T 检验。发现两组学习者的活动参与有显著差异，如在浏览中学(谁浏览了谁的学习元，谁阅读了谁的批注等)、分享中学(谁分享与推荐了学习元或知识群给其他的学习者或者学习社区，谁接收与查看了他人的推荐与分享)方面；同时，在接收他人的分享与推荐方面，两组学习者也存在较大差异，而在分享与资源推荐方面，则没有明显差异；在反思中学、协作中学以及创造中学的活动中，高绩效的群组均有更多参与和交互行为。

　　3. 不同绩效学习者的交互行为与模式差异

　　在上述分析的基础之上，本节进一步了解了两组学习者的交互模式与表现差异。结果发现，在内容交互(贡献)层面，高绩效组的均值和标准差是 126.41 和 156.625，而对于低绩效组，均值和标准差为 50.05 和 36.765，$p<0.001$，并且 $t=3.566$，说明高绩效学习者进行了更多自下而上的知识贡献与创造。在社会交互层面，高绩效组的均值和标准差为 3.65 和 1.433，低绩效组为 2.92 和 1.592，$p<0.05$，并且 $t=2.299$。也进一步验证了高绩效学习者的联通交互学习行为超越了人与学习内容之间的分享以及学习者之间简单的社会交流，具有更深层次的知识交互、贡献行为，并形成了相应的友谊网络(本节中，联通交互在一定程度上表明了具有共同兴趣的学习者以及友谊网络的社会交往程度，因为只有共同关注的学习单元或者课程群的数量达到一定程度，才能认为是好友关系)。进一步对学习者为期两年的学习交互进行追踪，通过培训平台的记录功能总共获得 1290 条记录，剔除掉无效数据(如重复记录数据)后，125 名学习者最终的数据单元为 1121 条，其中，社会交互为 165 条，知识建构为 874 条，学习管理与自我监控的帖子为 82 条。通过分析发现：两组学习者的交互呈现出了显著差异，高绩效组的学习者总共发帖 919 条，低绩效组的学习者总共发帖 202 条。除发帖数量上的差异之外，两组学习者在具体的交互内容与知识建构层面也存在显著差异，高绩效社会化学习者表现出了积极的社会化参与，并且在知识建构、自我监控与学习反思等方面要远远优于低绩效学习者。这一结论也通过对高低绩效学习者的典型个案分析而得到了进一步验证，例如，在 125 名学习者中，即高绩效的 63 名学习者、低绩效的 62 名学习者中，发现发帖的内容和发帖数目存在显著差异，低绩效学习者进行的评论都比较浅显和简短，重在表达对他人意见或者观点的态度，而缺乏深入的知识建构。

8.1.3 不同绩效学习者联通交互的行为模式与表现差异

如今关联学习已经发展成为社交性的联通和知识创造，如果仅仅是以联通作为关联学习的主要形式而忽略了社会交互和复杂交互，则技术增强的关联学习将无法发挥其真正的功效。鉴于此，本部分探讨在关联学习过程中的联通交互行为及规律，对不同绩效学习者的学习表现进行比较与分析，得到如下的结论与反思。

1. 技术增强背景下关联学习的绩效与社会交互显著相关

通过分析学习者的交互行为发现，在基于内容交互与社会交互的学习过程中，学习者不仅仅是对个人的学习做出反应，更重要的是成为积极的学习者。基于主题聚合的外围参与者，通过分享、推荐、订阅、引用学习单元等方式进行观摩与学习；而核心参与者则在分享、推荐等浅层次交互的基础之上进行了较为深入的社会交互，如协商、讨论、编辑、评论等，从而进行了实质意义上的社会化学习活动，建构社会化学习知识，这是基于主题聚合的核心参与者的相关交互行为。通过对共同关注的学习内容的社会性参与及贡献，进行知识的社会性创造，如此，学习者逐渐从共同体的外围走向核心，逐步从新手变为专家。从学习观来看，学习是一种网络连接，关联的建立和网络的形成都依赖于交互，整个网络就是以学习交互为核心的。它不仅能增进人与人之间的关联，促进人与人之间的交流，还能提升人与内容之间的关联，甚至帮助学习者生成更深层次的学习内容。而将交互扩展到一个更加开放自由的网络空间中，学习者可以根据自身需要展开与小组、集合体和网络的交互，并且学习者与集合体、社群之间的交互将成为更加重要的交互方式。通过不断的关联学习内容及与此内容相关的人，促进学习者的深度交互，而依附于对知识贡献与参与度的人际网络也同步发展起来。由于人际网络是根据学习单元的活动参与及知识贡献而关联的，因此这些人大部分是本领域的专家，从而更容易出现专家带新手以及从边缘走向核心的参与和深度人际交互，为更好的关联 KNs(挖掘专家所依附的学习网络)带来了更大便利，实现了知识与人际、社会与文化的良性交互。

2. 不同绩效学习者在联通交互过程方面存在显著差异

进一步对高低绩效学习者的学习差异分析发现：不同绩效学习者的学习活动参与以及交互建构过程存在显著差异。高绩效的学习者进行了内容交互与人际交互，通过内容交互不断拓展了更优质的 SNs，从而建立和拓展了更多、更优质的知识管道来源，促进了深度交互和知识创新，学习绩效更高。那么，如何促进低绩效学习者的在线学习绩效呢？本节认为：首先应该注重学习管道的拓展，在学习过程中促进学习者不断构建自己的 SNs 和 KNs，通过人-知识-人以及知识-人-知识的方式进行更好的社会化互动；其次在拓展 KNs 与 SNs 的过程中，逐步地从知识的接受走向知识的贡献，促进交互层次的深度和认知的广度。此外，还应该看到关联学习绩效的多种影响因素，应该不断地累积在线学习经验，多参加不同的社区子群等，以拓展关联学习的社会资本。

3. 不同绩效学习者在联通交互角色方面存在差异

关联学习认为，知识具有动态性、隐性和生长性，只有建立更多、更优质的管道，才能联通高品质的 KNs，进而产生高品质的知识分享与创新。这一点也在本节中得到了进一步的验证。在生成性信息和学习活动的支持下，系统提供了比较容易建立学习单元与学习单元、学习单元与人、人与人之间的语义关联，从而形成紧密聚合的知识与知识、知识与人、人与人的认知网络，从这个聚合的认知网络中可以较为快速准确地找到具有某种语义关联的学习单元集合和人际资源集合。随着学习的进行，和低绩效学习者相比，高绩效学习者的学习逐步由以教师为中心转向以学习者为中心，自上而下的学习逐步发展为自下而上的学习。与此同时，高绩效学习者的 KNs、SNs 无限延伸，学习活动日趋复杂；学习者的角色逐渐"变学为教"，知识逐渐由接受变为创造。而低绩效学习者的网络学习更多地停留在完成既定的学习任务水平上，对于共建共享的知识创造隐喻认识较浅。

8.1.4　技术增强关联学习的交互过程框架

基于学习平台选择开设的在线开放课程作为数据源，追踪近 3～5 年社群学习的相关情况，通过 Viscovery 等大数据处理工具进行数据抽取，提取学习平台的相应交互数据(如寻找知识、塑造网络节点以及编辑、建构和创造相关知识的行为记录等)，主要参考 Gunawardena(1997)的知识建构过程模型和布鲁姆的认知目标层次模型，将学习者知识建构过程中的交互行为进行编码，采用 Discussion Analysis Tool 以及行为分析软件 GSEQ 所生成的状态转移图分析不同阶段以及不同绩效学习者的联通模式和行为差异、活动设计和学习绩效等，结合现场访谈、问卷等社会调查方法，定性与定量分析相结合，对技术增强关联学习的联通交互和相关影响因素进行了研究，以影响因素为自变量，以联通交互为中介变量，以个体/群体学习结果为因变量，提出了如图 8-2 所示的联通交互和学习结果的假设，并对影响联通交互的各个因素进行了分析，通过借鉴系统动力学的相关理论和研究方法，分析 SKNs 中各个要素之间的正负因果反馈环，从系统各个要素之间相互作用所涌现出的复杂联通交互特征和模式中找到联通交互的影响因素，并提出了技术增强关联学习的联通交互过程性框架，如图 8-2 所示。

图 8-2 中矩形表示变量，圆形表示过程。这其中单个箭头表示影响，两个箭头表示增强。技术增强关联学习的联通交互过程主要包括三个维度：社会-心理维度、技术与认知维度以及教育/认知维度。

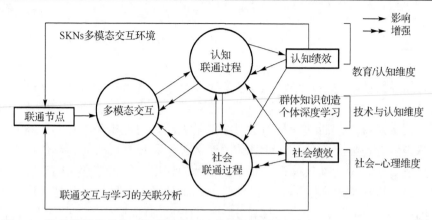

图 8-2　技术增强关联学习的联通交互过程框架模型(改编自 Kirschner et al.，2015)

　　具体来看，在技术增强的关联学习环境(SKNs)中，信息以分布式知识表征形式存在于各节点中，学习者通过提炼、重构、解释和创造新知识等过程逐步联通节点，构建动态发展的共享知识库，形成人与内容共通的技术增强型学习空间和共享知识库。SKNs 具有人-人-知识、人-知识-知识、人-知识-人-知识等多模态联通路径，其在结构和功能方面的新特征，如在结构方面，节点(学习者节点/内容单元节点)、连接(联通交互程度)、网络环境之间的互动关系呈现出了新的特征；在功能方面，各要素在 SKNs 的发展演化过程中起到举足轻重的作用，因为其联通交互的本质和特征与传统的关联学习有所不同。学习者通过联通节点和多模态交互，提升学习绩效和群体社会绩效，促进群体知识创造和个体深度学习；其中多模态交互具体包括认知联通过程和社会联通过程，这种认知与社会的双联通增强了学习者的交互，反过来也影响了学习者的学习绩效，并回馈给整个网络，构成连接交互学习环境的重要组成部分。

　　这一过程性框架充分说明技术增强的关联学习环境提供了认知和社会双联通管道，拓展了联通交互的广度和深度，在线学习的集体知识创生和个体深度学习有赖于关联学习双联通管道的认知支架搭建与多模态交互路径的建立。这对于深化对关联学习发生过程的认识，建立相应的优化机制，诊断认知模式，以便更好地设计、实施、应用和评价这种学习，充分发挥网络时代学习所具有的社会联通、信息汇聚、内容生成和协同创新优势，为探索技术增强环境下关联学习的行为规律提供了依据，有望为以 MOOC 为代表的在线学习环境设计和学习效果优化提供参考，进而推动关联学习理论与实践向纵深发展。

8.2　技术增强关联学习的活动模式及参与分析①

学习绩效是技术增强关联学习领域的重要议题，然而其受众多因素的影响，如活动类型和学习参与度等，探索活动参与度和参与模式如何影响学习绩效，显得非常重要，结果发现：①活动参与和学习绩效呈现明显的正相关，且不同绩效学习者的活动参与度存在显著差异；②就具体的活动类型和参与模式而言，创造类活动以及参与程度对学习者的绩效提升具有更为显著的作用；③随着学习的进行，活动参与度和学习绩效均呈现递减趋势。因此学习动机的激发和维持是保持关联学习活动参与度的核心，指向深度学习的知识创造类活动是提升关联学习绩效的关键，而 KNs 与 SNs 的双联通是关联学习者获得较高绩效的主要交互模式。

8.2.1　技术增强关联学习的活动概述

目前，MOOC 的退学率以及学习绩效等问题仍然是业界关注的焦点(Hone et al.，2016；张刚要等，2018)，而学习活动的交互性差(沈欣忆等，2014)以及活动参与度低(Kop et al.，2011)等是导致此类问题产生的重要原因。例如，郑勤华等(2016)通过对 Coursera 平台上"Rhetorical Composing"课程交互情况的数据分析，发现学习活动的交互设计单一且停留在较浅层次是学习质量无法提升的重要因素。而 Koedinger 等(2015)也通过研究发现，MOOC 学习者采用"做中学"方式(如参与交互式活动、回答问题和解决问题等)要比单纯观看视频讲座更能提高学习成绩，进而提高完课率，这一结论进一步说明了活动参与和活动模式对 MOOC 中学习绩效的影响作用。

基于联通学习理论的 cMOOCs 作为 MOOC 的一个重要分支，强调学习发生在以网络为基础的学生与学习对象之间的联结中，认为社会知识建构、同伴互动和学生自我驱动的讨论是课程设计的核心(许涛，2016)。而具体的 cMOOCs 学习在活动类别、学习参与方式等方面更为灵活和复杂，因此学习活动及其绩效的研究将显得尤为重要(杨现民等，2013)。

目前，关联学习的学习活动及学习绩效的相关研究主要集中在以下几个方面。

其一是对于学习活动设计理念的相关研究，典型的研究聚焦于学习理念的发展变迁和技术增强的学习设计，认为"开放、共创、共享"为其提供了实践的土壤，学习已由最初的行为主义逐步走向联通主义，主张"学习即网络形成"，网络中的节点可以是外部人际网络、概念网络以及存在于我们心智之中的内部网络等。由于

---

① 本节部分内容发表于《电化教育研究》2018 年 11 期。参见：段金菊，彭燕，朱德全，等. 2018. cMOOCs 学习者的活动参与度、参与模式与学习绩效的实验研究. 电化教育研究，(11)：38-44.

联通主义表述了一种适应当前社会结构变化的学习模式，即网络时代的分布和联通模式，因此，基于联通主义的学习活动也正由个体自主建构逐步向群体社会性交互（协同合作、互动交流、共建共享等）、向 SNs 和 KNs 的构建转变。

其二是对于关联学习活动内涵的相关认识，学界认为社会交互和学习网络正是当前学习活动设计的发展方向和趋势。例如，未来的在线学习发展将以基于社会性交互为主要的学习方式，以 KNs 的知识呈现为主要模式(Chatti et al.，2007)，即基于 KNs 和 SNs 的双联通学习设计将成为趋势。而关联学习环境下的学习者不仅应该具备认知联通能力，还应通过连接、默观、捷取的联通行为进一步参与社会联通(李新房等，2016)。

其三是关于具体学习活动及其学习效果的相关研究等，如关联学习的实践形态 cMOOCs 中关系到网络教学成功与否的四个关键学习活动(Kop et al.，2012)，分别是：汇聚(收集各种资源来阅读、观看、聆听等)、重新混合(汇聚完成后，根据内容融合自己的视角和见解，进行相应的思考和反思)、创造(结合反思进行自我创造，成为知识的创造者和批评者)和给予前反馈(鼓励参与者分享他们在课程中的工作)。另外，为促进学生的持续学习，Blanco 等(2013)对协作活动进行了详细的分类与设计。此外，也有学者针对某一门学科的混合教学模式进行了研究(何芳等，2016)，为后续关联学习的教学设计提供借鉴和指导。

纵观关联学习的已有研究发现，目前大多研究仍集中于理论述评和对某种教学活动及其设计的探究上，而对于整合联通学习的理论与方法、通过活动设计来提高学生的参与度和学习投入等的方法未有涉及。此外，学习者的持续参与是关联学习活动真正发挥其教育价值的根本，深入分析学习者的活动参与度、参与模式，探究活动参与度、参与模式对学习绩效的影响规律，对于指导教师更有针对性地设计学习活动、指导研究者更有目的性地探索学习活动、促使学生更有方向性地提高学习绩效等都具有重要的价值与意义。

因此，本节基于 KNs 和 SNs 双联通的学习背景对关联学习活动进行研究，以构建基于连接交互的深度学习范式为契机，结合关联学习开放性、大规模、自组织、实时性、动态生成、创造性和社会性等特点，从学习活动及其参与的视角研究提升学习绩效的有效策略。为探讨双联通背景下关联学习者的活动参与如何影响学习绩效，本节聚焦于以下几个问题。

①学习者的活动参与将呈现出怎样的特征？活动参与如何影响学习绩效？

②随着时间的推移，学习者的活动参与度和活动类型将会发生怎样的变化？

③活动类型和活动参与度与学习绩效之间将呈现出怎样的关系？不同绩效的学习者的活动参与模式是否存在显著差异？

8.2.2　技术增强关联学习的活动设计及实施策略

1）学习设计

本节选择了一个易于调查和采集相关数据的类 cMOOCs 平台—— 学习元，和我们所熟知的"网易云课堂""慕课学院"等开放型平台不同的是，作为泛在学习环境下的资源组织模型，该平台以 SNs 和 KNs 的生成进化为核心理念，具有生成性、开放性、联通性等八大独特特征(杨现民等，2013)，支持完整的学习流程，提供丰富的多维学习活动(段金菊，2017)，并充分将学习活动与学习内容融为一体，为本节研究的开展奠定了坚实的基础。

本实验对象为西南地区某大学某专业的大三学生，实际参与在线学习者人数共计 36 人，学习时长为一学期。参与本课程的每位学习者，都具有良好的计算机操作能力，对学习平台的相关操作较为熟悉，不存在技术障碍。

2）学习活动及流程

本实验选择的是此平台中"信息技术与课程整合"实验课程，开放的学习时间是 2017 年 9 月初到 2018 年 1 月中旬，共计 5 个月。其中，根据教学内容的编排，共设计了六个学习单元，如基于创新技术的教学模式(翻转课堂)、基于创新技术的教学方案设计与协同批阅、微课点评与制作、概念图及其教学应用、数字故事以及在线课程的设计、开发与调试等。具体的学习采用"微课程+资源+活动"形式进行，每个单元的学习时长为 10~15min。单元中不仅能看到教学内容，还能看到诸如资源、动态、活动、SKNs 等信息。

在具体的实践过程中，本节从学习隐喻(学习者与知识的关系)的全新视角出发，基于学习元平台的双螺旋深度学习模型(余胜泉等，2017)，依据活动类型和学习者所付出的心智努力程度，对学习活动进行分类，设计了接受中学、分享中学、重构中学、反思中学、交流中学、教中学、创造中学等多维学习活动。

结合学习活动的分类，具体教学安排如下。

(1)课前准备。

在课程学习之前，我们首先对学习者的先验知识进行了测量(一个基于概念图的前测)；其次对学习者进行导学说明，具体包括本次教学内容以及相关要求、对学习元平台的操作方式等的说明；然后发放学习单，并设置每个单元的核心问题及活动序列，引导学习者选择适当的学习策略以及步骤等进行序列化学习。

(2)活动中学。

在具体的学习过程中，我们提供与该学习主题相关的 KNs，帮助学习者了解与此主题相关的其他内容单元，并通过查看整体的 KNs 结构，建构对于整个主题内容模块的完整把握。学习者可以根据自己的兴趣在不同的单元节点之间跳转，以选择适合自己的学习路径进行系统的学习和分享，实现接受中学、分享中学、联系中学等；在整个学习活动中，教师推荐并引导学习者通过查看 SNs 来寻找与此主题贡献度最为密切的学习专家以及课程专家进行交流；同时学习者还可以根据自己的理解，参考已有资料，重构与当前主题相关的新的学习元，实现重构中学；当然，还可以通过发布教学的方式进行教中学。

之后，我们引导学习者针对学习单中的核心问题进行反思、协商与总结归纳，这一阶段的具体学习形式为：第一轮个体发表对该问题的初步看法，相当于评论，供大家进行意见参考；第二轮进行协商讨论，协同批注，这是一种典型的交流中学；第三轮是在前两轮的基础上进行协同编辑和发布教学内容，是一种典型的教中学；在学习过程中，针对学习元的版本对照功能，了解学习活动中知识演化的过程，了解每个阶段的核心观点及核心人物贡献等，撰写反思笔记，实现反思中学；第四轮，学习者绘制概念图，制作数字故事等，通过发布数字作品的形式，外化所学的知识，实现创造中学。

(3)学习评价。

在整个学习过程中，学习者可根据学习元的过程性评价功能和可视化知识地图功能进行学习评价。在学习者根据教师的指导协作完成指定的活动任务后，其提交的微课将作为学习绩效评估的依据。

3) 数据收集与分析

高低绩效学习者的分类方法(同上一节)：关联学习主要关注人与人之间的交互(谁浏览了谁的帖子、谁回应了谁的帖子等)以及人与知识的交互(谁贡献了知识、谁分享了知识等)。由此来区分高低绩效的学习者。根据学者 Shaw(2012)的观点，我们将按照学习绩效，将前50%的学习者定位为高绩效社会化学习者，将后50%的学习者定位为低绩效学习者，考察两个群体的交互行为、活动参与等方面的表现差异。本实验对学习者的初始知识储备和后期的学习绩效进行测量，以此作为前测和后测成绩(学习初始提交的对于本课程相关认识的概念图作为前测,学习结束后的微课程作为后测)。通过专家(教师和培训师)背靠背打分，Kappa 检验发现 Kappa=0.795>0.75，证明了较好的信度和效度。

活动参与度分类方法：结合文献分析，分别对各个单元进行活动参与度的数量统计，其中活动参与度评估量表如表 8-1 所示。该量表中对应的衡量指标次数均由实验平台自动记录，便于后期统计。

表 8-1　活动参与度评估量表

活动类别	具体形式	评估说明
获得类	接受中学	浏览学习内容
		浏览协作、讨论、交流、反思等内容
		收藏学习元/知识群等

续表

活动类别	具体形式	评估说明
获得类	分享中学	推荐学习元、知识群等
		推荐资源网址等
		上传资源
参与类	联系中学	引入学习元到知识群、社区中等
	重构中学	管理自己的知识群和学习单元；引用学习元
	反思中学	提出问题
		回答问题
		撰写反思笔记、心得体会等
	交流中学	在学习元中添加批注，协作补充相关内容
		发表评论
		参与讨论、发表观点
		投票评分、同伴互评
创造类	教中学	学生体验教师角色完成相应学习任务
	创造中学	结合所学知识创建学习制品
		创建课程学习社区、知识群、学习单元等

8.2.3　技术增强关联学习的活动参与度与模式差异分析

1. 活动类型与活动参与度的关系研究

1）活动类型与活动参与度的相关性

本节研究初步统计了每一种学习活动类型的参与水平与程度，从整体上看，不同的活动类型其参与水平有较大差异，按照参与度从高到低来看，接受中学的活动参与度最高，其次是参与类活动，最后是创造贡献水平的相关活动，即越高水平的学习活动，用户参与度越低，说明随着活动层级的提升，所需要的心智能力程度增加，而参与度则相应的有逐步降低的趋势。

2）活动类型与活动参与度的总体变化趋势分析

为探究学习者对不同类型活动参与度的总体参与情况，本节研究进一步对本课程学习的六个主题单元的参与情况进行分析。结果发现，随着时间的推移，知识获得类活动的参与度仍然占据主导地位，即在学习过程中，获得对于某个话题或者专题的基础知识是非常重要的，学习者需要掌握更多的基础知识来辅助后续的学习；而参与类活动和创造类活动的参与度总体较低，说明在需要付出更多心智努力的活动中，学习者的参与积极性有所下降。

结合具体的课程单元发现，学习者的活动参与度在单元四和单元六都有所回升，进一步分析发现,在单元四中设计了让学生通过实际运用掌握知识的活动(用概念图画出概念图与思维导图的区别),充分体现"经验之塔"理论,让学生从做中学,更能吸引其积极参与,并且相较于单元三(完成微课)和单元五(完成数字故事)的任务量,单元四(画概念图)的任务量更为适中,学生更有信心完成;而在单元六中添加了"教中学"的新型活动形式,让学生尝试从教师的角度对课程进行再设计,从"教"的体验中更为深刻地理解所学知识,也调动了学习者的参与度。而在整个课程的学习中,学习者的参与度随着时间的推移也发生了变化,但是出现了两个峰值,两次峰值分别在课程学习前半程和后半程发生,启示课程开发者和指导教师不断地对活动完成情况进行反馈与干预,以保证活动的有效参与和进行。

2. 活动类型、参与度与学习绩效的关系分析

1) 活动参与度与学习绩效的总体变化趋势分析

对课程开展的六个单元的活动参与度与学习绩效的统计发现,一方面,随着学习的进行,学习者的活动参与度与学习绩效总体呈现同步起伏趋势,说明在关联学习中,活动参与度在一定程度上可以预测学习绩效;而单元三呈现相反态势,深入分析发现,单元三主要介绍制作微课的工具和方法,以了解和领会为主,不强调全部掌握,而微课作品为可选任务,且该单元中没有设计讨论交流反思类活动,也就是说,单元三的活动数量较少且类型单一,导致学习者的参与度较低。另一方面,随着时间的推移,学习者的活动参与度和学习绩效呈现出逐步递减趋势,经过访谈发现主要原因有两种。其一是学习者的动机和兴趣有所削弱,参与积极性逐渐下降,各个活动的参与人数逐渐减少,也就是说随着时间的推移,学习者对关联学习逐步产生了疲劳和厌倦。程璐楠等(2014)学者认为,学习者的学习动机是完成课程的内在因素,学习动机会直接影响整个课程的参与情况。因此在关联学习过程中,课程设计者或者教师要善于结合学习者特征,恰当运用有效的学习策略,对学习活动进行精心设计,以维持学习动力,保持学习动机。其二是发现活动的类型、数量以及难易程度等会左右学习者的参与度和学习的坚持性,结果发现单元三设置的活动类别和数量都比较单一,从而导致学习者的活动参与度急剧下降;单元四和单元六的活动形式丰富有趣,且任务难易适中,活动参与度显著上升。因此,为提高学习者的活动参与度,教师在进行活动设计时,可以从活动的类别、数量、形式和任务设置等方面考虑为学习者创设丰富有趣的学习环境,即活动类别和数量尽可能丰富,促进学习者进行深度学习和高阶思维(冷静等,2017);活动形式尽可能贴合学习者特征和兴趣;活动任务设置尽可能适中,要做到既不让学习者觉得太过简单而失去挑战的欲望,又不让学习者觉得任务艰巨而失去挑战的信心。

2) 活动类型、参与度和学习绩效的总体关系分析

通过对学习者活动参与度与学习绩效的分析发现,活动参与度与学习绩效具有

较强的相关性，说明多维学习活动设计能够通过参与度预测学习绩效。虽然诸多研究，如 Huang 等(2012)及 Cheng 等 (2016)都对活动参与度和学习绩效的相关性进行了验证，但是基于连接交互的学习环境，进行多维学习活动设计与验证的实验尚属首例，而本节研究更好地证明了活动参与度与绩效的关系。

而在具体的活动类型方面，虽然统计发现，不同类型的活动和学习绩效均呈现出了相关性，但是进一步发现，讨论中学和创造中学与学习绩效的关系最为密切，相关度最高，最具有统计学意义，而交流中学和反思中学与学习绩效则具有弱相关性。这一结果表明，在关联学习实践中，讨论和创造性学习的重要性。此外，根据开篇的调查结果，虽然在该连接交互情境下，设计了多维的学习活动，但是有些活动，如接受中学和教中学对于学习绩效的促进作用不大，这可能有两方面的原因：其一是活动设计的有效性问题，其二是这些活动在激发学习者的参与度以及持续参与方面可能效果不佳。

3. 不同绩效学习者的活动参与度及参与模式分析

1) 不同绩效学习者的活动类型与参与模式分析

对高低绩效学习者在知识获得类、知识贡献类和知识创造类活动的参与度分析，发现高低绩效学习者的活动参与度和参与模式存在显著差异。一方面，高绩效学习者在知识获得类活动和知识参与类活动的参与度上要明显高于低绩效学习者；另一方面，通过内容分析发现，高绩效学习者在活动参与过程中能够更深入地思考问题，积极主动地从知识的"消费者"转变为"创造者"，从知识接受走向知识创造。而低绩效学习者更多则是停留在浅层学习层面。另外，就讨论题目本身而言，其设置形式对回答问题的深浅度也存在影响，问题设置成"你认为""为什么"要比设置成"是什么"得到更深层的思考。

2) 不同绩效学习者的活动参与度和参与角色分析

此外，高低绩效学习者的活动参与度和参与模式之间也存在显著性差异，高绩效学习者进行了更多的创造活动，究其原因是在技术增强的关联学习环境下，知识消费者本身也是知识生产者，在这样的互动隐喻下，共同创造成为可能，创造中学成为学习的新特点，学习模式从发散走向网络，高绩效学习者在其中既是学习者，也是教师，即具有学、教变换两种角色。同时，高绩效学习者在学习的过程中拓展了更多的知识节点和人际网络，在关联学习环境中进行了更多的连接交互，形成了具有深度和广度的认知网络，表明在 SKNs 中，知识节点的数量以及建构程度、人际网络的好友数目以及人际交互频率对学习绩效的影响作用。

此外，高绩效学习者更好地适应了以学习者为中心的关联学习环境，在以学习者为中心的学习模式中进行了更多的活动参与和连接交互，且进行了更多的分享和协作等。而从总体来看，对于已完成并成功分享了课程作品的高绩效学习者而言，知识的共享也极大地提升了学习成就感。

8.2.4 技术增强环境下学习者的活动参与及模式框架

本节研究通过对一门关联学习课程进行为期半年的实验追踪，探索了联通交互的行为模式以及 SKNs 多模态交互环境中各类联通交互行为与学习绩效和知识创新情况，分析了不同联通机制下学习者的学习效果、学习行为与学习效果之间的规律、提炼影响因素等。数据来源包括学习平台中学习者发帖、回帖次数等各类联通交互行为及学习绩效和知识创新情况的数据，学习绩效和知识创新情况可通过学习成绩、知识建构方面数据的统计来实现。

结果发现，技术增强背景下的关联学习可以通过提高学习者的活动参与度来提高学习绩效，而关于如何提高学习者的活动参与度，本书提供了关于活动类别、数量、形式和任务等方面的相关参考；同时发现学习者的活动参与度与学习绩效总体呈递减趋势，因此，本书提出通过建立有效的学习动机保持策略来提高学习者学习绩效的观点。

在上述实验的基础上，进一步提出技术增强关联学习的活动和模式，如图 8-3 所示。

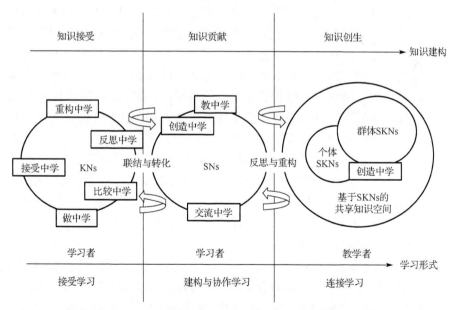

图 8-3 技术增强的关联学习活动与模式框架分析

接受学习：学习者通过观摩视频案例进行相应的学习，参与并完成整合与学习内容中的交互学习活动，完成教师设计的学习任务，在参与活动中学习。通过做中学、接受中学完成个体建构的初级学习；随着学习的进行，学习者对当前的相关知识内容有了大致的了解。学习者在众多的学习节点和网络中选择自己感兴趣的知识单元建立相关的知识联系，通过比较学习、反思学习构建个人学习网络，完成个体建构，在此学习过程中，伴随着知识的接受。

建构与协作学习：在此基础上，学习者不仅可以接受知识，而且可以在比较、反思的基础上，连接人际网络，进行知识的联结与转化，形成结构化的表达，创建新的知识内容，例如，通过群体讨论交流，吸取他人的智慧，在协作中共建共享，转换师生角色，在比较交流中进行群体知识建构，通过群体人际网络的联结进行较为深度的学习。在此学习过程中，伴随着知识的创造。

连接学习：学习者基于KNs和相关节点构建内部认知网络，与此同时联结围绕某个知识点建立的SNs，通过人与人、人与知识、人与活动建立的联系产生交互，从而实现内外认知网络的联结和转化。在社会认知网络中，内部认知网络与外部认知网络是协同互动、相互渗透与同步发展的。连接学习为个体内部认知网络和外部认知网络的动态联结与转化提供了可能。而创造中学这种活动形式在接受知识、建构知识的基础上，通过创造新知识实现深度学习。

除此之外，本节研究还得到如下启示。

首先，我们分别选取高、低绩效学习者的反思笔记进行个案分析，结果发现高绩效学习者的反思笔记中较多出现如"这学期这门课的学习对于我们未来的工作会有很大的助益，感觉收获很多""在以后的学习或者实习之中，好好利用这门课所学到的东西"等字样，而低绩效学习者较少出现关于知识迁移运用方面的思考。也就是说，高绩效学习者更倾向于知识创造隐喻方式，以及高绩效学习者更能发现关联学习中的活动与传统网络课程中的活动设置的不同，更能适应这种学习方式，如"本次学习不仅仅是利用资源进行学习，更是通过上传资源、共享资源帮助他人进行学习。在整个学习的过程中，我逐步从传统学习的'看客'成为当前学习资源的'分享者'和内容的'创建者'，这对我来说是一次不错的学习体验"。

其次，关联学习强调开放协作、共建共享，更强调发挥学习者社区的力量、基于社会交互的知识创造，而学习者体验后也感慨道："本次学习不仅仅是利用资源学习，最后搭建平台上传资源供他人学习，从'看客'到'创建者'，是一次不错的学习体验"。这与近几年来地平线报告所倡导的让"学习者从消费者向创造者转变"等理念相通。

因此，为更好地提高学习者(尤其是低绩效学习者)的学习绩效，实现以cMOOCs为实践代表的关联学习的教与学，需要设计引导学习者进行知识创造的相关活动，让学习者在学习过程中逐渐由"消费者"向"创造者"转变，并通过实施有效的支持策略(如动机激励、及时干预等)来提高学习者的学习绩效和维持学习者较高的活动参与度。

8.3　技术增强关联学习的社会知识建构

为了在前述关联学习模型基础之上，进一步比较三种学习方式的效果，本节比较了三种学习网络，即 KNs、SNs 以及 SKNs。通过基于话题的协作形式，开展群体学习，对学习广度、深度以及参与度进行了比较分析，并进一步探寻现象背后的原因，以对技术增强关联学习的效果进行分析。

8.3.1　社会知识建构概述

1. 社会知识建构

社会知识建构(social knowledge building)是个体在特定的组织中互相协作、共同参与某种有目的的活动，最终形成某种观点、思想、方法等智慧产品的过程(图 8-4)。其目标是为学习社区形成具有某种价值的公共知识，而不是简单地增加个体头脑中的内容，而通常将观点、思想、方法等看成一种智慧产品，并在后续的探究中加以应用。其特征主要有：①社会知识建构是一个不断发展、周而复始、螺旋上升的过程；②在这个过程中，小组过程位于系统底层，是社会知识建构过程发生的根本动力，生成智慧制品是协作知识建构的最终目标；③反思在社会知识建构中起到承上启下的过渡作用，反思是协作知识建构持续发生的关键，只有不断地反思，才能促进学生学习。

究其实质，社会知识建构是一个创建或修正公共知识的过程，它关注群体有价值观点的生成和持续改进(Hou et al.，2011)，而公共知识是指客观存在的可以为他人使用的知识。

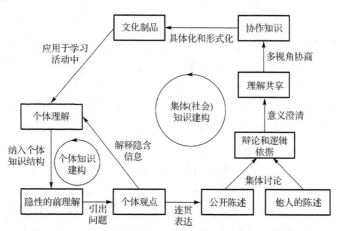

图 8-4　社会知识建构的基本过程(Stahl，2000)

社会知识建构需要创建开放的学习环境，关注集体知识的生产与知识创造，而在具体的教学过程中，需要关注学习者在具体的学习情境中进行知识(思想)生产和持续改进的过程，而技术增强关联学习环境的发展为社会知识建构提供了新的环境支持，而 cMOOCs 实践则为社会知识建构提供了实践的土壤。

2. 研究假设

随着关联学习研究视角以及学习隐喻的变迁，关联学习特征也呈现出相应的特点，学习逐步从分享与协商走向连接和创造，SKNs 代表了一种新的学习形态和学习模式，该视角的学习不仅强调建立与已有知识节点间的连接，而且强调在学习过程中通过知识创造的方式创造新的网络节点，成为他人进行网络连接的管道和媒介；从学习过程来看，在 SKNs 中，学习是话题聚合与关系聚合的综合体，学习不仅关注个体的自我表达，还关注群体的协同，因此，技术增强的关联学习呈现出了新特征、新思路与新模式，对三种网络(KNs、SNs 及 SKNs)的学习效果进行比较非常必要，并提出以下假设。

假设 1：技术增强的关联学习能够提高学习的广度，即 SKNs 整合了 KNs 的话题聚合和 SNs 的关系聚合属性，能够帮助学习者产生更多的观点，因此在一定程度上能够促进关联学习的广度。

假设 2：技术增强的关联学习能够增加学习的深度，即 SKNs 整合了 KNs 的群体协同和 SNs 的自我表达特点，通过知识贡献和创造，能够促进观点收敛和提炼，因此在一定程度上能够提高关联学习的深度。

假设 3：技术增强的关联学习能够提高学习的参与度，即 SKNs 通过贡献度标签标注了学习者与内容的交互程度，同时能够及时地显示学习者以及学习同伴的社群关系和网络位置，因此在一定程度上能够提高个体以及群体的参与度。

3. 背景与条件

我们给学习者提供一门为期 3 个月的在线培训课程，课程内容是基于创新技术的教学模式与方法，该内容由三大模块构成：第一模块是基于翻转课堂的创新教学模式与方法；第二模块是基于微课程的创新教学模式与方法；第三模块是基于 MOOC 的创新教学模式与方法。三大培训模块共 3 个知识群。其中，每个知识群辅助学习单，完成学习单所要求的全部学习内容即表示学习结束。

本书选择的是第一模块课程，即基于翻转课堂的创新教学模式与方法，实验初始进行随机分组，分配讨论任务：确定学习目标和时间要求等。讨论的起点是某个网站的"信息技术与课程深层次整合案例——基于翻转课堂的教学模式"。学生首先观摩这些案例，并且从不同的角度展开讨论。基于这些讨论，他们必须形成自己的观点；其次学生要评价翻转课堂教学模式对学习和教学产生的附加值。我们鼓励学生查阅课程群所推荐的相关资源，并探索额外的文献以及相关案例以满足讨论的需要。

实验对象是 63 名教师，学科背景为语文、数学和外语等，培训前期了解所有学习者的学习条件与学习技能，保证他们具备相应的在线学习技能，并能够参加观摩、练习、交流与创造等学习活动，在整个学习过程中，系统会自动记录每一位学习者的操作频次与行为信息以便进行过程性评估。

　　本实验采用乱数表的形式将学习者进行随机分组，分为实验组（SKNs）、控制组1（KNs）和控制组 2（SNs）。

　　首先采用乱数表的形式将 63 名学习者随机分为三个组；对学习者进行导学说明，对本次培训的内容以及相关要求等进行说明，介绍基于学习元平台的学习方式，要求每位学生熟悉；进行先验知识的测量，即一个基于概念图的前测（用概念图的形式将关于翻转课堂的知识绘制出来）和学习动机问卷，最后进行在线学习介绍，发放学习单。学习单的内容大致包括学习要求、学习内容、学习步骤以及学习帮助等。在学习要求、内容、步骤、帮助等方面，三个组都是一样的要求，只在学习步骤部分，根据每个组别的环境差异，提示策略有所不同，也就是说，实验组和控制组都是在学习元平台进行相关的学习活动，但是各自采用了三种不同的干预策略，由于相关的策略是在每个小组的学习单中呈现的，并且策略是显示在学习流程与步骤之后，没有在非常显著的位置进行标注，因此在一定程度上保证了实验效果。在 SKNs组的学习单的步骤部分，提到了 SKNs 的学习支架，由于这三个组别的学习者事先对于学习元平台的相关高阶功能（KNs、SNs 以及 SKNs）并不了解，并且学习者之前也不是非常熟悉，因此减少了霍桑效应，具体干预如图 8-5 所示。当然，考虑到学习者的实际水平与个体差异，在具体的学习过程中，全程配有指导教师提供实时帮助。

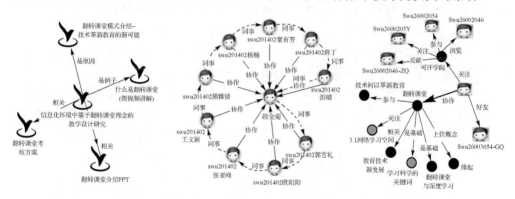

图 8-5　KNs/SNs/SKNs 的学习界面

　　对于实验组（SKNs 视角）的学习，学习者根据自己的研究需要，建构个性化课表（针对当前的研究主题），进行知识的重构，并且根据 SKNs 观察自己及他人的贡献度以及学习进展；对于控制组 1（KNs 视角）的学习：辅助 KNs 的学习内容组织形式和实验组的不同之处在于，人与学习内容之间的关系没有标注，看不到知识贡献者与交互者群体，和控制组 2 的不同之处在于少了可视化的 SNs；对于控制组 2：基于 SNs 的学习方式，学习的辅助支架是可视化的 SNs 视图，学习者可以看到与此主题相关的用户群体，和实验组相比，他们无法看到个体以及群体的知识贡献度，和控制组 1 相比，学习者无法看到可视化的 KNs。

　　通过上述环节明确了学习要求及任务后，学习者围绕本次群体学习的三个核心问题(其一是我所理解的翻转课堂；其二是翻转课堂对传统教学可能带来的影响；其三是翻转课堂对当前教学以及学习的启示)进行序列化学习。

　　学习结束之后，要求学习者绘制关于本课程知识模块的相关概念图，作为学习效果的后测依据。

　　此外，根据学习元平台的过程性评价以及后台记录功能，学习者的所有网上操作行为与活动记录等均可通过交互日志的形式进行实时观察与分析。

　　4. 社会知识建构过程及连接交互环境的比较分析

　　本次实验通过借鉴协同知识建构的相关要素与原则进行设计，目的是促进群体学习的广度和深度，提高学习的参与度。本实验采用话题和任务相结合的方式展开，采用活动中学的形式进行，在学习过程中以学习者为中心，教师则充当协商者和指导者的角色，根据学习者的进展进行实时干预。为了促进学习者的协商互动与知识建构，本实验设计了四个不同层次的协作与认知发展支架(So et al.，2010)。

　　水平 1：观点的产生。学习者通过观摩视频和阅读相关资料，研究翻转课堂在中小学各学科的应用案例，并思考如何将这种模式更好地应用到课堂教学中，随后在平台上分析这种模式的优点，评估这种模式的局限，并发表自己的看法。在这一阶段，学习者的主要任务是完成视频案例的观摩和关于翻转课堂相关资料的阅读。每个学习者围绕三个核心问题撰写自己的看法和观点。

　　水平 2：观点的连接。首先是组内协同，每个小组内的成员都可以查阅其他成员的评论和批注，并且进行相应观点的补充和完善，目的是生成更深层次的理解，这种组内的相互审阅、编辑和评论能够促进基于当前主题讨论的新版本的产生；其次，在组内协同和编辑的基础之上，小组之间进行相关的评阅和编辑，这是一种组间的协同学习过程，通过成员之间的评论与反思等促进观点的连接。

　　水平 3：观点的深化。这个阶段以撰写反思为主，在组内协同和组间协同的基础之上，基于当前讨论主题形成了新的版本，因此，每个成员可以在此浏览和查看关于当前主题的不同版本，反思如何将翻转课堂的模式和方法更好地与自己的教学相结合，在学习元平台中，通过撰写反思笔记的方式进行学习。在撰写反思笔记的过程中，每个学习者都可以查看与参考其他学习者的相应观点，深化对主题的理解，以反思笔记的形式进行观点的深化。

　　水平 4：观点的提炼。提交反思笔记后，其他成员相互阅读，同时通过投票的方式评选组内最优解决方案和组间最优解决方案，目的在于评选最优的解决实际问题的策略。首先学生阅读所有小组提交的反思笔记，并且投票选出最优的，阐述他们的理由，其次学习平台根据学生的投票行为进行结果的公布。

5. 研究工具与评估

个体学习评估：针对个体学习者的学习成就，在学习始末要求学习者绘制关于什么是翻转课堂的概念图，给出专家概念图以及相应的评分标准(如节点数量、节点层级以及节点的颗粒度，以此来了解学习的广度和深度)，事后由三位专家进行打分(一名培训师、一名课程专家及一名教学研究人员，三位人员均具有丰富的培训以及课程辅导经验)，前测实验的 Kappa 检验发现，0.795>0.75，说明具有较高的内部一致性，后测实验的 Kappa 检验发现，0.78>0.75，说明处于可信的一致性范围。

群体学习评估：群体学习聚焦于群体学习过程中的知识建构过程的内容分析，采用知识交互建构的编码准则进行分析，具体是采用 Ke 等(2009)的分类框架，参考其对于交互建构过程的分类框架进行编码(本阶段的实验虽然也参照了知识建构交互模型，但是考虑到要比较三种形式的学习在关联学习广度、深度以及参与度方面的差异，因此，针对知识建构的四个阶段比较了学习的广度和深度，并未对每一个知识建构阶段进一步细分)。

根据本书的分类框架，进一步采用内容分析法了解群体学习的程度与水平。

分析样本的选取：本书的样本主要来源于参加本次活动而产生的相关帖子，具体包括评论、协同编辑、撰写反思等。在具体的编码过程中，根据相应的编码标准将帖子拆分为相关意义单元，并根据分类框架将意义单元归纳为相应类型并进行编码，剔除无效数据(如由技术或平台等原因造成的重复信息、和当前讨论主题无关的协同编辑操作信息等)。

确定内容编码体系：在确定分析样本之后，需要确定内容分析的框架，并根据框架确定具体的编码体系。在进行转述和编码时，除了作者本人之外，还邀请了一位培训师和一位学科专家对编码表进行讨论，他们都具有在线学习和培训的丰富经验。三位研究者首先结合分析模型和研究内容形成一致的编码意见，得出相应的编码体系。随后进行独立编码，汇总后发现不一致处，针对不一致处进行协商和意见统一，最终确定内容编码体系。

编码的信度、效度检验：为了保证编码的信度、效度问题，作者与另外一位研究者采用背靠背的方式独立进行编码，随后采用百分比一致性的方法进行分析(百分比一致性是最简单、最普遍的信度系数，计算编码者编码一致的数量和编码总数量之间的比值，比值越高，信度越高)，得出编码的信度。结果发现，三次编码信度分别为81.2%、80.9%、84.3%，说明本编码体系在三次编码过程中均具有较高的可信度。

8.3.2　技术增强关联学习的社会知识建构与学习绩效分析[①]

学习结束后，根据学习元平台的记录功能，进一步对交互日志进行分析，结果

---

① 详见：段金菊.2015.基于社会知识网络的学习模型.北京：北京师范大学：1-216.

表明：本次实验共收集到 383 条记录，剔除无关以及无效数据（如没有内容以及重复内容的相关数据记录等），经过意义单元划分后得到的记录条数为 232 条（本书所指的发帖条数是指经过意义单元划分后的意义单元条目数，以下同）。

实验组发帖 80 条，控制组 1 发帖 72 条，控制组 2 发帖 80 条。鉴于组间实际参与人数的差异（如实验组参与人数为 18 人，控制组 1 的参与人数为 22 人，控制组 2 的参与人数为 23 人）可以看出，从平均发帖量来看，实验组优于控制组 1，控制组 1 优于控制组 2，说明 SKNs 环境下的学习者发帖较多，学习参与度较高，其次是 KNs 环境下的学习者，最后是 SNs 环境下的学习者。

学习成绩前后测比较：学习结束之后，根据学习者绘制的前后概念图进一步比较组间的学习成效差异，在概念图的评价部分主要对比了前后概念图的差异，并结合专家概念图对概念图中的节点数量、节点层级以及知识节点的颗粒度进行比较分析。在基于概念图的前后测基础之上，进一步比较组间的学习成绩差异，发现三个组在关于本主题的初始知识储备方面不存在显著性差异；在实验结束之后，进一步对学习者的概念图比较分析获得后测成绩，结果发现组间不存在显著性差异。

社会知识建构：社会建构主义认为，话题（topic）是知识建构的基础，共同体成员围绕共同的话题进行观点的产生、观点连接、观点深化和观点提炼是知识建构持续深入的关键（Scardamalia et al.，2006），而这一观点也被众多的学者所认可。因此，本书借鉴这一研究成果设计了相关的研究话题，并且从话题与观点的持续演化这一角度对这一问题进行分析和讨论，以进一步了解不同形式的关联学习在协同知识建构方面的表现差异。

通过对观点产生、观点连接、观点深化和观点提炼四个阶段的分析发现，在知识建构的四个阶段，发帖的意义单元数目依次为 91、60、42 和 39，也就是说，随着知识建构程度的提升，发帖数目有逐渐减少的趋势，但是总的来说，知识建构的层级比较完整，最高层级的发帖数目占据 39 条（16.9%）左右，达到了较为良好的知识建构程度。

在总体分析知识建构程度的基础上，进一步对组间的相关情况进行统计，发现在知识建构的第一阶段，实验组和控制组 1 产生观点的意义单元数均为 31 条，而控制组 2 产生观点的意义单元数为 29 条，这说明在关联学习过程中，三个组的群体动力和学习氛围较为良好，学习者都进行了比较积极的参与和讨论；在知识建构的第二阶段（即观点连接阶段），控制组 1 有更好的学习表现，实验组和控制组 2 则差别不大，说明在第二个阶段，SNs 的学习方式更容易让学习者进行更多观点的连接，而基于 SKNs 的学习和基于 KNs 的学习在观点的连接方面效果不如前者，一个可能的原因是在 SNs 的学习中，存在一定程度的意见领袖或者是社群领导者等角色，更容易推动学习者进行观点的协商和讨论。

而在知识建构的第三阶段（即观点深化阶段），基于 KNs 的关联学习表现出了一定的优势，SKNs 的学习在这一阶段的学习表现优于 SNs 的学习；这一现象说明，SNs 的学习有利于观点的发散，但是不利于观点的进一步聚合和收敛，而 KNs 的学习在观点的收敛方面表现出了较好的作用，尤其是 KNs 通过网络状的知识编排帮助学习者建构起了对于整个问题的认识；在知识建构的第四个阶段(即观点提炼阶段)，SKNs 的学习要优于其他两种形式，而和 SNs 的学习比起来，KNs 的学习方式在观点的提炼方面更有帮助，这说明知识的网络状编排对于学习者来说比较有用。

　　上述是对于知识建构的组间分析，重在分析组间差异，而在关联学习过程中，个体的社会化参与是非常重要的，根据以往的相关研究发现，在关联学习的过程中，只读参与者和边缘性参与者的现象普遍存在，因此，本书进一步调查了三组学习者在知识建构方面的个体表现差异。

　　从参与度来说，实验组的发帖人数为 18 人，控制组 1 的发帖人数为 13 人，而控制组 2 的发帖人数为 13 人，结合三组的学习者总数可以看到，实验组的参与率为 100%，控制组 1 的发帖参与率为 59%；而控制组 2 的参与率为 56%，因此实验组的参与度要优于其他两个控制组。进一步对个体的发帖数量进行分析发现，实验组最活跃的用户发帖数目为 11 条，个体平均发帖数目为 3~5 条，而在控制组 1 中，最活跃的用户发帖数目为 9 条，同时极少数发帖数目为 1~2 条，和控制组相比，实验组发帖数目的个体差异比较小，基本上参与的用户都进行了积极的反馈，发帖量比较均匀，不存在特别的意见领袖现象；相比较而言，控制组 1 和控制组 2 的意见领袖则更多，说明 SKNs 环境下的个体参与度较高，且不存在特别的意见领袖现象。

　　因此，本节通过基于话题的协作学习方式，对三种关联学习的效果进行了比较分析，从个体学习和群体学习的角度进行了归纳与总结，以了解不同学习网络支持下的关联学习效果。

　　研究表明：在学习绩效方面，SKNs 的学习、SNs 的学习以及 KNs 的学习在学习成就方面没有显著性差异，而在学习动机方面，SKNs 的学习和 SNs 的学习动机最强，鉴于学习绩效是基于学习成就与学习动机两个方面的考虑，综合来看，SKNs 视角的学习绩效最高。

　　这进一步说明基于关系聚合的 SNs 在关联学习过程中的重要作用，如同 Harris(1995)所言："在一个崇尚个人主义的文化里，群体的每个成员都想标榜自己，都在寻求机会以求在群体中处于优势层级。"由于是基于关系聚合的 SNs，成员们踊跃地进行个人观点的表达，关注自己的社群位置，因此学习动机比较高；而 SKNs 则聚合了相关的话题和社会关系，具备话题(知识)聚合和关系(成员)聚合的双重属性，因此，在激发学习动机方面起到了比较大的作用，例如，话题聚合的方式可以让学习者更多地进行观点深化，关注群体的知识建构与协同，而基于关系的方式则对于成员之间的个人表达起到了比较好的作用，因此，聚合了两者优势的 SKNs 在激发学习动机方面也具有显著的促进作用。

　　就知识建构程度而言，在观点产生阶段，基于 SNs 的学习和基于 SKNs 的学习对于产生更多的观点来说更为有用，在观点产生(发散)方面具有明显的优势，利于拓展知识建构的广度；而在观点的连接方面，基于 SNs 的学习便于学习者之间的观点分享与浏览，在促进学习者观点连接方面具有明显的优势；在观点深化方面，基于 KNs 的学习存在较多优势，利于提升知识建构的深度；而在观点提炼方面，SKNs 呈现出了较为明显的优势。这进一步说明基于 SKNs 的学习能够促进学习向深度发展，为观点收敛提供支持，以便达到建构的最高层级。

　　在参与度方面，基于 SKNs 的学习能够更好地提高学习者的参与度，而基于 KNs 的学习则在促进个体参与方面优势不明显。同时，通过个体的发帖统计发现，在基于 SKNs 的学习中，最高个体发帖数目为 11 条，总体来看，个体学习者的发帖数比较平均，而在 SNs 的学习中，存在较为明显的意见领袖现象，大部分帖子是少部分意见领袖式的学习者发布的，因此，技术增强的关联学习能够更好地提高个体学习的参与度，且不存在典型的意见领袖现象。

　　此外，技术增强(即 SKNs)的关联学习能够促进观点的产生，从而提升学习广度。本实验通过对帖子的意义单元数目分析发现，在群体协同建构的第一阶段，即观点产生阶段，SKNs 和 KNs 同样产生了 31 个意义单元，而 SNs 产生了 29 个意义单元，综合考虑组间的人数差异(SKNs 的人数为 18 人，KNs 的人数为 23 人，以及 SNs 的人数为 22 人)发现，基于 SKNs 的学习者产生了更多的观点，在知识建构的第一阶段，观点的产生方面有比较大的优势。而观点的差异以及认知冲突是知识建构向深度发展的关键。进一步分析其中的原因，技术增强环境(SKNs)聚合了 KNs 的主题聚合特点以及 SNs 的关系聚合特点，通过连接基于主题的内容单元和与此主题相关的学习者以及学习者的社群关系网络进行的连接学习是产生这一现象的最根本原因。也就是说，基于主题聚合与关系聚合的连接学习促进了关联学习的广度，使得在群体协同过程中产生了更多的观点；SKNs 能够促进关联学习的深度，本实验发现 SKNs 的学习能够促进知识建构第四个阶段的发展，即观点的提炼，促进学习向深度发展。根据协同建构的相关理论，观点的产生重在个体表达，观点的连接、观点的深化和观点的提炼重在群体协同，而 SKNs 聚合了 KNs 的群体协同和 SNs 的自我表达，在观点的提炼方面具有重要的促进作用。

8.3.3　技术增强关联学习的社会知识建构与联通交互框架

　　技术增强关联学习基于群体共享知识库、脑认知的社会性建构等的联通交互本质，从社会、认知、技术、心理等视角展示了 SKNs 多模态交互环境中共同体联通交互的社会知识建构和智慧学习框架。在该框架模式中，学习者的社会知识建构主要是通过学习者角色向教学者角色转变的形式而实现的，通过 KNs、SNs、SKNs 三个网络进行联通交互，在此过程中伴随着知识分享、知识接受、知识贡献和知识创新。其中，KNs 是通过语义分析与聚合等技术将具有内在逻辑关联的知识节点联结而成。学习者进行社会建构和联通交互主要通过接受中学、做中学、重构中学、比较中学、反思中学等学习活动而进行，这是联结 KNs 的阶段。随着学习的不断深入，学习者形成了技术增强的关联学习环境下强大的社群网络，为学习者进行关联学习提供了人际网络，而学习者通过与该网络的联结与转化，可进行基于教中学、交流中学的学习活动，进而促进社会知识建构。基于关联主义学习观所倡导的"联结和再造"价值取向，KNs 与 SNs 的联结与转化形成了 SKNs，为学习者的创造中学和关系中学等奠定了基础。由此，学习者基于多维学习活动进行接受学习，建构与协作学习和连接学习，实现知识分享、知识接受、知识贡献和知识创新，最终通过联通交互实现社会知识建构，形成技术增强关联学习的社会知识建构与联通交互模式(图 8-6)。

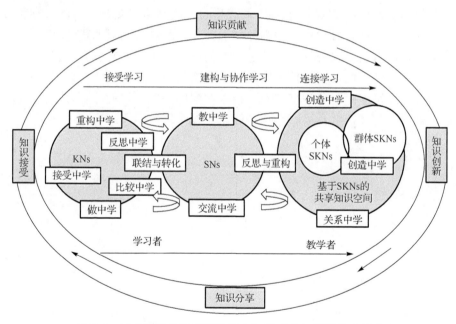

图 8-6　技术增强关联学习的社会知识建构与联通交互模式

在技术增强的关联学习中，单个知识节点构成了学习者当前的学习内容，而与此节点相关的 KNs 则展示了知识节点(单元)之间的关系，提供了基于当前主题的知识图谱，因此，在基于单个知识节点的学习中，学习者群体通过社会化参与和社会化创造的形式进行社会化建构学习；而在知识节点之间，学习者则通过连接的方式，查看并学习与当前内容相关的其他学习内容，通过连接与此内容相关的知识节点，连接与此节点相关的学习者节点等社会化的连接行为进行学习。SKNs 整合了 KNs 和 SNs 的特点，以 KNs 为核心，清楚地显示了知识与学习者之间的交互关系，通过相关的语义技术，将学习内容以及与此内容相关的人连接起来，可以说，技术环境为关联学习提供了分布式认知的脚手架。而在具体的社会知识建构和联通交互的过程中，人与学习内容(内容单元)之间的关系是 SKNs 构建的核心要素，基于知识贡献和创造的深度交互而构建的 SKNs 标注了学习者个体与当前内容单元的贡献标签，这种社会标签为提高群体的社会意识以及激发群体的集体认知责任有比较大的帮助和作用，同时，在 SKNs 中，由于个体知识贡献度的差异，贡献较多知识的个体会出现级别比较高的社会标签，而这种标签是一种身份和社区地位的象征，因此，在一定程度上，会被其他学习者认为是学习专家或者对当前话题最感兴趣的个体，故因网络的"无穷大"等效应，这些社会标签为提高学习的参与度提供了支架。

8.3.4　小结

和其他的关联学习方式相比，技术增强的关联学习(SKNs)具有比较明显的优势。从个体学习视角来看，技术增强环境的关联学习具有明显的优势；从群体学习的视角来看，技术增强的关联学习对于观点的产生、观点的发散有明显的优势，能够提高学习的广度；同时基于技术增强的关联学习为观点的收敛提供了支持，能够促进学习向深度发展；在参与度方面，技术增强的关联学习能够更好地提高学习者的个体及群体参与度，并且不存在典型的意见领袖现象。

第 9 章　技术增强关联学习的大规模在线开放教育实践

在技术增强的关联学习过程中，学习者通过社会知识创造、扩散进而构建自己的学习网络，获取更多的社会资本和知识资源，在此过程中，连接、创造成为技术增强关联学习的主要特征。本章进一步分析了技术增强关联学习的大规模在线开放教育实践及形态，探索了技术增强关联学习的实践发展策略，并对相关议题进行了探讨。

9.1　大规模在线开放教育的实践

1. 现状

MOOC 是在开放教育资源(open educational resources，OER)运动不断发展的背景下产生的，它与 OER 同样都是社会公众的免费教育形式，但 MOOC 更注重教学互动(樊文强，2012)。与传统的网络课程和开放教育资源不同，MOOC 具有开放性、大规模、免费、网络化、参与性等特点(Kop et al.，2012)，是一种新型的课程模式。作为面向社会公众的免费开放式网络课程，它是一种新型的知识创新平台，它引导学习者创造性地重组信息资源和自主探究知识，支持学习者在问题场域中通过协商对话激发灵感和生成新知(王永固等，2014)。

MOOC 为全球学习者提供免费、开放、优质的在线教育资源与学习服务(汪基德等，2014)，提供了不受时空限制的学习机会，允许来自世界各地、具有不同教育背景和不同学习能力的学习者同时参与同一门课程学习(万海鹏等，2015)。MOOC 这种大规模的开放性，得到了广泛的认同(万海鹏等，2015)，对全球高等教育领域产生了重要影响，正逐步成为 21 世纪终身教育和学习的一个重要途径，是信息技术对教育具有革命性影响的初步体现。

在此背景下，我国多所知名高校也加盟和开发了 MOOC 平台，与哈佛大学、斯坦福大学、耶鲁大学、麻省理工学院等世界一流大学共建全球大规模在线网络课程(王永固等，2014)。

随着学习技术和实践的发展，MOOC 逐渐分化出两种主流模式：cMOOCs 和 xMOOCs。

MOOC 既提供各种学习支持服务，又搭建了用户互动交流平台，构建了突破时空、资源限制的网络学习空间。MOOC 尤其是 cMOOC 的学习原理与基于 SKNs 的联通学习具有相通之处,已有研究论证了借助 SKNs 促进 MOOC 学习的可能性。MOOC 的交互状况对课程质量有着重要影响,对 MOOC 的交互状况进行分析,比较不同类型课程的交互水平是否有差异(乐传永等,2017)。

孙洪涛等(2016)选取国内 14 个 MOOC 平台的 622 门可获取内容的课程,针对论坛帖子数量、回帖时间特性和教师的交互投入等,对课程的层次类别、教学模式、视频类型、学习支持和评价方式等进行对比分析。研究发现,我国 MOOC 交互水平总体偏低且严重不平衡,20% 的课程产生了约 90% 的交互;教学模式对交互水平影响较大,探究型课程交互水平较高,采用翻转课堂模式的课程交互状况较好,采用可汗学院式视频的课程比采用其他类型视频的课程交互水平更高;提供丰富学习支持和评价认证方式的课程交互水平较高(乐传永等,2017)。

学者王永固等(2014)在文献分析、参与观察和案例分析的基础上,结合 MOOC 的实践形式、分类以及特征描述,提出大规模开放在线课程(MOOC)具有四项学习机制,其一是在线学习有效性机制,指出在线学习有效性机制是 MOOC 其他学习机制的前提和基础,且在线课程教学的构成要素对其教学效果有着不同的效应机制;其二是精细掌握学习机制,以掌握学习理论为基础,包括对教学视频的结构设计和形成性测试;其三是学伴交互协作机制,包括课程讨论区学伴协商讨论和学伴互评课程作业等,并认为这是保证教学质量的关键;最后一个机制是复杂系统的自组织机制,主要包括 MOOC 的自组织机制和动态演化机制。

陈茫等学者(2016)结合知识生态相关理论,尝试构建基于知识生态的 MOOC 教育体系模型,认为其由 MOOC 教育生态群落、 MOOC 知识学习平台、MOOC 优质核心课程以及知识生态环境等四个部分组成,并将教育生态群落主要分为自主学习种群、教育培训种群、MOOC 运营种群、教育机构种群以及其他 MOOC 种群等(陈茫等,2016)。

随着 MOOC 的发展,出现了关联主义新的课程形态—— cMOOCs。cMOOCs 具有基于社交网媒的互动式学习、非结构化的课程内容、学习者高度自主以及学习的自发性等特点,学习者可以根据自身的需要进行与他人学习网络的连接。然而,由于研究存在一些方面的不足,cMOOCs 没有把学习支持的个性化、及时周到作为追求目标,没有强调学习者对学习支持的满意和需求,同时认为除了课程组织者、辅导者外,每个学习者都应是学习支持的提供者(樊文强,2012),这就导致学习者的退出率比较高,对关联学习的技术提供不足。

由于关联学习的系统理论架构以及关联学习的方式、设计和应用场景等方面研究还不足,关联学习的技术支持环境和关联学习的实践应用略显不足。其中最显著的问题是关联主义学习者的高退出率,Fini(2009) 对 CCK08 的参与者进行了调查,在 83 名回复者中只有 15 名完成了全部学习任务,仅占全部人数的 18 %,除此之外,关联学习缺乏深入有效的教学与实践。关联主义作为数字化时代的学习理论,其重要性得到了一致认可，但是绝大部分研究(尤其是国内的研究)都处于理论介绍与探讨阶段，或停留在对某一观点的引用层面(王志军等，2015b)。

此外，Wang 等(2018)基于 cMOOCs 中的技术生态系统，遵循解释主义的研究范式，采用应用学科的系统理论模型建构法，依据从理论到研究的研究策略，建构了基于认知参与度的联通主义学习教学交互分层模型，例如，根据认知参与度从浅入深，该模型将联通主义学习的教学交互分为操作交互、寻径交互、意会交互和创生交互四层。其中，操作交互就是人与技术环境之间的交互，寻径交互包括与人的联通和信息的联通，意会交互包括聚合与分享、讨论与协商、反思与总结、决策制定，创生交互包括制品创建和重新合成。为了进一步验证和发展该模型，该研究选择由 George Siemens 和 Stephen Downes 所开设的著名 cMOOCs——Change 11 MOOC，运用质性内容分析法，根据联通主义学习教学交互模型，对基于课程学习日报、Twitter 和 Facebook 小组中追踪到的教学交互文本进行了分析。王志军等(2015a)对学习者在参与 cMOOCs 学习过程的四个交互层次(操作交互、寻径交互、意会交互和创生交互)中所使用的主要交互模式和方式进行了总结。研究发现，联通主义学习情境中的教学交互模型可以作为我们理解和分析 cMOOCs 中教学交互的模型。通过分析，模型中四层交互之间相互支撑、相互扩展并存在重叠的复杂性的网络化关系也得以进一步明确。

2. 典型的学习样式与实践形态

MOOC 在不断发展进化的过程中，逐步出现了小规模限制性在线课程(small private online course，SPOC)、翻转课堂、微课等课程和教学模式，以及晒课、精品资源共享课、精品视频公开课、中国大学 MOOC 等课程，都从课程、教学模式、资源等不同层面对技术增强关联学习的实践形态具有重要的启示作用。

1) SPOC

随着 Web2.0 理念的发展，"开放、共创、共享"成为时代的主题，以 Blog、Wiki、BBS 等为典型代表的各种开放知识社区迅速形成，使得在线学习从传统的个体学习逐步走向群体学习，学习从传统的知识消费走向知识生产。

在此背景下，MOOC 的出现顺应了知识开放与共享的时代潮流，以其规模大、交互性强以及资源丰富等特征满足了不同层次学习者的需求，受到各界的广泛关注。但是 MOOC 在迅速发展的同时，也出现了注册率高、完成率低及师生不能深入交流等问题。为解决这些问题，SPOC 应运而生，其吸收和传承 MOOC 的先进思想，重组 MOOC 资源，变革传统的教学结构，致力于开展混合学习，增强学习交互，将线上教学与线下教学融为一体，从而提高教学质量。

相较于 MOOC，SPOC 在运行机制、教学流程、教学形式等方面有了创新和提高，把网络化教学和传统教学的优势结合起来，通过二者优势互补获得更好的教学效果。

由此，线上、线下混合式 SPOC 教学逐渐成为教育改革和创新的热门话题之一。

从理论上来看，SPOC 可以通过多维互动对"教"与"学"的双边活动进行优化，从而弥补 MOOC 和传统课堂教学结合所产生的局限性。但是在具体的实施过程中，无论 MOOC 还是 SPOC 的学习，目前多数采用 xMOOCs 进行教学，即完全由教师主控的讲授型课程，要求学习者必须接受教师的知识传授和技能训练（何克抗，2015），忽略了知识创造、协同建构、群体探究以及行动-反思-理论-实践的转化等，因此在其学习的实践指向性和综合素质提升方面尚待加强。

SPOC 作为一种新的课程范式，以其小众化、集约化、限制性等特点克服了 MOOCs 的完成率低，师生交互不足等问题，促进了 MOOC 与传统课堂教学的深度融合，也代表了 MOOC 未来的发展方向。

2) cMOOCs

网络时代的学习—— 走向联通，大规模的学习簇生了大规模在线学习的兴起和发展，与此同时，学习资源和课程等为满足规模巨大的学习者的需求也呈现出大规模增长的趋势。在此背景下，规模学习将成为联通时代网络学习的发展方向，而在互联网技术和相关学习理论下，出现了越来越多用于进行大规模学习的平台和课程。

2008 年，加拿大学者 George Siemens 和 Stephen Downes 开设了第一门 MOOC——"Connectivism and Connective Knowledge Online Courses"，即 cMOOCs。cMOOCs 将分布于世界各地的授课者和学习者通过某一个共同的话题或主题联系起来，学习者通过交流、协作来构建学习网络和知识。cMOOCs 学习具备社交网络的特征与潜质，强调大范围协作和群体性创作、分布式的内容共享与创生等，cMOOCs 将分散在世界各地而具有共同兴趣的学习者形成稳定的学习部落和社群，这些学习者按照自己的方式、喜好和无数定制服务创建了一种新的学习范式，即"联通交互"（关联学习）学习范式（段金菊等，2016b）。这种以社会联通和复杂联通为核心（王志军等，2014），以社会知识建构为主旨的关联学习，打破了传统课程和教学的"内容"与"过程"及"目标"与"手段"二元对立式关系而走向课程与教学有机连续的融合过程（黄小强等，2014），对于促进深度的社会化知识建构，提升学习绩效具有非常重要的意义，因此以 cMOOCs 为典型实践形态的 MOOC 得到了迅速发展，正在对教育领域产生巨大的影响。

作为指导网络学习的理论和教学法，关联学习理论的兴起和相关实践形态的兴起对大规模在线教育具有非常重要的理论与实践意义，而 cMOOCs 便是在一定历史时期和在线教育的发展阶段所出现的关联学习实践形态。虽然关联学习规律的探索并没有跟上其实践发展的步伐，但是涌现出来的体现关联学习应用的大规模在线开放教育实践也相对丰富，这对于关联学习的实践推进具有重要的启示作用。早期 Stephen Downes 认为关联学习的实践形态 cMOOCs 包括课程参与者（学习者和促进者)、资源(网络中的开放资源和学习者创建的资源)以及将参与者和资源连接起来的机制，其中将学习者和资源连接起来的机制是其他课程所不具备的(王志军等，2014)；随后学者王永固等(2014)对 MOOC 学习机制进行了研究，认为 MOOC 拥有包括在线学习有效性、精细掌握学习、学伴交互协作和复杂系统自组织等核心学习机制；此外，任英杰等(2014)研究了学习共同体中的认知机制，冯锐等(2014)研究发现社交网站中能够使知识扩散发生的前提条件是联结，而关系和角色则影响知识流动与创新的速度，上述研究对于进一步探索 cMOOCs 以及关联学习的规律有较为重要的启发意义。

此外，从学习形态的角度看，技术增强的关联学习在用户重心、用户关注、联通模式、网络扩散方式等方面呈现出了新的特点(段金菊等，2016a)。例如，在学习环境方面，和早期 KNs 的圈式结构学习社区以及 SNs 的链式结构学习社群相比，SKNs 呈现出多态节点链式结构的学习生态网络特性(段金菊等，2016b)。可以说，关联学习经历了从传统知识社区发展到开放知识社区，从学习社群发展到学习网络的过程，同时，KNs 是以知识或者话题(内容)为中心的学习网络，重在通过成员之间的观点产生、观点连接、观点深化和观点提炼等，促进知识分享与群体的知识创造(段金菊等，2016b)。关联学习的过程就是连接更多观点以及话题的过程，因此，群体对话与协同为其典型特征(段金菊等，2016b)。与 KNs 相比，SNs 重在强调用户以及关系的重要性，旨在通过好友聚合以及友谊网络的形成促进关联学习，这种学习网络重在用户的观点表达和互动，强调通过更多关系的建立来拓展学习者的社会资本，而 SKNs 则整合了两种网络各自的特点，为话题聚合与关系聚合的整合性学习提供了条件，有望为连接和创造的学习提供新的支持形态(段金菊等，2016b)。

3. 挑战

在大规模在线开放教育领域，学堂在线、好大学在线等 MOOC 平台逐步盛行，双师教育、智慧学伴项目以及其他的单一课程模式和云课程模式的公共服务体系等正在形成规模，"互联网+"时代教育供给侧改革正在如火如荼地进行，基于不同地区不同个性化发展阶段的不同服务模式成为新的诉求，包括参与主体和参与模式、运行机制、框架资历以及评价方式等；同时东、中、西等不同的教育发展区域个性化发展程度不同，其服务模式与个性化发展的影响因素也有差异，这是国家战略层面的问题。

从具体的实践层面来看，目前由于 MOOC 的实践发展先于学界关于 MOOC 的理论研究(王永固等，2014)，MOOC 还存在许多无法回避的问题。目前最为典型的问题就是入学率的问题，坚持学习完全部课程的人很少，退出率较高，形成了 MOOC 有大规模的网络访问，但并没有大规模的网络学习发生的现象(余胜泉等，2014)，而 cMOOCs 也不例外。如相关研究显示，虽然学生的学习方式和传统高等教育课程中的学习模式看起来非常不同，但却和其他网络媒体的互动方式非常相似，如视频或社交网络。很多注册者只是简要浏览一门在线课程，而只有一小部分坚持学下去，交互程度低，知识建构层次较浅。

大部分 cMOOCs 直面实践问题，聚焦于对 cMOOCs 学习效果的评估，其他学者还关注了 cMOOCs 在具体的学习过程中所面临的挑战，具体包括自治性、学习的存在感和临场感以及对于个体学习者的学习能力的高要求等，并且指出 cMOOCs 的学习在很大程度上依赖于学习者个体的自我导向学习能力和学习的主动建构，然而现实的情况是在 cMOOCs 中的大部分学习者的学习能力、信息技术能力不足，以至于在学习过程中寻找资源困难，学习的持续性较低。此外，学习者对相关学习工具不熟悉以及对技术环境不适应等也影响了学习的效果（赵磊等，2016）。目前，cMOOCs 领域对于技术增强的学习环境以及学习者的技术适应性等方面也进行了初步探索，如 Fini（2009）以 CCK08 课程为例构建了课程学习的技术支持框架，旨在提供基于 MOOC 的学习支持服务，具体包括关注学习工具的有效使用以及提升技术环境和学习工具的有用性等方面，而新的技术环境和新媒体也逐步走进 cMOOCs 践行者的视野，旨在提升 MOOC 实施平台的易用性和有用性。

此外，目前大部分关于关联学习的研究是基于专门学习站点或者聚合了社交网络学习站点的课程设计探索，相关成果对于关联学习的课程设计具有较好的启发与指导作用，由于关联学习的复杂性以及学习场景的多样性，研究成果是否可以扩散到其他场景尚待观察。此外，虽然作为关联学习实践形态的 cMOOCs 在起源之初就被认为具有大规模的学习者群体参与，但是后来由于 MOOC 发展的分化和逐步成熟，现在已经有相关的研究聚焦于基于任务的 cMOOCs，并且多聚焦于高等教育领域，倾向于其在大学的实施及应用，因此面向高等教育领域的 cMOOCs 实证及分析类成果比较多，这一研究结论是否可扩展到所有的学习者群体和关联学习范畴，还需要进一步的实验论证。并且后续研究需要进一步细化相关设计框架，探索新的分析方法，例如，技术之间该如何培养学习者的集体认知责任，推动学习者的知识创造和持续学习，以及可视化 KNs 和 SNs 在推动内、外认知网络的连接和转化以及学习者知识创造方面的重要作用等。而为了让关联学习理论更好地指导关联学习的课程开发和学习设计实践，还需要探讨关联学习在促进社群交互、共享知识库的课程构建等方面的积极作用，并进一步探究学习者在连接和创造学习的过程中，课程知识生态的数量和质量、学习者活动参与的水平以及与学习绩效之间的动态关系等。

总体来看，目前的教育难题依然存在，造成这一现象的原因多样，例如，目前国内研究者并没有充分认识到关联学习对知识时代知识分享与创新的重要价值（黄小强等，2014）以及学习者的学习动机和课程内容本身的因素等。但更为重要的原因是关联学习发生在复杂的信息环境中，与此相对应的交互类型与方式也比任何一种传统学习都复杂（王志军等，2015b）。关联学习是遵循一种什么样的机制而展开的，其规律是什么？对这一问题的认识是解决上述问题最为关键的一点，此外，以

cMOOCs 为典型实践形态的关联学习，对技术条件及人际互联的依赖较高。今后为了更好地关联学习的实践发展，还应该进一步推进以深度学习为主旨的技术增强语境下关联学习的相关研究，进而促进大规模在线开放教育的深入发展。

9.2　关联学习的大规模在线开放教育实践相关议题

1.　大规模在线开放教育的深度学习去向及相关议题

深度学习是学习科学的主旨，也是目前教育界和全社会关注的焦点。2010 年，美国的威廉和弗洛拉·休利特基金会发起了深度学习(study of deeper learning，SDL)研究项目，认为深度学习是："学生胜任 21 世纪工作和公民生活必须具备的能力"(孙妍妍等，2018)，并建立了 500 余所面向深度学习的实验学校，逐步形成了深度学习共同体网络。2011 年，经济合作与发展组织(Organization for Economic Co-operation and Development，OECD)发起了基于深度学习的创新学习环境(innovative learning environment，ILE)计划。2012 年，美国国家研究委员会(National Research Council)发布了题为《为了生活和工作的学习：在 21 世纪发展可迁移的知识与技能》(*Education for Life and Work: Developing Transferable Knowledge and Skills in the 21st Century*)的报告，该报告探讨了深度学习与 21 世纪技能的融合，代表了美国教育变革与发展的新取向(孙妍妍等，2018)。此外，世界各地的诸多学校相继制定了实施深度学习的相关政策，深度学习更是被列为世界基础教育领域发展的长期趋势(张渝江，2015)。我国教育部更是在 2015 年试点"深度学习"教学改进项目，进行面向深度学习的教育供给侧改革。在此背景下，深度学习作为全新教育理念与学习方式变革的标志，引起了学术界乃至广大群众的普遍关注，发展深度学习成为业界共识(何克抗，2018)。从全球范围看，人类已从信息化初期跨入信息化更为深入发展的"互联网时代"，"互联网"因具有无限丰富的学习资源且触手可及，而且具有多重交互性，能充分调动学习者的主动性、积极性乃至创造性，正在引发教育教学领域的一系列重大变革(何克抗，2018)。和工业时代侧重于培养学习者"具有知识"的教育相比，信息时代的教育则更强调学习过程中的"知识创新"。而开放性、大规模、自组织、实时性、动态生成、创造性和社会性的在线学习环境正在对在线教育领域产生巨大影响，全面揭示新技术语境下深度学习的发生机制和规律成为当前在线教育的重大战略问题。在此背景下，应该结合教育技术学、管理学、认知科学、生命科学以及学习科学等多学科交叉背景，结合网络学习范式的变迁和技术增强的学习环境的发展，将多模态交互的个人 SKNs 环境作为深度学习的支架和路径，依赖于其所提供的认知和社会双联通管道以及在汇聚、混合、转用、分享和知识创造等方面的特点，综合应用系统动力学建模、仿真实验、大数据分析法以及行为序列分析等研究方法，揭示多模态交互环境对深度学习的支持,揭示群体知识创生和个体深度学习的机理,建立面向深度学习的联通交互机制。例如,将多维视角用来透视深度学习,将交叉学科的研究范式引入深度学习领域,补充深度学习的传统认知行为研究范式,并提供基于数据耦合的科学依据(刘哲雨等,2018),将为新技术语境中开展深度学习提供依据,相关成果可为深度学习研究提供行为依据和机制参考。

目前,关于深度学习的研究成果主要集中在北美地区、英国、澳大利亚、新加坡和中国。已有研究围绕技术对深度学习的促进作用进行了较为深入的理论探索与实证研究,较为系统地梳理了深度学习的相关观点,并围绕深度学习的影响因素以及有效性等方面进行了探索(刘哲雨等,2018),相关成果主要聚焦在深度学习的概念和内涵(卜彩丽等,2016)、深度学习模型(祝智庭等,2017)、深度学习的过程和结果(Fournier et al.,2014;Kop et al.,2012)以及深度学习的评估等方面,例如,对技术和教育领域中的深度学习做了较为深度的解读,并建构了智慧教育领域中深度学习的能力冰山模型,研制了智慧教育理念下人类深度学习的发展策略(祝智庭等,2017)。而研究热点主要聚焦在深度学习的过程与结果方面。作为学习科学的重要研究内容,深度学习机制的研究还较为薄弱,难以支持深度学习应用研究的内涵式发展(刘哲雨等,2018),这其中,新技术语境支持下,深度学习的行为机制(刘哲雨等,2018)及其规律的研究(何克抗,2018)更是重中之重。

2. 大规模在线开放教育的个性化、精准化学习服务去向及相关议题

通过数据挖掘和大数据分析,对技术增强关联学习的学生层、教师层、学校层、学期层、回答层、键击层等的大数据收集,以及文本分析、聚类分析、关系分析、社会关系分析、词频分析、层次分析等形式研究以学生为中心的大规模在线开放教育的要素配置、服务主体、服务模式以及实践建议等,探索新形态案例,并分析每一领域典型的新形态案例中学生的学习状态与学习路径、社会关系图谱与学习轨迹、学习者的个性化学习与学习的参与度等,建立基于大数据的案例形态与要素预测模型,供教育决策及政策机制制定参考非常重要,对于推动技术增强关联学习的实践发展大有裨益,相关议题主要包括基于全学习过程的关联学习个性化测评、监督及动态、实时的学习追踪。

如动态、立体、实时的全学习过程检测,将聚焦于课前、课中和课后三个主要的学习阶段,其中课前"线上"模式进行基于共享知识库的资源分享,可以改变师生间的不平等关系,转变师生固有课堂角色,能有效支持教师以学生的观点实时动态地进行教学设计和实施,以及学生借助丰富的多媒体学习资源灵活地进行移动学习和个性化学习。课堂上,采用"线下"多种教学模式相结合,除了传统的填鸭讲授式的教学模式,更多地尝试开展新形态教学,让学生能够在一定的情景认知下,借助互联网手段、运用必要的优质共享学习资源完成知识的构建。课后的"线上"

师生互动模式，为每位学生提供与授课教师探讨、反馈、解惑的机会。让学生能够聚焦实践中遇到的问题，与经验丰富的教师直接进行互动，丰富学习经验。尤其是一些互动教学活动的实施，能够让每位学生直接在实践中学习知识，获取经验。同时，还为学生提供大量的线上、线下学习资源库、课本库等实用资源，促进教育公平、实现教育均衡发展。

此外，以学习者为中心的个性化学习是关联学习的又一实践诉求，在技术增强的关联学习环境中，动态、实时跟踪学习者的个性化学习路径与学习轨迹，实时对学习者的信息化学习能力进行测评，及时发现问题所在，找到不足之处，从而制定个性化学习目标，帮助学习者进行个性化学习非常重要；另外，对于不同学科背景的学习者，学科差异是存在的，实时跟踪学习者的个性化学习能力，针对各个学科的差异性提出不同的个性化学习方案，结合学生自身的情况，动态提供实时信息和学习结果，满足学习者个性化学习的需要。

9.3　技术增强语境下关联学习的大规模在线开放教育发展策略

作为指导网络学习的理论和教学法，关联学习理论的兴起和实践发展对大规模在线教育具有非常重要的理论与实践意义，而 cMOOCs 便是在一定历史时期和在线教育的发展阶段所出现的关联学习典型的实践形态。虽然关联学习规律的探索并没有跟上其实践发展的步伐，但是涌现出来的体现关联学习规律的研究也相对丰富，这对于我们关联学习的实践推进具有重要的启示作用。基于对现有国内外相关现状的分析和研究的借鉴，为了更好地促进关联学习实践的发展，还应该进一步推进以深度学习为主旨的关联学习本质与规律的深度研究。

1. 预设方面

1）应该关注大数据以及学习分析技术支持下的学习者模型构建

随着大数据以及人工智能技术的发展，关联学习逐步呈现出大数据的相关特征，如数据集量大(上万名学生)、多维化(每个学生的不同方面)、时间序列短(数据采集时间间隔短)、时间长(数据搜集周期长)和深度(具有理论意涵)等，而以学习分析技术为代表的新兴学习技术的发展，为关联学习背景下学习者模型的构建和精准行为预测提供了依据。如已有的研究建立了学习分析创新循环，并分析了该循环的应用场景(Drachsler et al.，2016)。具体在微观层面，收集来自学习者或教师的课程数据以促进学习反思和预测；在中观层面，通过对单一课程的共享和元数据分析，进一步分析学习者的类型以及学习者的学习方式和学习方法倾向等；而在宏观层面，则可分析诊断教与学的群体特征，可服务于更为广泛的利益相关者群体。这对于关联学习实践的推进同样具有启发意义，同时，今后还应该进一步关注关联学习实践中学习者的认知、情感、学习行为等大数据的行为分析。通过精准的学习者模型构建聚类具有相似特征的学习者，为更加精准化、个性化的学习服务(马志强等，2016)提供基础。可充分借鉴当前学习分析领域的典型学习者模型，如学习者知识模型、认知模型、情感模型与学习行为模型等，剖析各个模型的基本特征、组成要素、研究脉络与重要进展(马志强等，2016)，通过与关联学习情境的深度结合，为关联学习绩效的提升提供科学依据。

2) 要重视学习者的参与角色设计与分析

现有的模型向我们展示了促进关联学习知识创造方式的多样性和学习者角色研究的必要性，启示我们在真正的学习实践中，教育者以及设计者应该更多地关注学习者和教师角色，通过角色分析及设计进一步思考学习者的地位、学习情况以及群体智能汇聚的程度等。结合关联学习的实践可知，关联学习的知识以网络状的形式散落在社群、朋友、情境以及相关的技术媒介中，这些分布式知识构成了社群的知识库。学习不仅是从固定的内容中获取知识，更主要的是从与此内容相关的人中进行知识获取，学习者对社群的节点的知识进行连接、分享、扩散与创造等，从而建立了关联学习的管道和媒介，学习者可以通过知识的分享、创新和供给成为教师，而教师也可以成为学习者，知识的来源并不唯一，师生可以通过资源的提供、知识的整合以及提炼等知识创造，由学变教。

3) 应该关注基于多种关联学习实践形态的课程及环境设计

目前，随着 MOOC 的进一步发展，关联学习的实践形态也出现了逐步分化的趋势，如相继出现的深度学习公播课(the deeper learning MOOC，DL-MOOC)、移动公播课(mobile MOOC，MobiMOOC)、大众开放在线实验室(massive open online labs，MOOL)、分布式开放协作课(distributed open collaborative course，DOCC)、个性化公播课(personalized MOOC，PMOOC)和大众开放在线研究课(massive open online research，MOOR)等(祝智庭，2014)。而这些实践形态由于其学习场景、学习规模、学习特征及学习需求的差异等，也必然有其独特的学习规律，对于这些学习新形态及其规律的认识将会更加重要。与此同时，关联学习的主要实践形态 cMOOCs 也在发展过程中出现了分化，如基于任务的、应用于高等教育领域的 cMOOCs，基于专门学习平台的 cMOOCs 以及分布于各社交网络的 cMOOCs 等。其中，随着技术增强学习的发展，基于专门平台的 cMOOCs 将逐步变成现实，成为践行关联学习理论的新阵地，这些情境下的关联学习规律需要进一步研究。关联学习既可以发生在如博客、Wiki、Twitter 等各个社会媒介中，也可以发生在专门的学习平台，早期由于技术的发展限制，更多研究关注的是 SNs 情境下关联学习的发生及其发展，而随着语义网络和知识可视化等技术的发展，基于 KNs 的关联学习逐步受到重视，因此在新的技术环境下关联学习课程及环境的设计规律也应当得到充分的重视。随着技术、平台、环境等各方面的影响以及与此相对应的多元化实践形态的发展，相关的研究应该更分化，更加具有针对性和实践指向性。

4）要重视对学习节点及其连接有效性的探索

基于关联主义网络协作学习的要素模型和基于 cMOOCs 要素的结构模型表明，技术增强的学习环境平台和工具支持对关联学习的支持以及关联学习节点的建立与有效连接对学习的重要性。根据该模型的观点与描述，可以得出学习者关联学习的过程中应该成为网络协作学习节点的连接者和塑造者。在网络协作过程中，学习者可以依据学习环境和平台以及自身的知识制造自己的学习节点，这些节点可以通过自己的知识储备和外界知识获得得到进一步发展和延伸。这些节点的活跃程度和有效性由学习者本身的状态所决定，同时也依赖于其他节点与其之间的相互联系和协作。各个节点之间也就是各个学习者之间相互进行知识的交流，应该充分考虑各个要素的状态与要求，建立学习者之间的有效连接，通过众多节点的连接形成学习网络，达到群体协同学习的最佳效果。

2. 学习过程方面

1）要重视对连接交互行为的多重分析

连接交互是关联学习的主要特征，而关联学习由于其学习的分布性和社会性，连接互动的相关研究将变得更为重要，对于关联学习中连接交互是如何发生的，以及连接交互的层次和规律的认识是关联学习设计的关键。虽然连接交互和认知投入框架的理论交互模型清晰地展示了关联学习中交互的发生与学习层级，也启示我们在相关研究以及设计中应该重视对连接交互层次和认知投入以及学习目标的研究，从而更好地促进高阶目标-知识创造的形成。但是由于关联学习情境的多样化特征，交互也会因为课程形态的不同而不同，目前的研究主要聚焦于关联学习的课程形态。随着技术环境的发展变迁，关联学习的交互呈现出了新特点，亟待在前人研究的基础之上，结合关联学习的技术背景和环境支撑进行深入研究，如以王志军的教学交互模型为例，传统意义上的四种交互类型，如操作交互、寻径交互、意义交互和创生交互，在以 SKNs 环境为代表的技术增强隐喻下，操作交互和寻径交互是最为简单的交互方式，通过知识节点和人的节点的可视化呈现，为这一操作提供了支撑；而在四类操作交互中，意义交互和创生交互是技术增强环境下的交互之本，在一定程度上属于复杂交互和社会交互，是技术增强的关联学习交互的新特点，理应受到更多重视，以及基于模型视角的多角度深入探索。

2）要重视关联学习过程中的双联通

关联主义认为学习是一个连接网络和构建网络的过程(Siemens，2005)。这些网络包括神经网络、概念网络和外部网络。由于研究神经网络远远超出了这项研究的预期(Wang et al.，2018)，在关联学习的相关研究中，学者大部分聚焦于社交网络和概念网络范畴。SCCS 模型和双螺旋的深度学习模型都较好地阐释了双联通的过程、内涵和方式，展示了如何通过学习设计更好地帮助学习者建立各种联通管道。然而在真正的实践领域，基于双联通理论指导的探索并不多，这在一定程度上直接或间接影响了关联学习的效果。如 Wang 等(2018)认为参与 cMOOCs 的活动分布于社交网络和概念网络的学习环境中等观点。因为关联主义学习往往得到各种分布式技术的支持，所以进一步研究了学习者使用什么样的技术来支持他们的学习，参与者和主题之间形成了什么样的参与模式和网络结构等。这些研究都是基于社交媒介的分布式学习，采用了社会网络分析法和内容分析法，收集数据的过程较为复杂，而研究也侧重于学习过程中的连接交互行为分析以及网络结构的形成，对于概念网络的形成以及在此基础上关联学习的动态联通与实时发展则关注较少，对于学习过程中 KNs 与 SNs 的双联通关注不够，理应在以后的发展实践中得到重视。

3) 应该关注多元化网络学习理论及技术情境下的学习过程探测

随着关联学习理论的逐步深入以及技术的发展，人们对于关联学习的认识将更加全面、更加多元化，研究视野也将更为开阔，对于关联学习现象和规律的探索将逐步走向多维度、多视角。例如，近期关于深度学习的双螺旋学习模型，将学习活动设计、学习环境创设以及学习目标达成等进行综合分析，提供了技术增强环境下关联学习设计与评估的参考。同时注重关联学习理论的新发展，如近期学者所提及的行动者网络理论(王志军，2017)等，注重在新的学习理论视角下关联学习研究的创新和关联学习实践的推进。与此同时，关注关联学习实践的复杂学习情境和多种教学模式下的研究，例如，关注混合学习模式下关联学习的过程及方法研究等，以及在技术增强的学习语境下，关注基于智慧教育、移动学习、微型学习以及泛在学习的关联学习新规律。随着智能时代的到来，智慧教育的普及以及无所不在的泛在学习环境和平台的建设，关联学习的探讨将必然会融入这些新的教育理念和设计元素，并将与大数据和人工智能等更好地融合，因此关于关联学习实践的推进应该进一步走向综合化，以达到利用多种研究方法和借助多种学习技术对其学习现象与规律进行过程性精准探测。

3. 学习产出方面

1) 要重视以深度学习为指向的学习目标达成

深度学习是学习科学的主旨，而关联学习的浅层学习问题也一直饱受诟病，因此重视深度学习指向的关联学习设计与实践是大规模在线开放课程的主旨。例如，美国国家研究委员会在《为了生活和工作的学习：在 21 世纪发展可迁移的知识与技能》(*Education for Life and Work: Developing Transferable Knowledge and Skills in the*

21st Century)的研究报告中指出"深度学习包含了形成某一领域有序组织的知识，这些知识随时可以迁移到该领域的新问题中。在问题解决过程中，人们会努力解读当前的情境，以便他们应用之前学过的特殊技能——模式(schema)，将记忆中的知识组织成对解决问题有帮助的形式"，这为关联学习实践领域落实深度学习指明了方向。虽然目前有较多的研究关注其深度学习的活动策略与关联方式，以及如何按照心智能力和学习目标进行多维学习活动的设计以达到深度理解和认知，但是对于关联学习场景下深度学习的测量以及真正实现这一目标还缺乏深度认知。再者关联学习分布于各处，平台多样，用户众多，因此关于这一议题的研究将会是一个有趣而长期的过程，并且还需要架设学习科学与学习技术的桥梁，探索关联学习视域下深度学习的理论、技术及设计实践。

2) 应该关注多元化研究方法的关联学习绩效诊断

早期对关联学习现象和规律的研究大多采用理论思辨和逻辑演绎的方法，而随着学习理论的不断发展以及其实践的深入发展，实证研究和基于设计的研究逐步得到了重视，基于数据的研究和科学测量成为探测学习规律及其实践效果的主要研究倾向；此外，受社会化学习理论、群体动力学理论、行动者网络理论等的影响，现有的关联学习领域对于社会学、学习科学、传播学和数学等跨学科的研究方法也逐步受到重视，今后将可能会成为研究关联学习规律的新手段和新趋势，这些研究将有助于更好地体现关联学习的开放性、大规模、自组织、实时性、动态生成、创造性及社会性等特征，更好地展示如何寻找管道、如何联通及持续联通的学习规律，以及为深度探索技术增强语境下关联学习的特殊现象和特殊规律提供依据，而多学科融合背景下多元化研究方法的应用将为关联学习的诊断提供学习科学的依据。

第 10 章　技术增强关联学习的应用场景与研究展望

本章分析了技术增强关联学习的场景和学习条件，探索了技术增强关联学习的特征和场景，为脑认知的社会性建构和基于共享智慧的共享知识库开发与大规模学习实践提供参考。

10.1　技术增强关联学习的条件

在使用场景及范围方面，由于 SNs 重在社会关系的建立，而 KNs 重在知识的创造，SKNs 重在基于社会纽带连接基础之上的知识创造，进一步分析技术增强关联学习环境本身的特点，则可以将其适用场景和范围归纳为以下两个方面。

大规模在线开放教育的学习场景：大规模在线开放教育中允许学习者进行课程内容以及学习单元的分享、推荐、补充、创造等，因此为学习者提供了更多的机会来进行知识的创造；另外，在大规模在线开放教育中，学习者的来源将多样化，具有相同或者相似主题的学习者群体将聚合在一起进行关联学习。和传统的基于固定班级和特定学习社群的固定学习者相比，关联学习的学习者群体可以基于主题聚合或者关系聚合成为相应的学习社群，而这种学习社群是动态发展的，随着学习者群体之间的社会关系或者知识纽带拓展而无限延伸，使得不同背景，兴趣和专业的学习者更容易聚集在一起，实现学习者来源的多样化和群体大规模协同学习。

具备自我导向学习技能的在线成人学习者：由于 SKNs 是一种关联学习环境（重在交流和互动），重视学习过程中的自主学习能力以及自我导向学习能力，因此具备自我导向技能的成人学习者将成为首要的考虑对象。

10.2　技术增强关联学习的应用场景

首先，在面向成人教育的在线学习领域，基于 SKNs 的在线学习将成为主流，这种基于知识聚合的社交学习对关联学习起到了巨大的促进作用，促进了成人学习者与社会化学习的高度融合，而 SKNs 的形成与发展则为这种学习提供了新的环境和土壤。同时，伴随着创新技术的学习设计以及新的认知媒介与工具的发展，这种技术增强的关联学习环境为成人学习提供了不同的应用场景与学习形式的支持，如移动学习、泛在学习、碎片化学习、自定步调的学习（self-spaced E-learning）、网上研讨、移动学习、协作学习、仿真学习、悦趣学习与沉浸式学习等。基于多种学习场景与学习形式的渗透，学习者可以成为知识的接受者、分享者与传播者，同时还将成为知识的创造者，通过分享与创造进行知识的传播与扩散。尤其是在大规模在线开放教育背景下，这种自下而上的知识创造与扩散使得成人学习者成为主要的参与者群体。可以说，基于成人学习者的大规模在线开放教育将成为其主要的应用场景。

其次，在面向中小学的正式与非正式学习领域，技术增强的关联学习为社交与无缝学习的融合提供了可能，学习者可以通过手机、平板电脑等新媒体进行正式与非正式的学习，这种学习与课堂教学完美衔接，能够帮助学习者及时找到学科专家与学习同伴，实时监控自己的学习行为，在支持情境感知的泛在学习方面大有作为。同时，技术增强的关联学习将为正式与非正式的学习形式与智能终端媒介的整合提供新的可能，如通过情境感知技术，将学习活动由课内拓展到户外，从而构成无缝学习空间。因此，以构建无缝学习空间为主，整合正式与非正式教育的中小学将成为其重要的应用场景之一。

10.3　技术增强关联学习的研究展望

以关联学习的实践形态 cMOOCs 为例，目前关于 cMOOCs 的相关研究主要集中在以下几个方面(王萍，2013)：其一是 cMOOCs 概念与理论的研究；其二是关于cMOOCs 应用策略及方法的探讨；其三是 cMOOCs 的应用分析等。目前关于 cMOOCs的研究中，进行 cMOOCs 的学习设计研究较少，而且已有研究大部分集中在理论探究阶段，和具体的实践应用结合的不是非常紧密，究其原因，我们可以发现，cMOOCs以关联主义学习为依据，对学习的技术应用及人际互联依赖性较高，如 Downs 认为cMOOCs 组织运作的任何一项原则的实施都需要新型学习技术的支持。那么如何通过技术应用和人际互联更好地落实 cMOOCs 的学习便成为重中之重。与此同时，相关研究发现技术应用于 cMOOCs 对于学习效果的提升有显著作用。而在 cMOOCs的技术应用方面，目前的研究主要聚焦在课程组织工具、社会化互动工具、课程内容及资源的分享工具等方面。

可以说，目前关于 cMOOCs 的研究视角还缺乏技术支持下的学习设计这一领域，如何将新理论、新技术与新方法融入 cMOOCs 的学习设计中，以便更好地体现cMOOCs 的开放性、大规模、自组织、实时性、动态生成、创造性和社会性等特征(段金菊，2017)便显得尤为重要。

最新研究则倾向于从认知视角研究关联学习现象及规律，认为知识具有网络结构并且其意义以动态模式分布，因此学习应该被定义为"网络探索和模式发现的连续过程，它是模式识别的过程"(Aldahdouh et al.，2015)，研究学习者在具体的学习过程中究竟如何维护现有连接，决定添加哪些连接以及在不同领域创建新连接是其重要的部分。例如，以 Aldahdouh(2017)为代表的研究者倾向于将其与分布式知识的概念相结合，基于人工神经网络视角探索关联学习的相关现象，发现人工神经网络的学习机制研究对于理解关联学习方式等有启发作用。

　　总体来看，关联学习的信息汇聚、转用分享、智能联通和创造探究依赖于技术增强的学习环境建设，并在一定的历史发展时期衍生出相应的实践形态和学习模式。随着技术的发展和大互联时代的到来，技术增强的关联学习将呈现出更多复杂的学习特征和智慧学习模式，进而分化出更多研究议题，将为脑认知的社会性建构探索提供新的可能。

参 考 文 献

毕家娟, 杨现民. 2014. 联通主义视角下的个人学习空间构建. 中国电化教育, 331(8): 48-54.

卜彩丽, 冯晓晓, 张宝辉. 2016. 深度学习的概念、策略、效果及其启示: 美国深度学习项目(SDL)的解读与分析. 远程教育杂志, 34(5): 75-82.

蔡慧英, 顾小清. 2018. 语义图示工具影响课堂学习生态的研究. 远程教育杂志, 36(1): 89-96.

曹传东, 赵华新. 2016. MOOC 课程讨论区的社会性交互个案研究. 中国远程教育, (3): 39-44.

查尔斯·赖格卢特, 詹妮弗·卡诺普. 2015. 重塑学校: 吹响破冰的号角. 方向, 盛群力, 译. 福建: 福建教育出版社: 4-6.

陈君贤. 2007. 网络课程教学设计的新取向—— 基于关联主义学习理论的视角. 现代远距离教育, 1109(2): 34-36.

陈丽. 2004. 计算机网络中学生间社会性交互的规律. 中国远程教育, (11): 17-22, 53.

陈廉芳, 许春漫. 2015. 高校图书馆嵌入式关联主义学习环境构建研究. 图书馆, (4): 102-106.

陈茫, 张庆普, 黄超, 等. 2016. 基于知识生态的 MOOC 教育创新研究. 电化教育研究, 37(5): 37-43.

陈沙沙. 2016. 基于联通主义学习理论的"慕课"设计构想. 中国成人教育, (17): 21-23.

程璐楠, 韩锡斌, 程建钢. 2014. MOOC 平台的多元化创新发展及其影响. 远程教育杂志, 38(2): 58-66.

辞海编辑委员会. 1999. 辞海. 上海: 上海辞书出版社: 517.

戴心来, 王丽红, 崔春阳, 等. 2015. 基于学习分析的虚拟学习社区社会性交互研究. 电化教育研究, 36(12): 59-64.

段金菊. 2015. 基于社会知识网络的学习模型. 北京: 北京师范大学: 1-216.

段金菊. 2017. 基于社会性知识网络的 cMOOC 学习设计. 电化教育研究, 38(11): 49-55.

段金菊, 余胜泉. 2016a. 基于社会性知识网络的学习模型构建. 现代远程教育研究, 142(4): 91-102.

段金菊, 余胜泉, 吴鹏飞. 2016b. 社会化学习的研究视角及其演化趋势—— 基于开放知识社区的分析. 远程教育杂志, 35(3): 51-62.

段金菊, 郑玲. 2019. 基于知识社区与探究(KCI), 共享知识库的课程设计—— 关联学习的实证研究与应用分析. 远程教育杂志, 250(1): 72-84.

樊文强. 2012. 基于关联主义的大规模网络开放课程(MOOC)及其学习支持. 远程教育杂志, 30(3): 31-36.

樊治平, 李慎杰. 2006. 知识创造与知识创新的内涵及相互关系. 东北大学学报(社会科学版),

8(2)：102-105.

范艳敏, 高燕. 2010. 关联主义视角下的网络学习. 软件导刊：教育技术, 9(1)：38-40.

冯锐, 李亚娇. 2013. 关联主义视角下学习型社交网站的构建. 远程教育杂志, 31(3)：10-16.

冯锐, 李亚娇. 2014. 社交网站中知识扩散机制及影响因素研究. 远程教育杂志, 32(3)：41-48.

冯锐, 殷莉. 2007. 论学习共同体形成和发展的社会性建构观. 中国电化教育, 247(8)：10-13.

高文, 裴新宁. 2002. 试论知识的社会建构性—— 心理学与社会学的视角. 全球教育展望, 31(11)：
　　11-14.

高扬. 2016. 基于联通主义的 MOOCs 模式对教学效果的影响研究. 中国电化教育, 354(7)：69-72.

顾小清. 2010. 社会性学习及其研究趋势综述—— 兼论 laffey 团队的社会性学习研究项目. 开放教
　　育研究, 16(2)：32-39.

郭炯, 霍秀爽. 2014. 网络教学研讨中教师协同知识建构研究. 中国电化教育, 326(3)：101-109.

郭晓珊, 杨现民, 李冀红. 2015. 在线课程资源动态生成模式设计与应用. 现代远程教育研究,
　　138(6)：79-88.

何芳, 夏文红, 何芸. 2016. 基于 cMOOC 的大学英语混合教学模式研究. 教育理论与实践,
　　36(18)：55-56.

何克抗. 2005. 关于教育技术学逻辑起点的论证与思考. 电化教育研究, 151(11)：3-19.

何克抗. 2015. 关于 MOOCs 的"热追捧"与"冷思考". 北京大学教育评论, 13(3)：110-129.

何克抗. 2018. 深度学习：网络时代学习方式的变革. 教育研究, 460(5)：111-115.

洪伟. 2009. 基于 Web2.0 的 PLE 模式创设研究. 南昌：江西师范大学：1-64.

黄小强, 柯清超. 2014. cMOOC 的构成要素及其结构模型. 远程教育杂志, 32(6)：87-94.

贾义敏, 詹春青. 2011. 情境学习：一种新的学习范式. 开放教育研究, 17(5)：29-39.

蒋大成, 王明宇. 2015. 中国在线教育的现状和发展对策研究. 电子商务, (9)：68-69.

金婧, 冯锐. 2008. 基于关联主义的网络学习环境设计探讨. 远程教育杂志, 189(6)：53-56.

金青, 张忠. 2013. 构建"知识库"导向的精品课程教与学平台—— 以"生产计划与控制"课程为
　　例. 中国远程教育, (5)：65-70.

莱斯利·斯特弗, 杰里·盖尔. 2002. 教育中的建构主义. 高文, 徐斌燕, 程可拉, 译. 上海：华东
　　师范大学出版社：127.

乐传永, 孙立新. 2017. 回顾与展望：2016 成人教育理论研究综述—— 基于对 2016 年人大复印报
　　刊资料《成人教育学刊》的统计分析. 中国成人教育, (4)：4-12.

冷静, 吴小芳, 顾小清. 2017. 面向深度学习的在线课程活动设计研究—— 基于英国开放大学的
　　案例剖析. 远程教育杂志, 35(2)：56-65.

黎静. 2011. 关联主义视域下成人学习策略的转变. 湖北大学成人教育学院学报, 29(2)：29-31.

李青, 王涛. 2012. MOOC：一种基于连通主义的巨型开放课程模式. 中国远程教育, (3)：30-36.

李随霞. 2012. 在线社会性学习过程设计研究. 金华：浙江师范大学：1-61.

李新房, 刘名卓, 祝智庭. 2016. 基于连通主义的双联通教学设计模型(SCCS)研究. 远程教育杂

志, 34(5): 83-88.

李亚男, 王楠. 2013. 基于知识可视化的移动学习环境设计研究. 中国电化教育, 322(11): 21-24.

李艳红, 赵波, 甘健侯. 2015. 基于知识地图的 MOOC 课程开发. 现代教育技术, 25(5): 85-90.

梁林梅, 赵柯杉. 2017. 美国 k-12 在线教育: 现状、系统结构与政策分析. 中国电化教育, 370(11): 65-71.

刘大军, 黄甫全. 2015. 知识创造视野中的三元交互学习. 现代远程教育研究, 136(4): 24-32.

刘红晶, 谭良. 2017a. 基于教师视角的 SPOC 课程知识地图构建方法研究. 电化教育研究, 38(9): 64-70.

刘红晶, 谭良. 2017b. 基于知识地图的 MOOC 学习共同体的学习研究. 中国远程教育, (3): 22-29.

刘华. 2016. 在线课程融入高校课程教学系统: 障碍及其突破. 高等教育研究, 37(5): 68-72.

刘菊. 2014. 关联主义的网络学习观及 cMOOC 实践发展研究. 中国电化教育, 329(6): 42-48.

刘菊, 钟绍春. 2011. 网络时代学习理论的新发展—— 连接主义. 外国教育研究, 38(1): 34-38.

刘永娜, 张树玲, 孙波. 2015. 社会性交互及其在三维虚拟学习环境中的实现. 现代远程教育研究, 136(4): 104-112.

刘哲雨, 郝晓鑫, 王红, 等. 2018. 学习科学视角下深度学习的多模态研究. 现代教育技术, 28(3): 12-18.

卢洪艳, 钟志贤. 2012. 关联主义视域下的个人知识管理. 远程教育杂志, 209(2): 51-56.

吕巾娇, 刘美凤, 史力范. 2007. 活动理论的发展脉络与应用探析. 现代教育技术, 17(1): 8-14.

马红亮. 2006. 虚拟学习社区的社会学分析. 中国远程教育, (9): 20-24.

马秀芳. 2015. 社会化网络环境下的 MOOC 课程设计. 中国电化教育, 347(12): 59-64.

马志强, 苏珊. 2016. 学习分析视域下的学习者模型研究脉络与进展. 现代远距离教育, 166 (4): 44-50.

尼古拉斯·克里斯塔基斯, 詹姆斯·富勒. 2013. 大连接: 社会网络是如何形成的以及对人类现实行为的影响. 简学, 译. 北京: 中国人民大学出版社: 4.

彭兰. 2009. 从社区到社会网络—— 一种互联网研究视野与方法的拓展. 国际新闻界, (5): 87-92.

乔恩·巴格利, 肖俊洪. 2017 在线教育症结何在? 中国远程教育, (4): 5-14.

邱崇光, 高安邦. 2010. 网络时代的学习理论新进展: 关联主义. 广东广播电视大学学报, 19(3): 2-7.

邱均平, 邹菲. 2004. 关于内容分析法的研究. 中国图书馆学报, 30(2): 12-17.

任晓然. 2016. 当前在线教育行业发展初探. 科技资讯, 14(9): 161-162.

任英杰, 徐晓东. 2014. 相互启发: 学习共同体内认知机制的探究. 远程教育杂志, 32(4): 76-85.

沈欣忆, 李爽, 丹尼尔·希基, 等. 2014. 如何提升 MOOCs 的学生参与度与学习效果—— 来自 BOOC 的经验. 开放教育研究, 20(3): 63-70.

史淑珍. 2018. 慕课的价值审视与实践困境. 重庆: 西南大学: 1-85.

孙洪涛. 2012. 学习分析视角下的远程教学交互分析案例研究. 中国电化教育, 310(11): 40-46.

孙洪涛, 郑勤华, 陈丽. 2016. 中国MOOCs教学交互状况调查研究. 开放教育研究, 22(1): 72-79.

孙妍妍, 祝智庭. 2018. 以深度学习培养21世纪技能——美国《为了生活和工作的学习: 在21世纪发展可迁移的知识与技能》的启示. 现代远程教育研究, 153(3): 11-20.

万海鹏, 李威, 余胜泉. 2015. 大规模开放课程的知识地图分析——以学习元平台为例. 中国电化教育, 340(5): 30-39.

汪基德, 冯莹莹, 汪滢. 2014. MOOC热背后的冷思考. 教育研究, 35(9): 104-111.

王龙, Brown J S, Adler R P. 2009. 点燃思维之火: 开放教育, 长尾理论和学习2.0. 现代远程教育研究, 99(3): 54-59.

王萍. 2013. 大规模在线开放课程的新发展与应用: 从cMOOC到xMOOC. 现代远程教育研究, 123(3): 13-19.

王欣悦. 2018. 联通主义视阈下高校学生在线学习力提升策略研究. 沈阳: 沈阳师范大学: 1-51.

王永固, 张庆. 2014. MOOC: 特征与学习机制. 教育研究, 35(9): 112-120.

王佑镁, 祝智庭. 2006. 从联结主义到联通主义: 学习理论的新取向. 中国电化教育, 230(3): 5-9.

王志军. 2017. 联通主义学习教学交互研究新视角: 行动者网络理论. 现代远程教育研究, 150(6): 28-36.

王志军, 陈丽. 2014. 联通主义学习理论及其最新进展. 开放教育研究, 20(5): 11-28.

王志军, 陈丽. 2015a. 联通主义学习的教学交互理论模型建构研究. 开放教育研究, 21(5): 25-34.

王志军, 陈丽. 2015b. 联通主义学习中教学交互研究的价值与关键问题. 现代远程教育研究, 137(5): 47-54.

王志军, 陈丽. 2016. cMOOCs中教学交互模式和方式研究. 中国电化教育, 349(2): 49-57.

王众托. 2007. 无处不在的网络社会中的知识网络. 信息系统学报, 1(1): 1-7.

王竹立. 2011a. 新建构主义: 网络时代的学习理论. 远程教育杂志, 29(2): 11-18.

王竹立. 2011b. 关联主义与新建构主义: 从连通到创新. 远程教育杂志, 29(5): 34-40.

王竹立. 2012. 新建构主义与知识创新. 远程教育杂志, 30(2): 36-43.

吴峰, 李杰. 2015. "互联网+"时代中国成人学习变革. 开放教育研究, 21(5): 112-120.

吴罗娟, 何明贵, 宫本友介, 等. 2017. 日本在线教育的发展历程、特点及其与中国的对比分析. 现代教育技术, 27(9): 5-11.

席运江, 党延忠. 2007. 基于加权超网络模型的知识网络鲁棒性分析及应用. 系统工程理论与实践, 27(4): 134-140.

徐刘杰, 陈世灯. 2017. 学习者知识建构的社会认知网络. 开放教育研究, 23(5): 102-112.

许涛. 2016. 试析联通主义慕课的理论与实践. 比较教育研究, 38(10): 71-78.

杨军, 杨道宇. 2013. 布鲁姆认知教育目标分类学的困境. 上海教育科研, (12): 18-21.

杨现民, 程罡, 余胜泉. 2013. 学习元平台的设计及其应用场景分析. 电化教育研究, 34(3): 55-61.

杨现民, 余胜泉. 2014. 学习元平台的语义技术架构及其应用. 现代远程教育研究, 127(1): 89-99.

尹俊华, 戴正南. 1996. 教育技术学导论. 北京: 高等教育出版社: 5-12.

尹睿, 何丽珍, 彭丽丽. 2013. 个人学习环境构建方式与实现技术的对比分析. 中国电化教育, 320(9): 10-15.

尹睿, 李丹飒. 2012. 国外个人学习环境研究的进展与趋势. 中国远程教育, (7): 20-23.

尹睿, 刘路莎, 张梦叶, 等. 2015. 国外百门大规模开放在线课程设计与开发特征的内容分析: 课程视角. 电化教育研究, 36(12): 30-37.

余亮, 黄荣怀, 杨俊锋. 2013. 开放课程发展路径研究. 开放教育研究, 19(6): 28-35.

余胜泉. 2011. 基于学习元平台的开放共享课设计与应用研究. 北京: 北京师范大学.

余胜泉, 段金菊, 崔京菁. 2017. 基于学习元的双螺旋深度学习模型. 现代远程教育研究, 150(6): 37-47.

余胜泉, 万海鹏. 2014. 支持课程大规模开放的学习技术. 中国电化教育, 330(7): 7-18.

余胜泉, 杨现民, 程罡. 2009. 泛在学习环境中的学习资源设计与共享——"学习元"的理念与结构. 开放教育研究, 15(1): 47-53.

余胜泉, 王阿习. 2016. "互联网+教育"的变革路径. 中国电化教育, 357(10): 1-9.

翟本瑞. 2012. 从社区、虚拟社区到社交网络: 社会理论的变迁. 兰州大学学报(社会科学版), 40(5): 51-66.

张刚要, 李紫衣. 2018. 基于质性分析的 MOOCs 高退学率归因研究. 电化教育研究, 39(1): 29-35.

张汇芬. 2008. 关联主义学习观在网络学习中的应用. 现代远程教育研究, 94(4): 33-35.

张乐乐, 黄如民. 2013. 联通主义视域下的移动学习环境设计. 现代教育技术, 23(2): 115-119.

张力. 2010. 基于关联主义网络协作学习的要素模型探讨. 中国电化教育, 279(4): 46-51.

张立新, 秦丹. 2018. 分布式认知视角下个人网络学习空间中有效学习的保障路径研究. 电化教育研究, 297(1): 55-60.

张丽霞, 王丽川. 2014. 论连通主义视域下的个人学习环境构建. 电化教育研究, 35(12): 63-67.

张秀梅. 2012. 关联主义理论述评. 开放教育研究, 18(3): 44-49.

张渝江. 2015. 2015 地平线报告基础教育版概述. 中国信息技术教育, (13): 181-182.

赵建华. 2009. CSCL 研究的现状及发展趋势. 中国电化教育, 268(5): 7-14.

赵磊, 张春博, 朱泓. 2016. MOOC 的国际研究前沿及演进历程——2008-2015 年 Web of Science 文献的科学计量及可视化分析. 现代远距离教育, 166(4): 29-36.

赵丽. 2016. 在线课程开发: 从资源"共享学习"到智慧"共生跃迁". 电化教育研究, 37(11): 67-74.

郑勤华, 李秋劼, 陈丽. 2016. MOOCs 中学习者论坛交互中心度与交互质量的关系实证研究. 中国电化教育, 349(2): 58-63.

周忍, 钟志贤. 2011. 关联主义: 改造我们的学习. 江西广播电视大学学报, (2): 59-62.

周文清. 2014. 数字时代的关联主义学习理论研究. 上海: 华东师范大学: 1-51.

祝智庭. 2012. 教育技术前瞻研究报道. 电化教育研究, (4): 5-14.

祝智庭. 2014. "后慕课"时期的在线学习新样式. http://www. zhongjiaomedia. com/mooc/370. html [2019-11-12].

祝智庭, 彭红超. 2017. 深度学习: 智慧教育的核心支柱. 中国教育学刊, (5): 36-45.

庄寿强. 2004. 创新、创造及其与高等教育相关概念之探析. 煤炭高等教育, 22(2): 66-71.

AlDahdouh A. 2017. Does artificial neural network support connectivism's assumptions? International Journal of Instructional Technology and Distance learning, 13(3): 3-26.

AlDahdouh A. 2019. Individual learning experience in connectivist environment: A qualitative sequence analysis. International Journal of Research in Education and Science, 5(2): 488-509.

AlDahdouh A, Osorio A, Caires S. 2015. Understanding knowledge network, learning and connectivism. International Journal of Instructional Technology and Distance Learning, 12(10): 14.

Bandura A. 1977. Social Learning Theory. Englewood Cliffs: Prentice Hall: 128.

Barab S A, Cherkes-Julkowski M, Swenson R, et al. 1999. Principles of self-organization: Learning as participation in autocatakinetic systems. Journal of the Learning Sciences, 8(3/4): 349-390.

Barron B J, Schwartz D L, Vye N J, et al. 1998. Doing with understanding: Lessons from research on problem-and project-based learning. Journal of the Learning Sciences, 7(3/4): 271-311.

Bereiter C. 2002. Education and mind in the knowledge age. British Journal of Educational Psychology, 79: 1-28.

Bielaczyc K, Collins A. 1999. Learning communities in classrooms: A reconceptualization of educational practice. Instructional-design theories and models: A new paradigm of instructional theory, 2: 269-292.

Biggs J B. 2003. Teaching for Quality Learning at University. 2nd ed. Berkshire: Open University Press: 19.

Blackmore C. 2010. Managing systemic change: Future roles for social learning systems and communities of practice?//Social Learning Systems and Communities of Practice. London: Springer: 201-218.

Blanco Á F, García-Peñalvo F J, Sein-Echaluce M. 2013. A methodology proposal for developing adaptive cMOOC//Proceedings of the First International Conference on Technological Ecosystem for Enhancing Multiculturality, ACM: 553-558.

Brown A L. 1992. Design experiments: Theoretical and methodological challenges in creating complex interventions in classroom settings. The Journal of the Learning Sciences, 2(2): 141-178.

Brown A L. 1997. Transforming schools into communities of thinking and learning about serious matters. American Psychologist, 52(3): 399-413.

Brown J S. 2000. Growing up: Digital: How the Web changes work, education, and the ways people learn. Change: The Magazine of Higher Learning, 32(2): 10-20.

Brown J S, Collins A, Duguid P. 1989. Situated cognition and the culture of learning. Educational

Researcher, 18(1): 32-42.

Brown J S, Duguid P. 1991. Organizational learning and communities-of-practice: Toward a unified view of working, learning, and innovation. Organization Science, 2(1): 40-57.

Cadima R, Ferreira C, Monguet J, et al. 2010. Promoting social network awareness: A social network monitoring system. Computers & Education, 54(4): 1233-1240.

Carey K. 2012. The siege of academe. The Washington Monthly, 44 (9/10): 34.

Casquero O, Ovelar R, Romo J, et al. 2015. Reviewing the differences in size, composition and structure between the personal networks of high-and low-performing students. British Journal of Educational Technology, 46(1): 16-31.

Chan C K, Chan Y Y. 2011. Students' views of collaboration and online participation in knowledge forum. Computers & Education, 57(1): 1445-1457.

Chatti M A, Jarke M, Frosch-Wilke D. 2007. The future of e-learning: A shift to knowledge networking and social software. International Journal of Knowledge and Learning, 3(4-5): 404-420.

Chatti M A, Jarke M, Specht M. 2010. The 3P learning model. Journal of Educational Technology & Society, 13(4): 74-85.

Cheng B H. 2008. Generation in the knowledge integration classroom. Berkeley: University of California: 1-274.

Cheng G, Chau J. 2016. Exploring the relationships between learning styles, online participation, learning achievement and course satisfaction: An empirical study of a blended learning course. British Journal of Educational Technology, 47(2): 257-278.

Cho H, Lee J S, Stefanone M, et al. 2005. Development of computer-supported collaborative social networks in a distributed learning community. Behaviour & Information Technology, 24(6): 435-447.

Choi M. 2006. Communities of practice: An alternative learning model for knowledge creation. British Journal of Educational Technology, 37(1): 143-146.

Cohen D, Prusak L. 2001. In good company: How social capital makes organizations work. Harvard Business Review, 80: 107-113.

Collins A. 1992. Toward a design science of education//New Directions in Educational Technology. Heidelberg: Springer: 15-22.

Dabbagh N, Kitsantas A. 2012. Personal learning environments, social media, and self-regulated learning: A natural formula for connecting formal and informal learning. The Internet and Higher Education, 15(1): 3-8.

Dawson S P. 2010. 'Seeing' the learning community: An exploration of the development of a resource for monitoring online student networking. British Journal of Educational Technology, 41(5): 736-752.

DeBoer J, Ho A D, Stump G S, et al. 2014. Changing "Course": Reconceptualizing educational variables for massive open online courses. Educational Researcher, 43(2): 74-84.

Di Battista G D, Eades P, Tamassia R, et al. 1994. Algorithms for drawing graphs: An annotated bibliography. Computational Geometry, 4(5): 235-282.

Downes S. 2005. E-learning 2.0. Elearn Magazine, (10): 1.

Downes S. 2008. Places to go: Connectivism &connective knowledge. Innovate: Journal of Online Education, 5(1): 6.

Downes S. 2010. Learning networks and connective knowledge//Collective Intelligence and E-Learning 2.0: Implications of Web-Based Communities and Networking. Hershey: IGI Global: 1-26.

Drachsler H, Kalz M. 2016. The MOOC and learning analytics innovation cycle (MOLAC): A reflective summary of ongoing research and its challenges. Journal of Computer Assisted Learning, 32(3): 281-290.

Duan J, Xie K, Hawk N A, et al. 2019. Exploring a personal social knowledge network (PSKN) to aid the observation of connectivist interaction for high-and low-performing learners in connectivist massive open online courses. British Journal of Educational Technology, 50(1): 199-217.

Edelson D C, Gordin D N, Pea R D. 1999. Addressing the challenges of inquiry-based learning through technology and curriculum design. Journal of the Learning Sciences, 8(3-4): 391-450.

Fasihuddin H, Skinner G. 2015. An analysis of students' perspectives on the usage of knowledge maps in open learning environments. GSTF Journal on Education (JEd), 2(2): 20-26.

Fesenmaier J, Contractor N. 2001. The evolution of knowledge networks: An example for rural development. Community Development, 32(1): 160-175.

Fini A. 2009. The technological dimension of a massive open online course: The case of the CCK08 course tools. The International Review of Research in Open and Distributed Learning, 10(5): 1-26.

Fournier H, Kop R, Durand G. 2014. Challenges to research in MOOCs. MERLOT Journal of Online Learning and Teaching, 10(1): 1-15.

Garcia E, Elbeltagi I, Brown M, et al. 2015. The implications of a connectivist learning blog model and the changing role of teaching and learning. British Journal of Educational Technology, 46(4): 877-894.

Garrison D R. 1992. Critical thinking and self-directed learning in adult education: An analysis of responsibility and control issues. Adult Education Quarterly, 42(3): 136-148.

Gunawardena C N, Lowe C A, Anderson T. 1997. Analysis of a global online debate and the development of an interaction analysis model for examining social construction of knowledge in computer conferencing. Journal of Educational Computing Research, 17(4): 395-431.

Hagel J. 1999. Net gain: Expanding markets through virtual communities. Journal of Interactive Marketing, 13(1): 55-65.

Harris J R. 1995. Where is the child's environment? A group socialization theory of development. Psychological Review, 102(3): 458-489.

Haythornthwaite C. 2002. Building social networks via computer networks: Creating and sustaining distributed learning communities//Building Virtual Communities: Learning and Change in Cyberspace.Cambridge:Cambridge University Press: 159-190.

Hmelo-Silver C E. 2004. Problem-based learning: What and how do students learn? Educational Psychology Review, 16(3): 235-266.

Hone K S, El Said G R. 2016. Exploring the factors affecting MOOC retention: A survey study. Computers & Education, 98: 157-168.

Hong H Y, Sullivan F R. 2009. Towards an idea-centered, principle-based design approach to support learning as knowledge creation. Educational Technology Research and Development, 57(5): 613-627.

Hou H T, Wu S Y. 2011. Analyzing the social knowledge construction behavioral patterns of an online synchronous collaborative discussion instructional activity using an instant messaging tool: A case study. Computers & Education, 57(2): 1459-1468.

Huang E Y, Lin S W, Huang T K. 2012. What type of learning style leads to online participation in the mixed-mode e-learning environment? A study of software usage instruction. Computers & Education, 58(1): 338-349.

Hutchins E. 1995. Cognition in the Wild. Cambridge: MIT Press: 354-374.

Hwang G J, Chang H F. 2011. A formative assessment-based mobile learning approach to improving the learning attitudes and achievements of students. Computers & Education, 56(4): 1023-1031.

Hyman J. 1999. How knowledge works. The Philosophical Quarterly, 49(197): 433-451.

Joksimović S, Dowell N, Poquet O, et al. 2018. Exploring development of social capital in a cMOOC through language and discourse. The Internet and Higher Education, 36(2): 54-64.

Jonassen D H. 1995. Computers as cognitive tools: Learning with technology, not from technology. Journal of Computing in Higher Education, 6(2): 40-73.

Jordan K. 2013. MOOC Completion Rates: The Data. http: //www. katyjordan. com/MOOCproject. html [2013-09-22].

Ke F, Xie K. 2009. Toward deep learning for adult students in online courses. The Internet and Higher Education, 12(3/4): 136-145.

Kember D, Biggs J, Leung D Y. 2004. Examining the multidimensionality of approaches to learning through the development of a revised version of the Learning Process Questionnaire. British Journal of Educational Psychology, 74(2): 261-280.

Kirschner P A, Kreijns K, Phielix C, et al. 2015. Awareness of cognitive and social behaviour in a CSCL environment. Journal of Computer Assisted Learning, 31(1): 59-77.

Kizilcec R F, Piech C, Schneider E. 2013. Deconstructing disengagement: Analyzing learner subpopulations in massive open online courses//Proceedings of the Third International Conference on Learning Analytics and Knowledge, ACM: 170-179.

Koedinger K R, Kim J, Jia J Z, et al. 2015. Learning is not a spectator sport: Doing is better than watching for learning from a MOOC//Proceedings of the Second ACM Conference on Learning@ Scale, ACM: 111-120.

Kop R, Carroll F. 2012. Cloud computing and creativity: Learning on a massive open online course. European Journal of Open, Distance and E-learning, 14(2): 1-11.

Kop R, Fournier H, Mak J S F. 2011. A pedagogy of abundance or a pedagogy to support human beings? Participant support on massive open online courses. The International Review of Research in Open and Distributed Learning, 12(7): 74-93.

Krajcik J S, Blumenfeld P C. 2006. Project-based learning//Sawyer R K. Cambridge Handbook of the Learning Sciences. New York: Cambridge University Press: 317-333.

Lave J, Wenger E. 1991. Situated Learning: Legitimate Peripheral Participation. Cambridge: Cambridge University Press: 1-48.

Lee H S, Linn M C, Varma K, et al. 2010. How do technology-enhanced inquiry science units impact classroom learning? Journal of Research in Science Teaching, 47(1): 71-90.

Li X, Chu K W, Ki W W, et al. 2012. Using a Wiki-based collaborative process writing pedagogy to facilitate collaborative writing among Chinese primary school students. Australasian Journal of Educational Technology, 28(1): 159-181.

Ljungberg F. 1999. Exploring CSCW mechanisms to realize constant accessibility without inappropriate interaction. Scandinavian Journal of Information Systems, 11(2): 115-135.

Mackness J, Waite M, Roberts G, et al. 2013. Learning in a small, task-oriented, connectivist MOOC: Pedagogical issues and implications for higher education. International Review of Research in Open & Distance Learning, 14(4): 140-159.

Mattar J. 2018. Constructivism and connectivism in education technology: Active, situated, authentic, experiential, and anchored learning. Revista Iberoamericana de Educación a Distancia, 21(2): 201-217.

Moreno R, Mayer R E. 2007. Interactive multimodal learning environments. Educational Psychology Review, 19(3): 309-326.

Muukkonen H, Hakkarainen K, Lakkala M. 1999. Collaborative technology for facilitating progressive inquiry: The future learning environment tools//Conference on Computer Support for Collaborative Learning. International Society of the Learning Sciences: 406-415.

Najafi H, Slotta J D. 2010. Analyzing equality of participation in collaborative inquiry: Toward a knowledge community//Proceedings of the 9th International Conference of the Learning

Sciences-Volume 1. International Society of the Learning Sciences, Chicago: 960-967.

Nonaka I, Takeuchi H. 2007. The knowledge-creating company. Harvard Business Review, 85(7-8): 162.

Nonaka I, Toyama R, Konno N. 2000. SECI, Ba and leadership: A unified model of dynamic knowledge creation. Long Range Planning, 33(1): 5-34.

Paavola S, Lipponen L, Hakkarainen K. 2004. Models of innovative knowledge communities and three metaphors of learning. Review of Educational Research, 74(4): 557-576.

Peters V L. 2010. Knowledge community and inquiry in secondary school science. Toronto: University of Toronto: 1-182.

Pettenati M C, Cigognini M E. 2007. Social networking theories and tools to support connectivist learning activities. International Journal of Web-Based Learning and Teaching Technologies (IJWLTT), 2(3): 42-60.

Pilli O, Admiraal W. 2017. Students' learning outcomes in massive open online courses (MOOCs): Some suggestions for course design. Journal of Higher Education/Yükseköğretim Dergisi, 7(1): 46-71.

Polanyi M. 2009. The Tacit Dimension. Chicago: University of Chicago Press: 2-107.

Rahimi E, van den Berg J, Veen W. 2014. A pedagogy-driven framework for integrating Web 2.0 tools into educational practices and building personal learning environments. Journal of Literacy and Technology, 15(2): 54-79.

Rheingold H. 1993. The Virtual Community: Finding Commection in a Computerized World. Boston: Addison-Wesley Longman Publishing Co. Inc: 1-325.

Rheingold H. 2000. The Virtual Community: Homesteading on the Electronic Frontier. Cambridge: MIT Press: 3-282.

Scardamalia M, Bereiter C. 1994. Computer support for knowledge-building communities. The Journal of the Learning Sciences, 3(3): 265-283.

Scardamalia M, Bereiter C. 1996. Engaging students in a knowledge society. Educational Leadership, 54(3): 6-10.

Scardamalia M, Bereiter C. 2006. Knowledge building: Theory, pedagogy, and technology //Sawyer K. Cambridge Handbook of the Learning Sciences. New York: Cambridge University Press: 97-118.

Shaw R S. 2012. A study of the relationships among learning styles, participation types, and performance in programming language learning supported by online forums. Computers & Education, 58(1): 111-120.

Shum S B, Ferguson R. 2012. Social learning analytics. Journal of Educational Technology & Society, 15(3): 3-26.

Siemens G. 2005. Connectivism: Learning as network-creation. ASTD Learning News, 10(1): 1-28.

Siemens G. 2008. Learning and knowing in networks: Changing roles for educators and designers. ITFORUM for Discussion, 27: 1-26.

Slotta J D. 2007. Supporting collaborative inquiry: New architectures, new opportunities//Gobert J. Fostering peer collaboration with technology. Symposium conducted at the biennial Computer Supported Collaborative Learning (CSCL) Conference, New Brunswick.

Slotta J D, Linn M C. 2009. WISE Science: Web-Based Inquiry in the Classroom. New York: Teachers College Press: 1-216.

Slotta J D, Najafi H. 2013. Supporting collaborative knowledge construction with Web 2.0 Technologies//Emerging Technologies for the Classroom. New York: Springer: 93-112.

So H J, Seah L H, Toh-Heng H L. 2010. Designing collaborative knowledge building environments accessible to all learners: Impacts and design challenges. Computers & Education, 54(2): 479-490.

Sontag M. 2009. A learning theory for 21st-century students. Innovate: Journal of Online Education, 5(4): 1-8.

Stahl G. 2000. A model of collaborative knowledge-building//The Fourth International Conference of the Learning Sciences, Mahwah: 70-77.

Tarchi C, Chuy M, Donoahue Z, et al. 2013. Knowledge building and knowledge forum: Getting started with pedagogy and technology. Learning Landscapes, 6(2): 385-407.

Tissenbaum M. 2014. Supporting collective inquiry: A technology framework for distributed learning. Toronto: University of Toronto: 1-256.

van Aalst J, Chan C K K. 2007. Student-directed assessment of knowledge building using electronic portfolios. The Journal of the Learning Sciences, 16(2): 175-220.

Vygotsky L S. 1978. Mind and Society: The Development of Higher Mental Processes. Cambridge: Harvard University Press: 5-25.

Wagner A. 1999. Life on the screen: Identity in the age of the internet. The Psychohistory Review, 27(2): 113.

Wang M, Peng J, Cheng B, et al. 2011. Knowledge visualization for self-regulated learning. Educational Technology & Society, 14(3): 28-42.

Wang Z, Anderson T, Chen L. 2018. How learners participate in connectivist learning: An analysis of the interaction traces from a cMOOC. International Review of Research in Open and Distributed Learning, 19(1): 44-67.

Wang Z, Chen L, Anderson T. 2014. A framework for interaction and cognitive engagement in connectivist learning contexts. The International Review of Research in Open and Distributed Learning, 15(2): 122-141.

Wenger E. 1998. Communities of Practice: Learning, Meaning and Identity. Cambridge: Cambridge University Press: 1-5.

Yu S, Yang X, Cheng G, et al. 2015. From learning object to learning cell: A resource organization model for ubiquitous learning. Educational Technology & Society, 18(2): 206-224.

Yu S, Yang X, Cheng G. 2009. Learning resource designing and sharing in ubiquitous learning environment-The concept and architecture of leaning cell. Open Education Research, 15(1): 47-53.

Zhang J W, Tao D, Chen M H, et al. 2018. Co-organizing the collective journey of inquiry with idea thread mapper. Journal of the Learning Sciences, 27(3): 390-430.

Zhang J, Sun Y. 2011. Quantified measures of online discourse as knowledge building indicators//Connecting Computer-Supported Collaborative Learning to Policy and Practice: CSCL2011 Conference Proceedings. Hong Kong: International Society of the Learning Sciences: 72-79.

后　记

　　大互联为我们描画了一种面向未来学习的生活场景，构建了互联互通、融合创新、多方联动的大教育图景，展望了大教育时代的教育和学习诉求。在大互联背景下，技术如何促进教育转型、促进传统教育走向创新教育、促进教育真正迈进大教育时代将成为主要议题。学习将是我需要什么，就能获得什么，是一种按需学习，学习者既是知识的消费者又是知识的生产者，"时刻联网、各取所需、实时互动"将成为学习的常态；"任何人、任何物、任何时间、任何地点，永远在线、随时互动"将成为学习的主要形式。

　　随着云计算、移动互联网、物联网、智能终端、普适计算等技术的飞速发展，信息空间与物理空间正在走向融合，在虚实融合的空间中人们可以随时随地、透明地获得数字化服务。我们正朝着一个情景感知泛在的大互联时代迈进，"万物互联""全联结"的大互联"Connect+"将成为未来互联网的主要形式，在此背景下，学习的网络联通隐喻和创造隐喻将成为主流，而关联主义学习将成为大互联时代学习的新范式。

　　互联网在未来的十年内将会带来什么新的改革？我们处在一个特殊的时期，移动互联网已经发展到巅峰阶段，新的互联网形态——万物互联(internet of everything)正在产生，即大互联时代(era of connect+)即将到来。

　　在大互联时代，所有的东西将会获得情境感知、增强的处理能力和更好的感应能力。人和信息将同时成为网络的节点，据此得到一个集合十亿甚至万亿连接的网络。这些连接创造了前所未有的机会和契机，将带来更加丰富的体验和前所未有的经济发展机遇。

　　随着越来越多的事物、人、数据和互联网联系起来，互联网的力量正呈指数增长。如科技先驱和3Com公司的创始人罗伯特·梅特卡夫认为，网络的价值与联网的用户数的平方成正比。从本质上讲，网络的力量大于部分之和，使得万物互联，令人难以置信得强大。

　　在教育领域，随着移动互联网、智能终端、云计算、大数据等信息技术的飞速进步以及关联学习的实践，在线教育将逐步进入一个崭新的发展阶段。

　　大规模开放在线课程是近年来在高等教育领域里新兴的一种教育模式和学习方式，是目前在线教育的热点研究问题，已经引起了世界各国教育领域的广泛关注和应用实践。我国多所知名高校也加盟和开发了MOOCs平台，与哈佛大学、斯坦福大学、耶鲁大学、麻省理工学院等世界一流大学共建全球大规模在线网络课程。

与传统的网络课程和开放教育资源不同，MOOCs 具有开放性、大规模、免费、网络化、参与性等特点(Kop et al., 2012)。MOOCs 为全球学习者提供免费、开放、优质的在线教育资源与学习服务，提供了不受时空限制的学习机会，允许来自世界各地、具有不同教育背景和不同学习能力的学习者同时参与同一门课程学习。MOOCs 这种大规模的开放性，得到了广泛的认同，对全球高等教育领域产生了重要影响，正逐步成为 21 世纪终身教育和学习的一个重要途径，是信息技术对教育具有革命性影响的初步体现。

目前，教育领域正在形成以 MOOC 为典型教育形态的大教育场景，而大互联时代的到来，教育流程将得到再造，互联互通、融合创新、智能连接的无缝学习时代即将到来，新的大教育场景将展现在我们面前。

在大互联时代，互联互通、无缝贯通的学习场景将逐步形成，教育家族将从传统的学校教育和在线教育发展到大教育阶段，线上教育与线下教育将无缝结合，学校教育和网络教育将无缝衔接，学习将不再是单纯发生在真实的物理空间，学习会更多发生在个人学习空间和智能学习空间，并且和互联网时代的教育相比，物理空间的教育和智能空间的教育将无缝融合。在大互联创造的无缝学习空间中，学习将拓展原有的平台边界、课程边界、资源边界等，学习者将在此空间中依赖人际资源和知识资源无限拓展自己的学习网络，将学习通过网络媒介延伸到世界各地。

在大互联时代，课程将不再是固定内容、固定资源的形式；众筹将成为课程的主要形式，课程将不再是预设的，而是生成的；课程将不再是由课程设计者、教学专家及教学设计师等自上而下去建构和提供，而是借助于大规模在线关联学习的群体智慧，自下而上动态生成的，在此背景下，基于动态生成的大教育内容将成为大互联时代教育的典型特征。

随着可穿戴设备、移动设备以及其他智能终端的发展，大互联将构建一个互联互通的大教育场景，任何时间、任何地点、任何形式、任何内容的泛在学习将成为主流。在此场景下，学习者的学习环境、课程、教学、学习、评价、管理及组织等教育主流业务将产生系统性变革和影响(余胜泉等，2016)，从而再造教育流程，构建新型的教育生态，为大互联时代创新型人才的培养提供了条件。

在大互联时代，一切数据皆在线，基于大数据的过程性评估将成为大教育闪亮的一环。学习过程的数据化，学习资源、学习策略、学习的精准支持将有效提高学习者的绩效、促进学习者的深度学习，以创新教育为导向的大教育将促进学习者的深度认知和高阶思维。

大互联将构建一个信息空间与物理空间相融合的无缝学习空间，学习的发生、学习的需求以及学习资源无处不在，学习与生活、工作是融为一体的。当学习者遇到任何实际困难与需求，学习者可以得到普适计算环境随时、随地、个性化、智能化的支持，与物化资源以及人力资源进行连通。

在大互联时代，学习将呈现出泛在性、情境性和社会性。泛在是指表面上学习无形，它们交织在日常生活中，无所不在，人们很难察觉出它们的存在；情境性意味着能够通过智能感知设备从学习者的周围收集环境信息和工具设备信息，并适应性、智能性地为学习者提供与情景相关的学习活动和内容；社会性知识来源的社会性，学习者的社会性以及学习形式的社会性。其中知识来源的社会性是指学习的同伴，社群等将成为知识的主要来源；学习者的社会性是指具有不同背景，不同专业和不同兴趣等的学习者将聚集在一起进行学习；学习形式的社会性是指大规模协同学习和群体交互学习将成为学习的主要形式。

学习的泛在性、情境性、社会性将带来关联学习的新特征，无处不在、无时不在、适应情景的连接成为可能。除了物化的学习资源外，人作为知识传播和学习内容来源的管道，也是一种非常重要的学习资源；人是知识的来源，人也是学习资源空间中的重要有机组成部分，学习更需要具有社会性的"人"的资源，因为真正的学习不仅仅需要各种物化的学习资源来支持，同时也需要通过人与人之间的交流来实现有意义学习。支持学习发生的知识空间，不仅包括知识，还包括与知识互动的学习者群体，这种知识空间不仅包括知识与知识之间的关系，还包括和知识互动形成的人与知识的关系以及由此形成的人和人的关系，是一种共享的知识空间和知识库，可激发共享智慧和促进共享学习。

致　谢

本书受到了国家自然科学基金项目——融合 SKNs 多模态交互环境的关联学习机理及优化机制研究(项目批准号：61907035)、中央高校科研业务经费重点项目(SWU2009208)以及西南大学人文社会科学研究项目(SWU1909016)的资助，在此一并表示感谢。

此外，本书是在博士论文的基础上完善而成的，是博士论文的深化和拓展，也是博士后研究报告的基础。在此感谢我的博士生导师北京师范大学未来教育高精尖研究中心何克抗先生和余胜泉教授，感谢我的博士后合作导师朱德全教授，并同时感谢学习元平台的实验支持与数据收集。

本书的付梓得到了众多学界同仁的帮助和支持，也离不开课题组全体成员的共同努力，在此一并表示感谢。特别要感谢北师大教育部-中移动联合实验室成员的支持，正是实验室的学术滋养点燃了我研究的热情，指明了我研究的方向；其次要感谢共同参与相关研究的成员，如彭燕、郑玲、汪晓凤、吴鹏飞等，同时在本书的资料收集和校稿环节，高晴、钟晓芳、付霜玉等同学也付出了大量的心血和努力，在此一并表示感谢。